外贸企业会计岗位实操大全

流程＋单证＋出口退税

会计真账实操训练营　编著

中国铁道出版社有限公司
CHINA RAILWAY PUBLISHING HOUSE CO., LTD.

图书在版编目(CIP)数据

外贸企业会计岗位实操大全:流程+单证+出口退税/会计真账实操训练营编著.—北京:中国铁道出版社有限公司,2020.7(2022.12重印)

ISBN 978-7-113-26812-1

Ⅰ.①外… Ⅱ.①会… Ⅲ.①外贸企业会计 Ⅳ.①F740.45

中国版本图书馆CIP数据核字(2020)第066420号

书　　名: 外贸企业会计岗位实操大全(流程+单证+出口退税)
WAIMAO QIYE KUAIJI GANGWEI SHICAO DAQUAN (LIUCHENG+DANZHENG+CHUKOUTUISHUI)

作　　者: 会计真账实操训练营

责任编辑: 王淑艳　　**编辑部电话:** (010)51873022　　**电子信箱:** wangsy20008@126.com

封面设计: 王　岩

责任校对: 王　杰

责任印制: 赵星辰

出版发行: 中国铁道出版社有限公司(100054,北京市西城区右安门西街8号)

网　　址: http://www.tdpress.com

印　　刷: 北京铭成印刷有限公司

版　　次: 2020年7月第1版　2022年12月第5次印刷

开　　本: 710 mm×1 000 mm 1/16　印张:19　字数:487千

书　　号: ISBN 978-7-113-26812-1

定　　价: 59.80元

前　言

随着全球经济一体化进程的推进，无论是生产型的外贸企业，还是流通型的外贸企业，发展都十分迅速。很多会计人员希望到外贸企业工作。

编写目的

要想做一名业务型的会计，一定要掌握本行业的经营业务。外贸企业与一般的国内商品生产流通企业有很大的不同。首先，外贸企业包括进口和出口两种业务经营过程，无论进口与出口都要通过海关的检查；其次，使用本国货币与外币两种以上货币，因而在进出口经营业务中，企业需要办理购汇与结汇；最后，进出口货物的企业按照国家税务总局的规定，需要在进口环节交税，符合规定的企业可以在出口环节办理退税。

核心要点

由于外贸业务的复杂性，会计人员不仅要具备一定的英语水平，还要熟悉出口成交方式。掌握一般贸易进出口业务、来料加工、进料加工、技术进出口业务、跨境电子商务出口实操，以及报关、商检、核销、电子口岸、离岸账户、出口退税申报等。

此外，为了减轻企业负担，财政部、国家税务总局等颁布一系列“减税降费”优惠措施，尤其是不但降低增值税税率，而且又有很多优惠政策，比如期末留抵税额符合规定的，可以一次性抵扣；扩大所得税前抵扣范围；降低部分商品关税等。本书将这些变化编进相关章节，并一一解析。

编写特色

◆ 突出流程。根据外贸企业会计核算特点，突出外贸企业经营流程，适合零基础的读者，实现从“零”到“一”的飞跃。

◆ 实操性强。针对具体业务进行会计账务处理，根据日常业务逐笔编制会计分录，使读者正确应用会计科目，处理企业日常业务。

◆ 图文并茂。本书用大量的案例展现外贸企业经营业务，尽量采用图、表形式呈现，易于阅读。

读者对象

会计专业的学生、会计人员、税务人员以及打算从事会计工作的非财务专业的读者。

本套丛书

本套丛书包括：

《外贸企业会计岗位实操大全（流程＋单证＋出口退税）》

《工业企业会计岗位实操大全（预算＋成本＋做账＋财报）》

《酒店企业会计岗位实操大全（预算＋成本＋做账＋财报）》

《建筑施工企业会计岗位实操大全（预算＋成本＋做账＋财报）》

《房地产企业会计岗位实操大全（预算＋成本＋做账＋财报）》

虽然我们力求完美，但由于时间有限，编写过程中难免存在着一些不足和遗憾，希望广大读者多提宝贵意见。

编　者

目　录

第1章　外贸企业会计基础

第2章　外币业务和国际贸易结算

第 3 章 进出口成交方式与发票

第 4 章 出口贸易的核算

第 5 章 加工贸易与补偿贸易的核算

第 6 章 进口贸易业务的核算

第 7 章 进出口货物纳税的核算

第8章 出口退(免)税的核算

第9章 技术进出口业务的核算

第10章　外贸企业财务报表的编制

附　　录

参考文献

第1章 外贸企业会计基础

外贸企业是指从事对外贸易业务的企业，它是国内市场与国际市场的纽带，是国民经济的一个重要组成部分。而外贸会计是指工作于外贸企业会计岗位的专业人员，在企业中他们负责企业进出口业务的核算、分析、预测和控制工作。外贸会计除应具备一般企业的会计核算知识外，还要具备外贸企业特殊的业务核算能力，如外汇业务核算、进出口货物的核算、出口货物退（免）税的核算、技术进出口业务的核算、对外承包工程的核算以及熟悉外贸流程业务中的单证缮制、商品流转等。

1.1 外贸企业会计概述

外贸企业是指企业有从事对外贸易（进出口）的企业，拥有进出口经营权。

1.1.1 外贸企业的类型

外贸企业按进出口经营资格，分为流通型外贸企业和生产型外贸企业。流通型外贸企业具有外贸流通经营资格，生产型外贸企业具有生产企业自营进出口资格，其经营范围分别为：

（1）流通型外贸企业，经营各类商品和技术的进出口，但国家限定公司经营或禁止进出口的商品及技术除外。

（2）生产型外贸企业，经营本企业自产产品的出口业务和本企业所需的机械设备、零配件、原辅材料的进口业务，但国家限定公司经营或禁止进出口的商品及技术除外。

（3）外贸综合服务企业由于中小企业规模小，开拓国际市场的能力较差，所以外贸综合服务企业应势而生。那么什么是外贸综合服务企业呢？外贸综合服务企业是指为国内中小型生产企业出口提供物流、报关、信用保险、融资、收汇、退税等服务的外贸企业，我们会在后面章节中详细介绍。根据国家税务总局发布的《关于调整完善外贸综合服务企业办理出口货物退（免）税有关事项的公告》规定，对外贸综合服务企业（简称“外综服企业”）开展的代理退税业务，由“视为自营出口申报退税”调整为“代理生产企业集中申报退税”。这意味着外综服企业的“代理身份”得到明确，生产企业成为退税主体、承担相应的法律责任。

1.1.2 外贸企业会计的对象及其特点

外贸企业的会计对象，是外贸企业进出口商品流转过程中的资金运动。外贸企业主要的资金运动是进行国际的进出口商品流通，包括出口业务与进口业务。

1. 外贸企业会计的对象

外贸企业与国内商品流通企业都从事组织商品流通活动，但它与一般的国内商品流通企业有很大的不同。具体表现是外贸企业的商品流通，包括进口和出口两种业务经营过程，使用本币与外币两种以上货币，因而在出口经营活动中，企业要将出口商品销售所得外汇，按照国家规定与银行结汇；而在进口经营活动中，又要用人民币向银行购买外汇以支付货款。因此，外贸企业在其资金循环过程中所特有的本币与外币之间不断转换的过程，形成了外贸企业资金运动的特殊性，如图 1-1、图 1-2 所示。

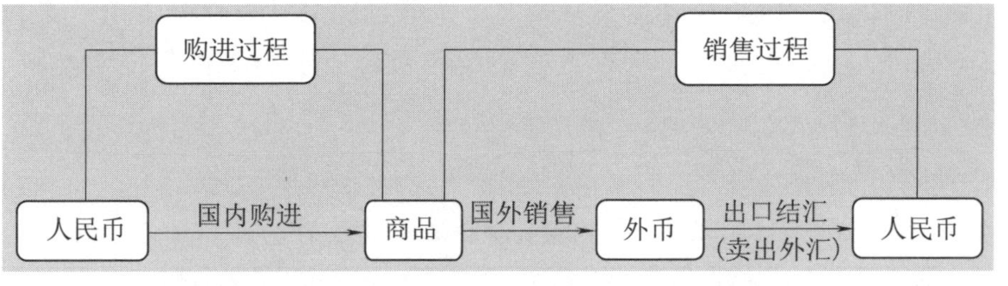

图 1-1　外贸企业出口业务的资金周转过程

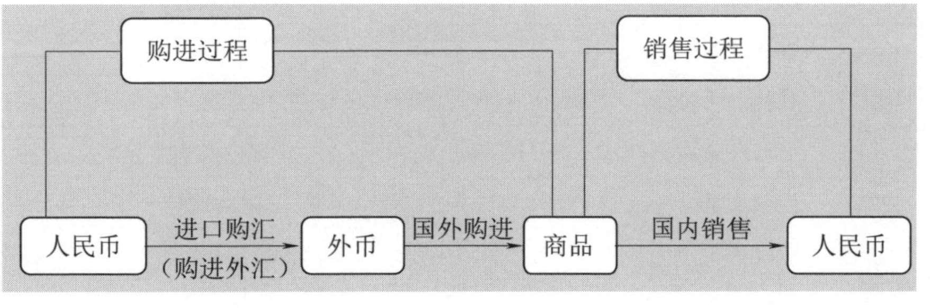

图 1-2　外贸企业进口业务的资金周转过程

2. 外贸企业会计的特点

外贸企业会计的特点如下。

- 设置与外汇有关的账户，这些账户要设计复币式的账簿格式，以分别反映外币和人民币的金额增减变化的情况
- 设置“汇兑损益”账户。汇兑损益是不同外币折算发生的价差以及汇率变动发生折合为记账本位币的差额
- 掌握企业进出口中人民币与外汇的比价，外贸会计除了进行进出口销售成本核算外，还要计算出口每美元成本和进口每美元盈亏额
- 既要按照国际法规和国际惯例，又要按照我国的对外贸易政策与法规进行

1.1.3 外贸企业会计科目

会计科目是按照经济业务的内容和经济管理的要求，对会计要素的具体内容进行分类核算的科目。会计科目可以按照多种标准进行分类，按会计要素对会计科目进行分类是其基本分类之一。我国将会计科目分为资产类科目、负债类科目、共同类科目、所有者权益类科目、成本类科目和损益类科目六大类。

会计科目见表 1-1。

表 1-1　会计科目表

序号	编号	总账科目	序号	编号	总账科目
一、资产类			11	1231	坏账准备
1	1001	库存现金	12	1401	材料采购
2	1002	银行存款	13	1402	在途物资
3	1015	其他货币资金	14	1403	原材料
4	1101	交易性金融资产	15	1404	材料成本差异
5	1121	应收票据	16	1405	库存商品
6	1122	应收账款	17	1406	发出商品
7	1123	预付账款	18	1462	合同资产
8	1131	应收股利	19	1411	周转材料
9	1132	应收利息	20	1471	存货跌价准备
10	1221	其他应收款	21	1531	长期应收款

续上表

序号	编号	总账科目	序号	编号	总账科目
22	1532	未实现融资收益			三、所有者权益类
23	1601	固定资产	53	4001	实收资本
24	1602	累计折旧	54	4002	资本公积
25	1603	固定资产减值准备	55	4101	盈余公积
26	1604	在建工程	56	4103	本年利润
27	1605	工程物资	57	4104	利润分配
28	1702	累计摊销			四、成本类
29	1703	无形资产减值准备	58	5001	生产成本
30	1711	商誉	59	5101	制造费用
31	1801	长期待摊费用	60	5201	劳务成本
32	1811	递延所得税资产	61	5301	研发成本
33	1901	待处理财产损溢			五、损益类
		二、负债类	62	6001	主营业务收入
34	2001	短期借款	63	6051	其他业务收入
35	2101	交易性金融负债	64	6061	汇兑损益
36	2201	应付票据	65	6101	公允价值变动损益
37	2202	应付账款	66	6111	投资损益
38	2203	预收账款	67	6117	其他收益
39	2211	应付职工薪酬	68	6301	营业外收入
40	2221	应交税费	69	6401	主营业务成本
41	2204	合同负债	70	6402	其他业务成本
42	2231	应付利息	71	6403	税金及附加
43	2232	应付股利	72	6501	资产处置损益
44	2241	其他应付款	73	6601	销售费用
45	2401	递延收益	74	6602	管理费用
46	2501	长期借款	75	6603	财务费用
47	2502	应付债券	76	6701	资产减值损失
48	2701	长期应付款	77	6702	信用减值损失
49	2702	未确认融资费用	78	6711	营业外支出
50	2711	专项应付款	79	6801	所得税费用
51	2801	预计负债	80	6901	以前年度损益调整
52	2901	递延所得税负债			

目前部分科目并没有明确的科目代码，企业可暂时在财务软件中自行添加代码。

1.2 外汇管理

外汇管理是指一国政府授权国家的货币金融当局或其他机构，对外汇的收支、买卖、借贷、转移以及国际间结算、外汇汇率和外汇市场等实行的控制和管制行为。

1.2.1 对企业实施动态分类管理

国家外汇管理局根据企业贸易外汇收支的合规性及其与货物进出口的一致性，将企业分为A、B、C三类。

1. A类企业管理

A类企业进口付汇单证简化，可凭进口报关单、合同或发票等任何一种能够证明交易真实性的单证在银行直接办理付汇，出口收汇无须联网核查；银行办理收付汇审核手续相应简化。

2. B、C类企业管理

对B、C类企业在贸易外汇收支单证审核、业务类型、结算方式等方面实施严格监管，B类企业贸易外汇收支由银行实施电子数据核查，C类企业贸易外汇收支须经外汇局逐笔登记后办理。

外汇局根据企业在分类监管期内遵守外汇管理规定情况，进行动态调整。A类企业违反外汇管理规定将被降级为B类或C类；B类企业在分类监管期内合规性状况未见好转的，将延长分类监管期或被降级为C类；B、C类企业在分类监管期内守法合规经营的，分类监管期满后可升级为A类。

1.2.2 贸易外汇收支企业名录

国家外汇管理局在《货物贸易外汇管理指引实施细则》（汇发〔2012〕38号）中规定，所有对外贸易企业均需登记外汇收支名录。国家外汇管理局实行“贸易外汇收支企业名录”登记管理，统一向金融机构发布名录。金融机构不得为不在名录的企业直接办理贸易外汇收支业务。也就是说，只有登记在案的企业，才被允许发生收付汇行为。新企业默认为A类，具体业务流程如图1-3所示。

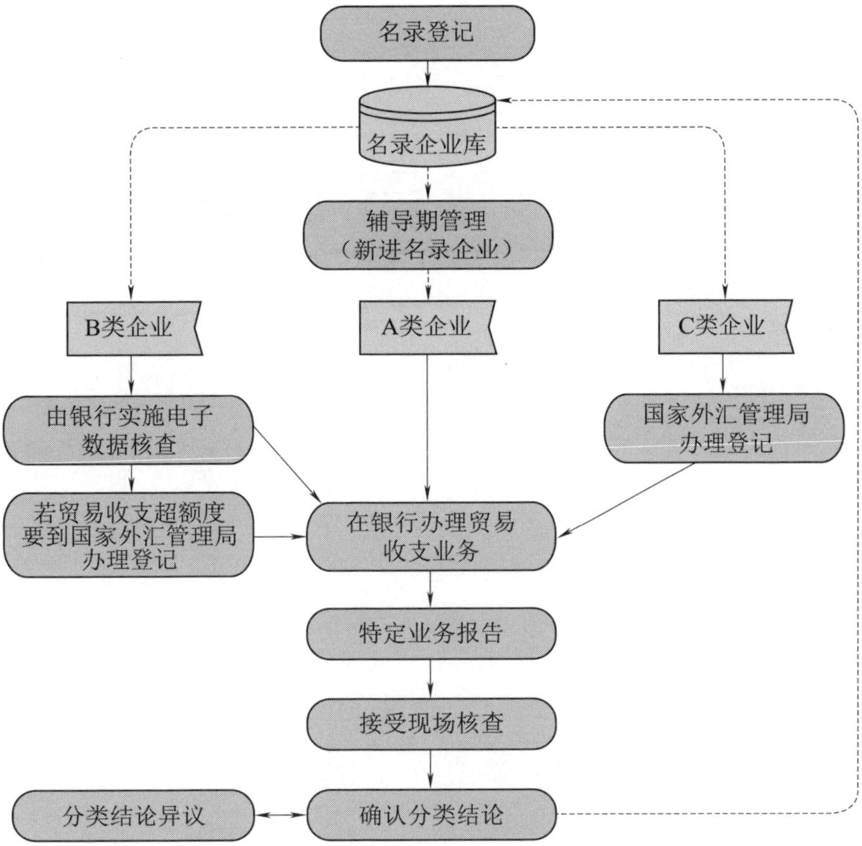

图 1-3　业务流程

1.2.3　什么是国际收支统计申报

国际收支统计申报是各国政府为完成国际收支统计所需数据的搜集方式。国际收支统计间接申报范围包括境内居民和境内非居民通过境内银行从境外收到的款项和对境外支付的款项，以及境内居民通过境内银行与境内非居民之间发生的收付款。

1. 国际收支统计申报的原因

国际收支统计申报是编制国家国际收支平衡表和国际投资头寸表的重要数据来源，也是国家制定货币政策、汇率政策的重要依据。部分资料如图 1-4、图 1-5 所示。

中国国际收支平衡表（年度表） 单位:亿美元							
项目	**2012**	**2013**	**2014**	**2015**	**2016**	**2017**	**2018**
1. 经常账户	**2,154**	**1,482**	**2,360**	**3,042**	**2,022**	**1,951**	**491**
贷方	23,933	25,927	27,434	26,193	24,546	27,450	29,136
借方	-21,779	-24,445	-25,074	-23,151	-22,524	-25,499	-28,645
1.A 货物和服务	**2,318**	**2,354**	**2,213**	**3,579**	**2,557**	**2,170**	**1,029**
贷方	21,751	23,556	24,629	23,602	21,979	24,293	26,510
借方	-19,432	-21,202	-22,416	-20,023	-19,422	-22,123	-25,481
1.A.a 货物	**3,116**	**3,590**	**4,350**	**5,762**	**4,889**	**4,759**	**3,952**
贷方	19,735	21,486	22,438	21,428	19,895	22,162	24,174
借方	-16,619	-17,896	-18,087	-15,666	-15,006	-17,403	-20,223
1.A.b 服务	**-797**	**-1,236**	**-2,137**	**-2,183**	**-2,331**	**-2,589**	**-2,922**
贷方	2,016	2,070	2,191	2,174	2,084	2,131	2,336
借方	-2,813	-3,306	-4,329	-4,357	-4,415	-4,720	-5,258
1.A.b.1 加工服务	256	232	213	203	184	179	172
贷方	257	233	214	204	185	181	174
借方	-1	-1	-1	-2	-2	-2	-3
1.A.b.2 维护和维修服务	0	0	0	23	32	37	46
贷方	0	0	0	36	52	60	72
借方	0	0	0	-13	-20	-23	-25
1.A.b.3 运输	-469	-567	-579	-467	-468	-560	-669
贷方	389	376	382	386	338	373	423
借方	-859	-943	-962	-853	-806	-933	-1,092

图 1-4　中国国际收支平衡表（部分）

中国国际投资头寸表（季度表） （单位：亿美元）						
项目	2018年3月末	2018年6月末	2018年9月末	2018年末	2019年3月末	2019年6月末
1.1 股权	15803	15957	16106	16316	16559	16822
1.2 关联企业债务	2505	2600	2648	2674	2716	2701
1.a 金融部门	2,459	2,480	2,479	2,518	2,628	2,665
1.1.a 股权	2,360	2,375	2,374	2,416	2,499	2,552
1.2.a 关联企业债务	98	104	105	102	129	113
1.b 非金融部门	15,850	16,077	16,275	16,472	16,647	16,857
1.1.b 股权	13,443	13,581	13,731	13,900	14,060	14,269
1.2.b 关联企业债务	2,407	2,495	2,544	2,572	2,588	2,588
2 证券投资	5145	5183	5288	4980	5456	5602
2.1 股权	3170	3076	3064	2700	2969	3034
2.2 债券	1975	2107	2224	2279	2487	2568
3 金融衍生工具	78	66	58	62	85	80
4 其他投资	16632	16781	16916	17530	17039	16970
4.1 其他股权	54	54	54	54	54	69
4.2 货币和存款	4012	4186	3746	3937	3826	3982
4.3 贷款	6958	6836	6987	7097	7281	6895
4.4 保险和养老金	111	109	107	106	122	118
4.5 贸易信贷	5018	5192	5679	5972	5273	5382
4.6 其他	479	404	344	364	483	524
5 储备资产	32403	32061	31771	31680	31962	32252
5.1 货币黄金	784	741	703	763	785	873
5.2 特别提款权	112	109	108	107	107	108
5.3 在国际货币基金组织的储备	77	85	85	85	84	82
5.4 外汇储备	31428	31121	30870	30727	30988	31192

图 1-5　中国国际投资头寸表（部分）

2. 怎样办理申报国际收支统计

企业应登录 http：//www. safe. gov. cn/safe/index. html 进行申报。

（1）企业首次办理涉外收付款业务应提交的资料。

按照《通过银行进行国际收支统计申报业务实施细则》规定，企业第一次办理涉外收付款业务，需要向银行提交“组织机构代码证”或“特殊机构代码赋码通知”“营业执照”等证明文件，并在银行网点填写单位基本情况表。如果是外商投资企业，还要提供“外商投资企业批准证书”等证明文件。

（2）企业如何开通和关闭网上申报系统。

企业申请开通或关闭网上申报业务，可以在该企业任意一家开户行办理，重新填写“单位基本情况表”并在“申报方式”中勾选“开通网上申报”。银行会给企业设置业务管理员用户名、初始密码和生效日期等信息。开通后第二个工作日起，企业就可以登录网上申报系统办理涉外收入网上申报。

3. 新增需要收支申报的事项

为进一步规范通过银行进行国际收支统计申报业务，国家外汇管理局修订形成《通过银行进行国际收支统计申报业务指引（2019 年版）》，自 2019 年 10 月 1 日起施行，其中，有关居民机构与境内非居民个人之间人民币收付款申报的规定自 2020 年 4 月 1 日起施行。

新增的主要内容如下：

（1）新增资金池业务涉外收付款的申报要求

（5）新增兑换特许机构相关业务的申报要求

（2）新增关于跨境线下扫码涉外收付的申报要求，并由此调整了第三方支付机构集中收付款的还原申报要求

（6）新增关于深港通、债券通、境外机构投资者投资银行间债券市场、内地与香港基金互认、熊猫债以及存托凭证等证券投资渠道的申报要求

（3）新增特定品种期货涉外交易的申报要求

（4）新增关于银行卡跨境清算业务和网络支付跨境清算业务的申报要求

（7）新增境内上市公司外籍员工参与股权激励计划的申报要求

法规文件

《中华人民共和国外汇管理条例》第四十八条规定：有下列情形之一的，由外汇管理机关责令改正，给予警告，对机构可以处30万元以下的罚款，对个人可以处5万元以下的罚款。

1.2.4 外汇监测系统网上申报

外汇监测系统网上申报是由于2012年8月1日取消出口收汇核销单后，企业不再办理出口收汇核销手续，但要进行网上申报。国家外汇管理局分支局对企业的贸易外汇管理方式由现场逐笔核销改变为非现场总量核查。国家外汇管理局通过货物贸易外汇监测系统，全面采集企业货物进出口和贸易外汇收支逐笔数据，定期比对、评估企业货物流与资金流总体匹配情况，便利合规企业贸易外汇收支；对存在异常的企业进行重点监测，必要时实施现场核查。

符合下列情况之一的业务，企业应当在货物进出口或收付汇业务实际发

生之日起 30 天内，通过监测系统向所在地外汇局报送对应的预计收付汇或进出口日期等信息：

30天以上（不含）的预收货款、预付货款	1	1	B、C类企业在分类监管有效期内发生的预收货款、预付货款，以及30天以上（不含）的延期收款、延期付款
90天以上（不含）的延期收款、延期付款	2	2	单笔合同项下转口贸易收支日期间隔超过90天（不含）且先收后支项下收汇金额或先支后收项下付汇金额超过等值50万美元（不含）的业务
以90天以上（不含）信用证方式结算的贸易外汇收支	3	3	对已报告且未到预计进出口或收付汇日期的上述业务，企业可根据实际情况调整相关报告内容

需要注意的是，如果是出口后 180 天内的 T/T 收汇或出口项下信用证收汇、进口信用证；进口后 90 天内 T/T 付汇之类非贸易信贷业务的，不需要登录该系统登记。

（注：T/T 是 TELEGRAPHIC TRANSFER，电汇付款即电汇）

政策文件

国家外汇管理局决定向银行开放货物贸易外汇监测系统（银行版）“报关信息核验”模块。办理单笔等值10万美元（不含）以上货物贸易对外付汇业务（离岸转手买卖业务除外），银行在按现行规定审核相关交易单证的基础上，原则上应通过系统的“报关信息核验”模块，对相应进口报关电子信息办理核验手续；银行能确认企业对外付汇业务真实合法的，可不办理核验手续。

1.2.5 存量权益登记

由于 2015 年 6 月 1 日之后，国家外汇管理局取消外商投资企业外汇年检和境外直接投资外汇年检，同时规定外国直接投资企业和对外直接投资企业需要存量权益登记。

1. 需要进行存量权益登记的企业类型

第一类：已在国家外汇管理局或银行办理境内直接投资外汇登记的外

商投资企业，应申报 FDI 存量权益登记；外国直接投资（Foreign Direct Investment，FDI）是指一国的投资者将资本用于他国的生产或经营，并掌握一定经营控制权的投资行为。

第二类：已在国家外汇管理局或银行办理境外直接投资外汇登记的境内企业（含境内居民个人在境外设立的特殊目的公司），应申报 ODI 存量权益登记。对外直接投资（Overseas Direct Investment，ODI）是指我国企业、团体在国外及港澳台地区以现金、实物、无形资产等方式投资，并以控制国（境）外企业的经营管理权为核心的经济活动。对外直接投资是我国“走出去”战略的重要组成部分。

FDI 和 ODI 的区别在于，前一个代表外国企业向中国企业的投资，后一个代表着中国企业向海外企业的投资。

不管是 FDI 还是 ODI 都要登录国家外汇管理局应用服务平台（http://asone.safesvc.gov.cn/asone/）进行登记。但凡做过 ODI、FDI 或者特殊目的公司登记的企业，一旦登记，就要永久申报。

2. 企业不按时申报的后果

首先，企业在国家外汇管理局资本项目信息系统将会被设置为“业务管控”状态。相关银行在为相关企业办理资本项下外汇业务时，会提前确认该企业是否已按规定办理境外直接投资存量权益登记及是否被业务管控。未按规定办理登记或被业务管控的情况下，银行不得为企业办理资本项下外汇业务。

3. 需要登记的信息

（1）FDI 存量权益登记适用的境内直接投资外方权益统计表，见表 1-2。

表 1-2　　境内直接投资外方权益统计表

编制单位：　　　　填报时间：　年　月　日　　　　金额单位：人民币元

指　标	期初数	期末数
一、外商投资企业资产合计		
其中：流动资产		
非流动资产		
二、外商投资企业负债合计		
其中：短期负债		

续上表

指　标	期初数	期末数
长期负债		
三、归属于外商投资企业全体股东的权益		
四、归属于外方股东的权益		
4.1 归属于外方股东的实收资本		
4.2 外方股东享有的公积金及留存收益额		
其中：资本公积		
盈余公积		
未分配利润		
4.3 其他		
五、外商投资企业少数股东权益		
六、外方投资者实际出资额		
七、外商投资企业应付外方股利		
八、外商投资企业盈利情况	当期（上年）数	历年累计
归属于外商投资企业全体股东的净利润		
其中：外方股东享有的净利润		
分配外方股东的利润金额合计		
汇往外方股东的利润金额合计		

附注（仅投资性外商投资企业填写）

	应付股利	实收资本	未分配利润	资本公积	盈余公积	其他
权益法核算子公司中享有的权益（期末数）						
	应付股利	实收资本	未分配利润	资本公积	盈余公积	其他
成本法核算子公司中享有的权益（期末数）						

备注：（存在特殊情况须在本栏目中进行详细说明）

（2）ODI存量权益登记适用的境外直接投资中方权益统计表，见表1-3。

表1-3　　境外直接投资中方权益统计表

金额单位：美元

指　标	期初数	期末数
一、境外外资企业资产合计		
其中：流动资产		
非流动资产		
二、境外投资企业负债合计		
其中：短期负债		
长期负债		
三、归属于境外投资企业全体股东的权益		
其中：归属中方股东的权益		
归属中方股东的未分配利润余额		
四、境外投资企业少数股东权益		
五、境外投资企业应付中方股利		
六、境外投资企业盈利情况	当期（上年）数	历年累计
归属于境外投资企业全体股东的净利润		
其中：中方股东享有的净利润		
分配中方股东的利润金额合计		
汇回中方股东的利润金额合计		

以上两表的数据主要以企业年度财务报告为基础，而且国家外汇管理局不再逐项审核相关数据，也不要求企业的年度财务报告审计。

1.2.6　谁出口谁收汇、谁进口谁付汇

由于外汇改革取消外汇核销单，改为总量核查监测进出口企业的外汇情况，因此不能再按原来的单笔对应法控制外汇收付，故国家外汇管理局提出“谁出口谁收汇、谁进口谁付汇”的原则，并采用总量核查办法加以控制。从字面理解就是以谁的名义报关出口，就必须以谁的名义收汇，至于是不是由客户支付不再要求。例如：甲出口商自营出口给客户乙，甲必须收汇；出口商丙委托代理公司丁出口，此时必须由代理公司丁收汇，不能由委托方丙收汇。

为什么国家外汇管理局再一次对该原则做重申呢？因为很多进出口企业不按照政策办理，导致资金流与货物流不匹配。常见的不匹配有如下几种：

1. 代理进出口业务，委托方违反外汇政策自行收付汇

这主要是委托方对代理方不信任导致，委托方怕代理方收汇后截留资金，或害怕将付汇所用资金支付给代理方后代理方不按时支付造成合同违约。

2. 境内交货，导致进出口企业没有报关物流信息

采用 EXW、FCA 等成交方式或指定地点交货的成交方式出口货物时，出口报关环节直接由客户委托其他企业报关，造成实际出口商没有报关，不能取得货物信息，但自身又收取了货款，造成只有收汇信息而没有货物信息。

3. 假借进口贸易进行付汇，变相转移资金

某些企业利用虚假贸易方式把资金转移到境外，造成资金流与货物流不匹配。

总之，国家外汇管理局通过企业的“货物流”（海关报关数据）与“资金流”（国际收支申报系统）是否匹配，进而对企业进行总量核查。违反“谁出口谁收汇、谁进口谁付汇”政策，会对企业自身的总量核查指标造成失衡。国家外汇管理局对问题企业可以选择现场检查或直接发放风险提示函，给予降级处理。流程如图 1-6 所示。

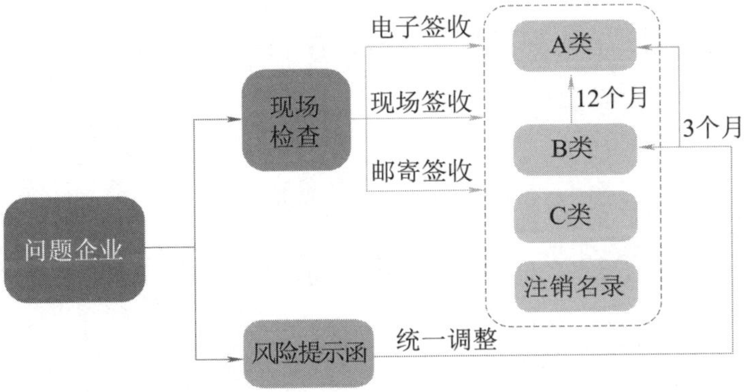

图 1-6　对问题企业的核查流程

1.2.7　电子口岸

电子口岸是中国电子口岸执法系统的简称。该系统运用现代信息技术，借助国家电信公网，将各类进出口业务电子底账数据集中存放到公共数据中

心，国家职能管理部门可以进行跨部门、跨行业的联网数据核查，企业可以在网上办理各种进出口业务。

电子口岸目前有中国电子口岸和各个地方的电子口岸。中国电子口岸是国家进出口统一信息平台，是国务院有关部委将分别掌管的进出口业务信息流、资金流、货物流电子底账数据集中存放的口岸公共数据中心，为各行政管理部门提供跨部门、跨行业的行政执法数据联网核查，并为企业提供与行政管理部门及中介服务机构联网办理进出口业务的门户网站。目前，中国电子口岸已经与海关、出入境检验检疫机构、国家税务系统、国家外汇管理局等执法部门联网，提供了海关报关、加工贸易、外汇核销单、出口退税等业务功能。中国电子口岸目前主要开发全国统一的执法功能和网上备案、数据报送企业办事业务。现在各个地方都在建设各个地方的电子口岸。

1.2.8 离岸账户

离岸账户是指存款人在其居住国家或地区以外开设账户的银行。相反，位于存款人居住地的银行则称为在岸银行或境内银行。客户可以从离岸账户上自由调拨资金，而不受本国的外汇管制。例如：公司在英国注册，但在我国香港某银行开立账户，该账户为离岸账户；公司在英国注册，但在中国招商银行开立账户，该账户为离岸账户。

目前，国内可以开立离岸账户的银行有深发展、上海浦发、交通、招商等。

1. 离岸账户的优点

离岸账户的优点如下：

- 资金调拨自由：离岸账户等同于在境外开设的银行账户，可以从离岸账户上自由调拨资金，不受国内外汇管制
- 存款利率、品种不受限制
- 免征存款利息税：中国政府对离岸账户存取款利息免征存款利息税
- 提高境内外资金综合运营效率
- 境内操控，境外运作：利用离岸账户来收付外汇是非常方便自由的

2. 离岸账户的缺点

离岸账户的缺点如下：

- 离岸账户也是犯罪分子用来洗钱的常见场所，因而名声不佳
- 有鼓励居民避税或逃税之嫌
- 因其不在存款人所住地，储户服务中可能产生不便
- 开设离岸账户的起点储蓄金额一般较高，故主要服务于收入较高的人士

国际常用的离岸账户开设地如下：

由于离岸账户有诸多自由与便利之处，因此各国或地区对离岸账户的监管也很严格。例如，2019 年下半年，中国香港各大银行大规模清理账目，关闭大量异常账户和“僵尸账户”。除了清算账户，还加强对企业开户的审计，致使开户难度加大。银行已确认客户违反银行的销户规定，如违法行为、不合作调查、长期低存、长期不交易等可能导致客户账户被关闭。

3. 共同申报准则

2014 年 7 月，经济合作与发展组织发布《金融账户涉税信息自动交换标准》(Standard for Automatic Exchange of Financial Information in Tax Matters，简称“AEOI 标准”)，旨在打击跨境逃税及维护诚信的纳税税收体制。“AEOI

标准”包括“共同申报准则”（Common Reporting Standard，简称“CRS”）及其释义。

“共同申报准则”的本质是为了在全球抵制偷税漏税，而在不同国家进行自动报告财务信息。

例如，A 国和 B 国采纳“共同申报准则”之后，A 国税收居民在 B 国金融机构拥有账户，则该居民的个人信息以及账户收入所得会被 B 国金融机构收集并上报 B 国相关政府部门，并与 A 国相关政府部门进行信息交换，这种交换每年进行一次。理论上讲，A 国税务部门将掌握 A 国税收居民海外资产的收入状况。

在正式实施 CRS 后，一些投资者常用的离岸金融工具将作为信息而被申报。客户想通过离岸金融来达到隐匿资产、逃税、避税，将逐渐变得不可能。

第2章 外币业务和国际贸易结算

会计学上的外币是指记账本位币（或功能性货币）以外的货币，若企业以人民币为记账本位币，那么各种外国货币均为外币。若企业以某种非人民币货币以外记账的货币，包括人民币均是外币。以记账本位币之外的其他货币进行收付、往来结算和计价的经济业务称为外币业务。外币业务包括外汇、外汇管理及其核算。

国际贸易结算是指由于贸易活动所发生的国际货币收支和国际债权债务的结算，包括各种票据的结算。

2.1 外币与汇率

外币有狭义和广义之分。狭义的外币，指本国货币以外的其他国家或地区的货币，包括各种纸币和铸币等。广义的外币，指所有以外国货币表示的能用于国际结算的支付凭证。除了国外的纸币和铸币外，还包括企业所持有的外国的有价证券，如以外币表示的政府公债、国库存券、公司债券、股票和股息等；也包括外币支付凭证，如以外币表示的票据、银行存款凭证、邮政储蓄凭证等，还包括其他外币资金，如各种外币汇款、进出口贸易的外币性货款等。

2.1.1 常用货币及简写符号

常用货币及简写符号见表 2-1。

表 2-1 常用货币及简写符号

外币名称	货币符号	单位	外币名称	货币符号	单位
英镑	GBP	镑	澳大利亚元	AUD	元
美元	USD	元	瑞典克朗	SEK	克朗
日元	JPY	日元	丹麦克朗	DKK	克朗
港元	HKD	元	挪威克朗	NOK	克朗
欧元	EUR	欧元	芬兰马克	FIM	马克
德国马克	DEM	马克	韩国元	KRW	元
瑞士法郎	CHF	法郎	泰国铢	THB	铢
法国法郎	FRF	法郎	菲律宾比索	PHP	比索
荷兰盾	NLG	盾	印度卢比	INR	卢比
奥地利先令	ATS	先令	俄罗斯卢布	SUR	卢布
比利时法郎	BEF	法郎	缅甸元	BUK	元
意大利里拉	ITL	里拉	新西兰元	NZD	元
加拿大元	CAD	元	新加坡元	SGD	元

2.1.2 汇率标价法

汇率是一国货币同另一国货币兑换的比率。如果把外币作为商品的话，那么汇率就是买卖外汇的价格，是以一种货币表示另一种货币的价格，因此也称为汇价。

外汇牌价，即外汇指定银行外汇兑换挂牌价，是各银行（指总行、分支行与总行外汇牌价相同）根据中国人民银行公布的人民币市场中间价以及国际外汇市场行情，制定的各种外币与人民币之间的买卖价格。这种外汇牌价实时变动，即使同一天牌价也有所不同。

在我国，外汇牌价采取以人民币直接标价方法，即以一定数量的外币折合多少人民币挂牌公布。每一种外币都公布四种牌价，即现汇买入价、现汇卖出价、现钞买入价、现钞卖出价。卖出价是银行将外币卖给客户的牌价，也就是客户到银行购汇时的牌价；而买入价则是银行向客户买入外汇或外币时的牌价，它分为现汇买入价和现钞买入价两种。现汇买入价是银行买入现汇时的牌价，而现钞买入价则是银行买入外币现钞时的牌价。

那么会计人员采用哪种牌价记账呢，以上四种外汇牌价都不能用来记账。会计人员应该在中国人民银行或国家外汇管理局官网上查找当日的汇率，如图 2-1 所示。先打开中国人民银行网站，单击“货币政策”工具条，即出现窗口 1 界面；在“货币政策”界面单击“人民币汇率中间价公告”，即窗口 2 界面。单击进去后出现窗口 3 界面，“人民币汇率中间价公告”显示每日人民币汇率中间价公告，单击 2019 年 9 月 30 日标题，进入窗口 4，详细介绍人民币对其他货币的中间价。

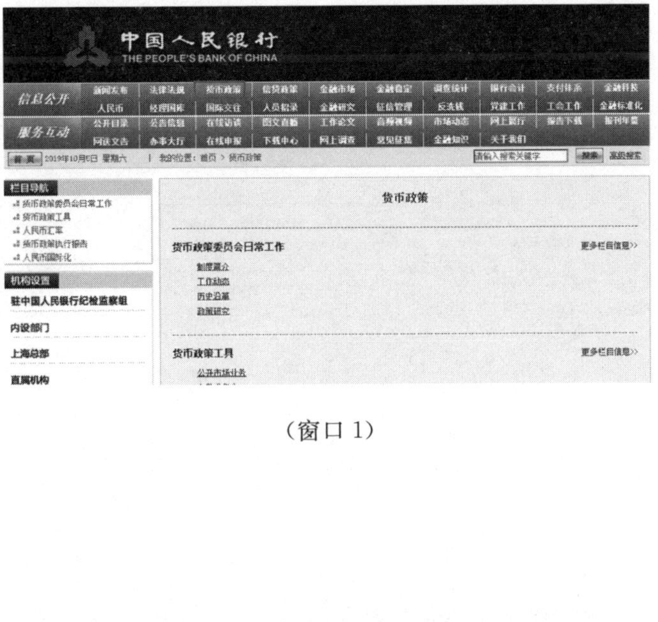

（窗口 1）

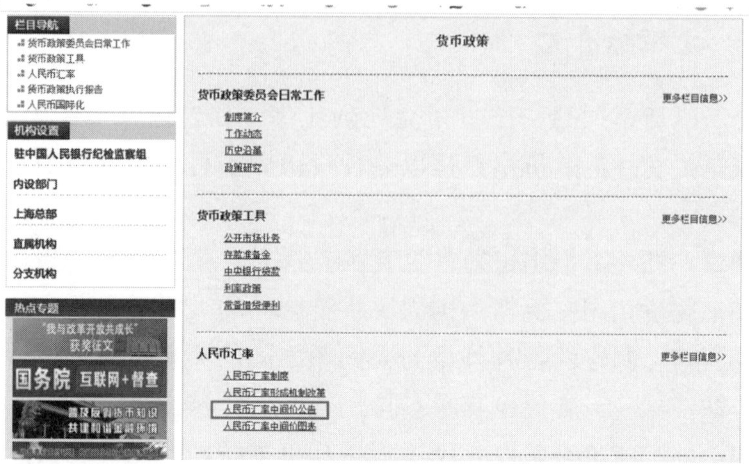

（窗口 2）

（窗口 3）

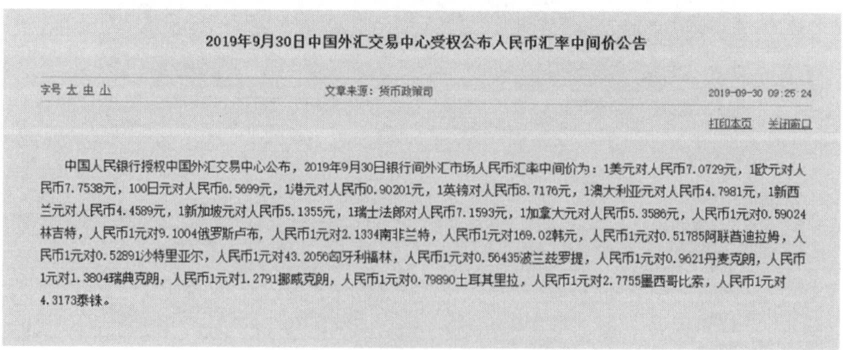

2019年9月30日中国外汇交易中心受权公布人民币汇率中间价公告

字号 大 中 小　　文章来源：货币政策司　　2019-09-30 09:25:24

打印本页　关闭窗口

中国人民银行授权中国外汇交易中心公布，2019年9月30日银行间外汇市场人民币汇率中间价为：1美元对人民币7.0729元，1欧元对人民币7.7538元，100日元对人民币6.5699元，1港元对人民币0.90201元，1英镑对人民币8.7176元，1澳大利亚元对人民币4.7981元，1新西兰元对人民币4.4589元，1新加坡元对人民币5.1355元，1瑞士法郎对人民币7.1593元，1加拿大元对人民币5.3586元，人民币1元对0.59024林吉特，人民币1元对9.1004俄罗斯卢布，人民币1元对2.1334南非兰特，人民币1元对169.02韩元，人民币1元对0.51785阿联酋迪拉姆，人民币1元对0.52891沙特里亚尔，人民币1元对43.2056匈牙利福林，人民币1元对0.56435波兰兹罗提，人民币1元对0.9621丹麦克朗，人民币1元对1.3804瑞典克朗，人民币1元对1.2791挪威克朗，人民币1元对0.79890土耳其里拉，人民币1元对2.7755墨西哥比索，人民币1元对4.3173泰铢。

（窗口 4）

图 2-1　查找汇率的网站

人民币汇率中间价也可以在国家外汇管理局官网查询。打开“国家外汇管理局网站”，单击“统计数据”标题栏，出现“统计数据表查询”界面（窗口 1），打开“人民币汇率中间价（窗口 2）”，出现日期及各种货币对人民币汇率中间价页面，如图 2-2。

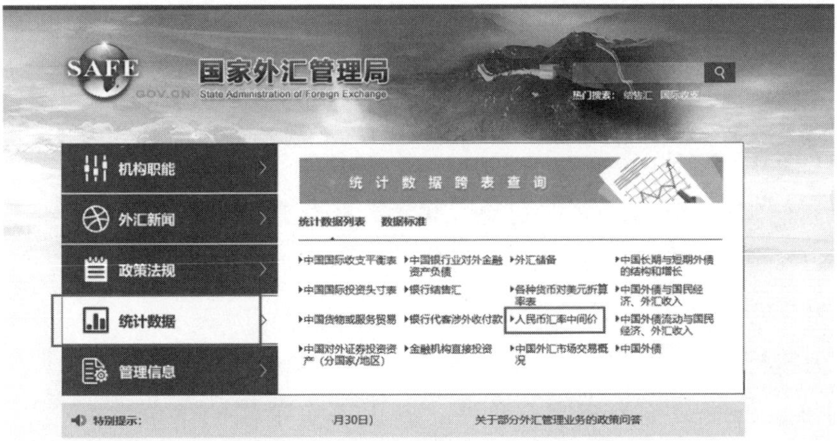

（窗口 1）

（窗口 2）

图 2-2　国家外汇管理局官网

确定两种不同货币之间的比价，先要确定用哪种货币作为标准。由于确定的标准不同，于是便产生了几种不同的外汇汇率标价方法。

1. 直接标价法

直接标价法又称为应付标价法，是以一定单位的外币作为标准，折算为本币来表示其汇率。在直接标价法下，外币数额固定不变，汇率涨跌都以相对的本币数额的变化来表示。一定单位外币折算的本币减少，说明外币汇率已经下跌，即外币贬值或本币升值。我国和国际上大多数国家都采用直接标价法。

例如，2019 年 8 月 27 日，欧元对美元的汇率为 EUR1＝USD1.161 9。

(1) 假定欧元贬值 5%，变动后欧元折算为美元的汇率为：

EUR1＝USD1.161 9×（1－5%）

＝USD1.103 8

(2) 假定欧元升值 5%，变动后欧元折算为美元的汇率为：

EUR1＝ USD1.161 9×（1＋5%）

＝ USD1.220 0

2. 间接标价法

间接标价法又称为应收标价法，是以一定单位的本币为标准，折算为一定数额的外币来表示其汇率。在间接标价法下，本币的数额固定不变，汇率涨跌都以相对的外币数额的变化来表示。一定单位的本币折算的外币数量增多，说明本币汇率上涨，即本币升值或外币贬值。反之，一定单位的本币折算的外币数量减少，说明本币汇率下跌，即本币贬值或外币升值。

例如，2019 年 7 月 26 日，美元与澳元的汇率为 USD1＝AUD1.064 4。

以间接标价法标价，本币是一个不变量，而外币是一个可变量，随着两种货币价值变动而变动。

承上例，AUD1＝USD0.675 2

(1) 假定美元升值 5%，变动后的澳元折算为美元的汇率为：

AUD1＝ USD0.675 2×（1－5%）

＝ USD0.641 4

(2) 假定美元贬值 5%，变动后的澳元折算为美元的汇率为：

AUD1＝ USD0.675 2×（1＋5%）

＝ USD0.709 0

> 其表示法为：
> ×××报价币＝1 单位报价币

3. 美元标价法

美元标价法又称纽约标价法，是指在纽约国际金融市场上，除对英镑用直接标价法外，对其他外国货币用间接标价法的标价方法。美元标价法由美国在1978年9月1日制定，目前是国际金融市场上通行的标价法。

4. 双向标价法

即报价者（Quoting Party 银行或经纪商）同时向客户报出买入价格（Bid Rate）和卖出价格（Offer Rate）。

例如，1EUR＝0.880 0USD 中，EUR 是被报价币；1USD＝1.660 0CHF 中，USD 是被报价币，1USD＝133.00JPY 中，USD 是被报价币。

2.2 外币业务的核算

外币业务是指企业以各种外币进行款项收付、往来结算和计价等业务。

在会计上，外币业务是指不以记账本位币作为计量单位的会计业务。需要注意的是，进出口业务与外币业务存在一定的联系，但并非所有的进出口业务都是外币业务。例如，中国的某些企业以人民币为记账本位币，从欧盟进口一批商品，若按欧元计价结算，则是外币业务；但若以人民币计价结算，则不属于外币业务。

2.2.1 外币业务概述

按照我国《企业会计准则》确定的基本会计要素，可对企业外币业务进行如下基本分类，如图2-3所示。

图 2-3 外币业务的分类

外币业务主要有五种类型，见表 2-2。

表 2-2　　外币业务的类型

类　型	内　容
外币兑换业务	即一种货币兑换为另一种货币的业务
外币借款业务	即从银行或其他金融机构取得外币借款以及归还借款的业务
外币交易业务	即以外币进行款项收付、往来结算的会计业务
投入外币资本业务	即投资人以外币作为资本投入企业的业务
外币折算业务	即把外币的金额重新表述为另一种货币的会计业务。进行外币折算，并不是实际发生了兑换或交易等外币经济业务，而仅仅是改变了原有的计量单位

2.2.2　外币业务的记账方法

外币业务记账方法有两种：一种是外币统账制，另一种是外币分账制。企业可根据实际情况选择，见表 2-3。

表 2-3　　外币业务的记账方法

方　法	特　点
外币统账制	指所有外币账户在业务发生时（相关外币账户的余额增减变动时），企业应按业务交易发生日的即期汇率（也可采用按照系统合理的方法确定的，与交易发生日即期汇率近似的汇率）将外币金额折算为记账本位币，并将其与账面上的记账本位币之间的差额确认为汇兑损益
外币分账制	也称为原币账法，是指企业对外币业务在日常核算时按照外币原币进行记账，分别不同的外币币种核算其所实现的损益，平时不进行汇率折算，也不反映记账本位币金额，编制报表时再折算为记账本位币。有外币业务的金融企业一般都采用这种方法

2.2.3　外币性账户的设置

企业外币业务进行会计处理，应该单独设立各项外币账户，具体如图 2-4 所示。

需要注意的是，企业外币业务采用复币记账，即对每一笔外币业务，除了要将其按一定汇率折合为记账本位币记账之外，还要对原币的收付情况进行记录。也有一些企业采用分账记录的方法，即平时将外币业务分开记录，到会计期末再按即期汇率折算为记账本位币金额入账。

企业发生外币业务时，应当将有关外币金额折合为记账本位币金额记账。除另有规定外，所有与外币业务有关的账户，应当采用业务发生时的汇率，也可以采用业务发生当期期初的汇率折算。

外币性账户的设置

- 外币现金、外币银行存款的收付
- 以外币结算的各类债权债务账户（如外币性应收账款、外币性应收票据、外币性长期投资等）
- 外币性应付账款、外币性应付票据、外币性应付职工薪酬、外币性应付股利等。外币账户要与非外币性的各相同类别账户分别设置，分别进行会计处理
- 外币借款的取得及偿还业务
- 汇兑损益的确认和处理业务

图 2-4　外币性账户的设置

根据《国家外汇管理局关于精简外汇账户的通知》（汇发〔2019〕29 号）规定，对部分外汇账户进行清理整合。

2.2.4　外币汇兑的核算

（1）购汇支付的条件。外贸企业到银行购汇，应具备两个条件：必须拥有按规定可以进行购汇的事项；必须提供与支付方式适应的有效商业单据和有效凭证。

除此之外的贸易及非贸易经营性对外支付，均需持外汇管理部门核发的售汇通知单，才能到外汇指定银行购汇。

（2）购汇程序。

①将购汇所需的足够人民币资金存放到企业开设的指定银行账户中。

②提供有效凭证，如合同、发票、收据、进出口许可证等文件。

③填写“购买外汇申请书”及有关证明文件交给售汇银行。

④售汇银行对企业提交的资料审核无误后，办理售汇，并将“购买外汇申请书”中的一联退外贸企业，购汇即告完成。

外币汇兑的核算实例

【例 2-1】2020 年 1 月 25 日，大地进出口公司收到银行退回的“购买外汇申请书”及银行回单，共计 200 000 美元，当日汇率 1 美元＝6.25 人民币元，账务处理如下。

（1）购买外汇时，见表 2-4、表 2-5。

表 2-4

购买外汇申请书

中国工商银行北蜂窝路　银行分/支行：

我公司现按国家外汇管理局有关规定向贵行提出购汇申请，并随附有关凭证，请审核并按当日牌价办理售汇。

<table>
<tr><td rowspan="2">单位名称</td><td colspan="2" rowspan="2">大地进出口公司</td><td colspan="2">人民币账户</td><td colspan="2">0200001909234216779</td></tr>
<tr><td colspan="2">外汇账户</td><td colspan="2">07422568789</td></tr>
<tr><td>购汇金额
（大小写）</td><td colspan="2">美元贰拾万元整
200 000</td><td>当日
汇率</td><td>1：6.25</td><td>折合人民币
（大小写）</td><td>￥1 378 000</td></tr>
<tr><td>购汇
支付方式</td><td colspan="6">☑ 支票　☐ 银行汇票　☐ 银行本票
☐ 扣账　☐ 其他</td></tr>
<tr><td>购汇用途</td><td colspan="6">☑ 进口商品　☐ 从属费用　☐ 索赔退款　☐ 还贷　☐ 其他</td></tr>
<tr><td>对外结算方式</td><td colspan="6">☑ 信用证　☐ 代收　☐ 汇款　（☐ 货到付款　☐ 预付货款）</td></tr>
<tr><td rowspan="4">业务参考</td><td>商品名称</td><td colspan="2">略</td><td colspan="2">数　量</td><td>略</td></tr>
<tr><td>合同号</td><td colspan="2">略</td><td colspan="2">发票号</td><td>略</td></tr>
<tr><td>合同金额</td><td colspan="2">略</td><td colspan="2">发票金额</td><td>略</td></tr>
<tr><td>核销单号</td><td colspan="2">略</td><td colspan="2">信用证号</td><td>略</td></tr>
<tr><td>进口商品
类型</td><td colspan="6">☑ 一般进口商品
☐ 控制，批文随附如下：
☐进口证明　☐ 许可证　☐ 登记证明　☐ 其他批文
批文号码：　批文有效期：</td></tr>
<tr><td colspan="3">申请人栏</td><td colspan="4">银行专用栏</td></tr>
<tr><td colspan="3">申请单位：大地进出口公司
（盖章）
联系人：周明
电话：68790001
2020 年 1 月 25 日</td><td colspan="4">银行审批意见：同意
（章略）
经办：赵明
复核：李凯
审批：王静
2020 年 1 月 25 日</td></tr>
</table>

表 2-5

外汇会计账簿（结售汇、套汇）

机构号码：091076535　　日期：2020 年 1 月 25 日

业务编号		××××		业务类型	售汇		起息日	
借方或付款单位	名　称	大地进出口公司			贷方或收款单位	名　称	汇出汇款	
	账　号	07422568789				账　号		
	币种与金额	CNY：1 378 000				币种与金额	USD200 000	
	汇率/利率	6.25	开户行			汇率/利率	6.25	
收汇金额			发票号		挂销单号			
交易摘要	购汇 USD200 000							

工商银行北蜂窝路支行 2020.1.25 业务清讫

交易代码　　授权　　复核　李燕　　经办　李英

借：银行存款——美元　　(200 000×6.25) 1 378 000

　　贷：银行存款——人民币　　1 378 000

（2）支付手续费时，见表 2-6。

表 2-6

中国工商银行特种转账借方传票（手续费）

2020 年 1 月 25 日

付款人	全称	大地进出口公司		收款人	全称	本行
	账号或地址	0200001909234216779			账号或地址	××××××
	开户银行		行号　5		开户银行	

金额	人民币（大写）⊗贰仟元整	千	百	十	万	千	百	十	元	角	分
					¥	2	0	0	0	0	0

原凭证金额		赔偿金	
原凭证名称		号码	

转账原因	购汇手续费 银行盖章（略）	科目（借） 对方科目（贷） 会计：　复核： 记账：

工商银行北蜂窝路支行 2020.1.25 业务清讫

借：财务费用——手续费　　2 000

　　贷：银行存款——人民币　　2 000

假若以信用证方式支付，并先购汇开出信用证，再按合同规定付款，账务处理如下。

借：其他货币资金——信用证保证金　　1 378 000

　　贷：银行存款　　1 378 000

借：财务费用　　2 000

　　贷：银行存款　　2 000

2.2.5 外汇收入的核算

根据《中华人民共和国外汇管理条例》的规定，经常项目外汇收入，可以按照国家有关规定保留或者卖给经营结汇、售汇业务的金融机构。

外贸企业收到外汇收入存入外汇账户后，可作出结汇或不结汇的决定。如直接保留现汇，应按银行结汇水单记录的外币金额，进行账务处理。

外汇收入的核算实例

【例 2-2】 2020 年 1 月 27 日，大地进出口公司向美国 P 公司出口女鞋一批，货款共计 80 000 美元，货款尚未收到，当日汇率为 1∶6.88。1 月 31 日，上述货款收妥，企业直接保留现汇。当日汇率为 1∶6.80，账务处理如下。

(1) 1 月 27 日，发出商品，开出发票，见表 2-7。

借：应收账款 ——P 公司货款——美元

　　(80 000×6.88) 550 400

　　贷：主营业务收入　　550 400

大地进出口公司

DADI IMPORTS AND EXPORTS CO.， LTD

出口商业发票

表 2-7 COMMERCIAL INVOICE

ISSUER DADI IMPORTS AND EXPORTS Co.，LTD NO. 14 BEIFENGWO ROAD，LISHUI District，CHINA TEL：×××××　FAX：×××××		No. NTOIFE003	DATE January， 27，2020
TO：P Co.，LTD P. O. BOX ×××，No，18 wall street，New-York，The united state		信用证号 L/C No.	2020 ×× Z001
		发票号码 INVOCE No.	2020×D0098
Marks and Numbers ×××	Quantities Description ×××	Unit Price ×××	Amount ×××
MADE IN CHINA			FOB
	WOMAN SHOES	USD 400.00	USD 80 000.00
		FOB	USD 80 000.00
	LESS	COMMISION	USD 0.00
	PLUS	SAMPLE FEE	USD 0.00
		TOTAL	USD 80 000.00
	TOTAL QUANTITY：（章略）		
	TOTAL AMOUNT：US DOLLARS EIGHTY THOUSAND ONLY.		

根据原始凭证，登记会计账簿，见表 2-8。

表 2-8

记 账 凭 证

2020 年 1 月 27 日　　字第××号

摘要	会计科目	美元金额										汇率	借方人民币金额										贷方人民币金额										记账
		千	百	十	万	千	百	十	元	角	分		千	百	十	万	千	百	十	元	角	分	千	百	十	万	千	百	十	元	角	分	
应收取国外P公司女鞋货款550 400元	应收账款/P公司货款				8	0	0	0	0	0	0	6.88			5	5	0	4	0	0	0	0											√
	主营业务收入																								5	5	0	4	0	0	0	0	√
合计														¥	5	5	0	4	0	0	0	0		¥	5	5	0	4	0	0	0	0	

会计主管：××　　记账：××　　审核：××　　制单：××

(2) 1 月 31 日，根据银行转来的单据。

借：银行存款——美元户　　　　　　　　　　　544 000

　　财务费用——汇兑损益［(6.88—6.80) ×80 000］ 6 400

　　贷：应收账款——P 公司货款　　　　　　　　　550 400

根据原始凭证，登记会计账簿，见表 2-9。

表 2-9

<u>记 账 凭 证</u>

2020 年 1 月 31 日　　　　字第××号

摘要	会计科目	美元金额（千百十万千百十元角分）	汇率	借方人民币金额（千百十万千百十元角分）	贷方人民币金额（千百十万千百十元角分）	记账
收到美国P公司女鞋货款550 400元	银行存款/美元户	8000000	6.80	54400000		√
	财务费用/汇兑损益			640000		√
	应收账款/P公司货款				55040000	√
合计				¥55040000	¥55040000	

会计主管：××　　记账：××　　审核：××　　制单：××

2.2.6 外汇支出的核算

1. 外汇支出的方式

《中华人民共和国外汇管理条例》规定，经常性外汇支出，应当按照国务院外汇管理部门关于汇付与购汇的管理规定，凭有效单据以自有外汇支付或向经营者结汇、售汇业务的金融机构支付。一般外汇支出项目见表 2-10。

表 2-10　外汇支出方式

序号	支出方式
1	用跟单信用证（保函）方式结算的贸易进口支付
2	用跟单托收方式结算的贸易进口，持进口合同、报关单、进口付汇通知书及跟单托收结算方式要求的有效商业单据

续上表

序号	支出方式
3	出口项下的不超过合同标的额2%的暗佣和5%的明佣（明扣），或者虽超过上述比例但未超过等值10 000美元的佣金
4	进出口项下的运输费、保险费
5	进口项下的尾款，持进口合同、报关单、验货合格证明
6	进出口项下的资料费、技术费、信息费等从属费用
7	从保税区购买商品以及购买国外入境展览展品的用汇
8	专利权、著作权、商标、计算机软件等无形资产的进口
9	出口项下对外退赔外汇
10	境外承包工程所需的投标保证金
11	进口项下不超过合同总标的的15%或者虽超过15%但未超过等值100 000美元的预付货款
12	出口项下对外退赔外汇，持结汇水单或收账通知、索赔协议、理赔证明和已冲减出口收汇核销的证明

2. 需要经过外汇管理部门审核的外汇支出

下面这些是需要经过外汇管理部门审核后才能对外支付的外汇支出，见表2-11。

表2-11　　需经外汇管理部门审核后才能对外支付的外汇支出

序号	支出条件
1	进口项下超过合同标的额15%或者超过等值100 000美元的预付款
2	出口项下超过合同标的额2%的暗佣和5%的明佣或者超过等值10 000美元的佣金
3	转口贸易项下先后收的对外支付
4	偿还外债的利息
5	超过等值10 000美元的现钞提取（个人）

外汇支出的核算实例

【**例 2-3**】2020 年 1 月 27 日，大地进出口公司用现汇 200 000 美元对外付汇，支付当日银行市场汇价为 1 美元＝6.89 人民币元，原应付外汇账款入账时的记账汇率为 1 美元＝6.85 人民币元。账务处理见表 2-12。

表 2-12

外汇会计账簿（结售汇、套汇）

机构号码：091076535　　　　日期：2020 年 1 月 27 日

业务编号					业务类型	售汇	起息日	
借方或付款单位	名称	大地进出口公司			贷方或收款单位	名称	汇出汇款	
	账号	07422568789				账号		
	币种与金额	USD200 000				币种与金额	USD200 000	
	汇率/利率	6.89	开户行			汇率/利率	6.89	
收汇金额			发票号		挂销单号			
交易摘要	从其美元账户支取 USD200 000，支付货款。							

工商银行北蜂窝路支行
2020.1.27
业务清讫

交易代码　　　　授权　　　　复核　李燕　　　　经办　李英

借：应付账款——P 公司货款　　(200 000×6.85) 1 370 000

　　财务费用——汇兑损益　　　　　　　　　　　8 000

　　贷：银行存款——美元户　　(200 000×6.89) 1 378 000

根据原始凭证，登记会计账簿，见表 2-13。

表 2-13

记账凭证

2020 年 1 月 27 日　　　　字第××号

摘要	会计科目	美元金额										汇率	借方人民币金额										贷方人民币金额										记账
		千	百	十	万	千	百	十	元	角	分		千	百	十	万	千	百	十	元	角	分	千	百	十	万	千	百	十	元	角	分	
对外付汇 200 000 美元	应付账款/P公司货款			2	0	0	0	0	0	0	0	6.89		1	3	7	0	0	0	0	0	0											√
	财务费用/汇兑损益																8	0	0	0	0	0											√
	银行存款/美元户																							1	3	7	8	0	0	0	0	0	√
合计													¥	1	3	7	8	0	0	0	0	0	¥	1	3	7	8	0	0	0	0	0	

会计主管：××　　　　记账：××　　　　审核：××　　　　制单：××

2.2.7 外汇借款的核算

涉外企业向有外汇经营权的银行或金融机构申请取得的外汇借款。

1. 外汇借款的特点

由上述外汇借款的种类和偿还方式可见，外汇借款相对人民币借款而言，具有以下特点。

（1）外汇借款必须用外汇偿还，并用外汇支付借款利息。

（2）外汇借款以美元作为借贷核算货币。如采用其他货币，需要按当日外汇牌价折成美元入账。特殊情况经银行批准也可以用其他货币作为借贷核算货币。

（3）外汇借款实行浮动利率和支付承担费的办法。银行的短期外汇贷款按浮动利率计收利息。

2. 外汇借款的核算

涉外企业向外汇银行或金融机构申请的外汇借款品种较多，但不外乎短期借款和长期借款两类。

（1）短期外汇借款的核算。

涉外企业从银行借入的偿还期在 1 年以内或一个营业周期内的外汇借款，为短期外汇借款。

短期外汇借款的核算实例

【例 2-4】大地进出口公司按信贷合同向外汇银行借入 400 000 美元，为期 3 个月，借款利率 6%。用以支付采购设备价款，当日汇率为 1 美元＝6.90人民币元，账务处理如下。见表 2-14、表 2-15。

借：银行存款——美元　　　　（400 000×6.90）2 760 000
　　贷：短期借款——美元　　　　　　　　　　　2 760 000
借：固定资产——××供应商　　　　　　　　2 760 000
　　贷：银行存款——美元　　　　　　　　　　　2 760 000

表 2-14

中国工商银行外币借款凭证（借据）

总字第（××）号　　字第××号

信银贷字第　号　　2020 年 1 月 15 日

<table>
<tr><td>借款人全称</td><td colspan="3">大地进出口公司</td><td>贷款户账号</td><td colspan="10">002221102002456</td></tr>
<tr><td>贷款种类</td><td>短期借款</td><td>利率</td><td>年 6%</td><td>存款户账号</td><td colspan="10">07422568789</td></tr>
<tr><td rowspan="2">贷款金额</td><td colspan="4" rowspan="2">美元
（大写）肆拾万元整</td><td>千</td><td>百</td><td>十</td><td>万</td><td>千</td><td>百</td><td>十</td><td>元</td><td>角</td><td>分</td></tr>
<tr><td></td><td>$</td><td>4</td><td>0</td><td>0</td><td>0</td><td>0</td><td>0</td><td>0</td><td>0</td></tr>
<tr><td>借款原因或用途</td><td colspan="2">设备款</td><td colspan="2">约定还款期</td><td colspan="10">2020 年 4 月 14 日</td></tr>
<tr><td colspan="4">根据你的贷款方法，借到上列贷款，特立借据存查。
借款人盖章
大地进出口公司 财务专用章　兰张印春
（预留银行印鉴）</td><td colspan="11">信贷部门审批意见：
会计分录：
（借）
（贷）
会计：　记账：</td></tr>
</table>

表 2-15

中国银行进账单（回单或收账通知）

进账日期：2020 年 1 月 17 日

第　号

<table>
<tr><td rowspan="3">收款人</td><td>全称</td><td>大地进出口公司</td><td rowspan="3">付款人</td><td>全称</td><td colspan="10">工商银行北蜂窝路支行</td><td rowspan="9">此联给收款人的收账通知</td></tr>
<tr><td>账号</td><td>07422568789</td><td>账号</td><td colspan="10">××××</td></tr>
<tr><td>开户银行</td><td>工商银行北蜂窝路支行</td><td>开户银行</td><td colspan="10"></td></tr>
<tr><td colspan="5" rowspan="2">美元（大写）：$肆拾万元整</td><td>千</td><td>百</td><td>十</td><td>万</td><td>千</td><td>百</td><td>十</td><td>元</td><td>角</td><td>分</td></tr>
<tr><td></td><td>$</td><td>4</td><td>0</td><td>0</td><td>0</td><td>0</td><td>0</td><td>0</td><td>0</td></tr>
<tr><td colspan="2">票据种类</td><td></td><td colspan="12" rowspan="3">收款人开户银行盖章
工商银行北蜂窝路支行
2020.1.17
业务清讫</td></tr>
<tr><td colspan="2">票据张数</td><td></td></tr>
<tr><td colspan="3">主管　会计　复核　记账</td></tr>
</table>

三个月后短期借款到期，利息为400 000×6.90×6%×3÷12＝41 400（元），本利合计400 000×（1＋6%×3÷12）＝406 000（美元），汇率为1美元＝6.92人民币元。

借：短期借款——美元　　　　(400 000×6.90) 2 760 000

　　财务费用——利息支出　　　　　　　　41 400

　　　　　　——汇兑损益　　　　　　　　8 120

　　贷：银行存款　　　　　(406 000×6.92) 2 809 520

（2）长期外汇借款的核算。

长期外汇借款是涉外企业向银行或其他金融机构借入的偿还期限在1年以上的各种外币借款。长期借款利息支出和外币折算差额的列支应区别不同对象和发生时间进行不同账务处理。

涉外企业为了反映和监督外汇长期借款的借入、应计利息和归还本息情况，应设置“长期借款”账户核算，贷方登记长期借款本息的增加额；借方登记长期借款本息的减少额；期末贷方余额反映企业尚未偿还的长期借款本息。本账户应按借款单位、借款种类和不同的币种设置明细账户，进行明细核算。

长期外汇借款的核算实例

【例2-5】大地进出口公司依据贷款协议于2019年4月15日从外汇银行借入3年期借款60 000美元，年利率10%，每年计算一次复利，到期一次还本付息，该项借款的账务处理如下。

（1）借款时，汇率为1美元＝6.53人民币元，见表2-16。

借：银行存款（60 000×6.53）　　　　391 800

　　贷：长期借款　　　　　　　　　　391 800

（2）第一年末，汇率为1美元＝6.52人民币元

应计利息＝60 000×10%＝6 000（美元）

借：财务费用——利息支出（6 000×6.52）　　39 120

　　贷：长期借款　　　　　　　　　　39 120

（3）第一年末，调整长期借款账面人民币余额

①人民币账面余额＝391 800＋39 120＝430 920（元）

②按年终汇率调整后人民币余额＝（60 000＋6 000）×6.52＝430 320（元）

③发生差额（汇兑收益）＝430 320－430 920＝－600（元）

表 2-16

中国工商银行外币借款凭证（借据）1

总字第（××）号　　　　字第××号

信银贷字第　号　　　　2019 年 4 月 15 日

<table>
<tr><td>借款人全称</td><td colspan="3">大地进出口公司</td><td>贷款户账号</td><td colspan="10">002221102002456</td></tr>
<tr><td>贷款种类</td><td>长期借款</td><td>利率</td><td>年 10%</td><td>存款户账号</td><td colspan="10">07422568789</td></tr>
<tr><td rowspan="2">贷款金额</td><td colspan="4" rowspan="2">美元
（大写）陆万元整</td><td>千</td><td>百</td><td>十</td><td>万</td><td>千</td><td>百</td><td>十</td><td>元</td><td>角</td><td>分</td></tr>
<tr><td></td><td></td><td>$</td><td>6</td><td>0</td><td>0</td><td>0</td><td>0</td><td>0</td><td>0</td></tr>
<tr><td>借款原因或用途</td><td colspan="2"></td><td>约定还款期</td><td colspan="11">2022 年 4 月 14 日</td></tr>
<tr><td colspan="3">根据你的贷款方法，借到上列贷款，特立借据存查。
借款人盖章
（大地进出口公司 财务专用章）　兰张印春
（预留银行印鉴）</td><td colspan="12">信贷部门审批意见：
会计分录：
（借）________
（贷）________
会计：　　记账：</td></tr>
</table>

借：长期借款　　　　600

　　贷：财务费用——汇兑损益　　　　600

（4）第二年，计付借款利息时汇率为 1 美元＝6.53 人民币元

应计利息＝66 000×10%＝6 600（美元）

借：财务费用——利息支出　　（6 600×6.53）43 098

　　贷：长期借款　　　　43 098

（5）第二年末计付利息，按期末汇率 1 美元＝6.53 人民币元，调整长期借款人民币账面余额

①人民币账面余额＝430 320＋43 098＝473 418（元）

②按年终汇率调整后人民币余额＝（66 000＋6 600）×6.53＝474 078（元）

③发生差额（汇兑损失）＝474 078－473 418＝660（元）

借：财务费用——汇兑损益　　660

　　贷：长期借款　　660

（6）第三年末，计付利息时汇率为1美元＝6.50人民币元

应计利息＝（60 000＋6 000＋6 600）×10%＝7 260（美元）

借：财务费用　　（7 260×6.50）47 190

　　贷：长期借款　　47 190

（7）第三年末，按期末汇率1美元＝6.50元，调整长期借款人民币余额

①人民币账面余额＝474 078＋47 190＝521 268（元）

②按年终汇率调整后人民币余额＝（60 000＋6 000＋6 600＋7 260）×6.50＝519 090（元）。

③发生差额（汇兑收益）＝519 090－521 268＝－2 178（元）

借：长期借款　　2 178

　　贷：财务费用——汇兑损益　　2 178

（8）长期借款期满归还时，本息共计79 860（60 000＋6 000＋6 600＋7 260）美元，当时买入价为1美元＝6.51人民币元，账务处理如下。

借：长期借款　　519 090

　　财务费用——汇兑损益　　798.60

　　贷：银行存款　　（79 860×6.51）519 888.60

2.2.8　汇兑损益的核算

汇兑损益也称汇兑差额，是指企业在持有外币货币性资产和负债期间，由于外币汇率变动而引起的外币货币性资产或负债的价值发生变动而产生的差额或在货币兑换中发生的差额。

汇兑损益是指用记账本位币按照不同的汇率报告相同数量的外币而产生的差额。

1. 汇兑损益产生的原因与确认

（1）汇兑损益产生的原因，见表2-17。

表 2-17　　汇兑损益的内容

交易类型	产生汇兑损益的原因
交易外币汇兑损益	指在发生以外币计价的交易业务时，因收回或偿付债权、债务而产生的汇兑损益。主要是由债权、债务在实际结算时，由入账汇率与结算日汇率不同产生的差额
兑换外币汇兑损益	指在发生外币与记账本位币或一种外币与另一种外币进行兑换时产生的汇兑损益。由于实际兑换的汇率与记账汇率不同而产生的差额。兑换时采用的买入汇率或卖出汇率，而记账汇率是业务发生时当日汇率，所以产生差额
调整外币汇兑损益	在现行准则下，会计期末将所有外币性债权、债务和外币性货币资金账户，按期末汇率进行调整而产生的汇兑损益

（2）汇兑损益的确认有两种方法，见表 2-18。

表 2-18　　汇兑损益的确认方法

方　　法	特　　点
逐笔折算法	即对每笔外币业务均应当采用交易发生日的即期汇率将外币金额折算为记账本位币金额反映，每结算一次或收付一次，依据账面汇率计算一次汇兑损益，期末再按市场汇率进行调整，调整后的期末人民币余额与原账面人民币余额的差额作为当期汇兑损益
集中折算法	即对每笔外币业务均应当采用交易发生日的即期汇率将外币金额折算为记账本位币金额反映，在银行存款、债权债务业务减少时，不注销原账户的账面汇率，除外币兑换业务外，平时不确认汇兑损益，待期末进行汇率调整后汇总确认汇兑损益

2. 汇兑损益的处理原则

汇兑损益的处理原则共有 6 点，如图 2-5 所示。

1 → 企业因采购、销售商品、提供劳务等业务发生的，计入当期损益

2 → 为购建固定资产发生的汇兑损益，在固定资产达到预定可使用状态前发生的计入购建成本；之后的计入当期损益

3 → 为购入无形资产发生的汇兑损益，全部计入无形资产成本

4 → 对外投资及收回投资时发生的，计入当期损益

5 → 企业筹建期间发生的，并入开办费，自企业投产营业之日起一次摊销计入损益

6 → 企业支付投资者利润发生的，计入当期损益

图 2-5　汇兑损益的处理原则

3. 期末汇兑损益的案例

汇兑损益的核算实例

【例 2-6】新都公司系增值税一般纳税人，开设有外汇账户，会计核算以人民币作为记账本位币，外币交易采用交易发生日的即期汇率折算。该公司2020年 1 月发生的外币业务及相关资料如下。

(1) 5 日，从国外乙公司进口原材料一批，货款 200 000 欧元，当日即期汇率为 1 欧元＝7.85 人民币元，按规定应交进口关税 170 000 元，应交进口增值税 317 900 元。货款尚未支付，进口关税及增值税当日以银行存款支付，并取得海关完税凭证。

(2) 14 日，向国外丙公司出口销售商品一批（不考虑增值税），货款 40 000美元，当日即期汇率为 1 美元＝6.34 人民币元，商品已经发出，货款尚未收到，但满足收入确认条件。

(3) 16 日，以人民币从银行购入 200 000 欧元并存入银行，当日欧元的卖出价为 1 欧元＝8.10 人民币元，中间价为 1 欧元＝7.80 人民币元。

(4) 20 日，因增资扩股，收到境外投资者投入的 1 000 000 欧元，当日即期汇率为 1 欧元＝7.89 人民币元，其中，人民币 7 000 000 元作为注册资本入账。

(5) 25 日，向乙公司支付部分前欠进口原材料款 180 000 欧元，当日即期汇率为 1 欧元＝7.90 人民币元。

(6) 28 日，收到丙公司汇来的货款 40 000 美元，当日即期汇率为 1 美元＝6.31 人民币元。

(7) 31 日，根据当日即期汇率对有关外币货币性项目进行调整并确认汇兑差额，当日有关外币的即期汇率为：1 欧元＝7.80 人民币元，1 美元＝6.3 人民币元。有关项目的余额见表 2-19。

表 2-19

项　　目	外币金额	调整前的人民币金额
银行存款（美元）	40 000 美元（借方）	252 400 元（借方）
银行存款（欧元）	1 020 000 欧元（借方）	7 990 200 元（借方）
应付账款（欧元）	20 000 欧元（贷方）	170 000 元（贷方）
应收账款（美元）	0	0

（注：相关单据略）

(1) 借：原材料——乙公司（200 000×7.85+170 000）1 740 000
　　应交税费——应交增值税（进项税额）　　317 900
　　贷：银行存款——人民币　（170 000+317 900）487 900
　　　　应付账款——欧元　　（200 000×7.85）1 570 000

(2) 借：应收账款——丙公司　　（40 000×6.34）253 600
　　贷：主营业务收入　　253 600

(3) 借：银行存款——欧元　　（200 000×7.80）1 560 000
　　财务费用——汇兑损益　　60 000
　　贷：银行存款——人民币　（200 000×8.10）1 620 000

(4) 借：银行存款——欧元　（1 000 000×7.89）7 890 000
　　贷：实收资本　　7 000 000
　　　　资本公积——资本溢价　　890 000

(5) 借：应付账款　　（180 000×7.85）1 413 000
　　财务费用——汇兑损益　　9 000
　　贷：银行存款——欧元　　（180 000×7.90）1 422 000

(6) 借：银行存款——美元　　（40 000×6.31）252 400
　　财务费用——汇兑损益　　1 200
　　贷：应收账款——美元　　（40 000×6.34）253 600

(7) 月底，结转汇兑损益

银行存款（美元）汇兑损益=40 000×6.3−252 400=−400（元）

银行存款（欧元）汇兑损益=1 020 000×7.80−7 990 200=−34 200（元）

应付账款（欧元）汇兑损益=20 000×7.80−170 000=−14 000（元）

借：财务费用——汇兑损益　　400
　　贷：银行存款——美元　　400

借：财务费用——汇兑损益　　34 200
　　贷：银行存款——欧元　　34 200

借：应付账款——欧元　　14 000
　　贷：财务费用——汇兑损益　　14 000

2.3 国际贸易结算

国际贸易结算是以物品交易、货款两清为基础的有形贸易结算。

国际贸易结算的方式有信用证结算方式、汇付和托收结算方式、银行保证函等各种结算方式的结合使用。

2.3.1 信用证结算方式

信用证（Letter of Credit）简称L/C，是银行信用介入国际货物买卖价款结算的产物。信用证不仅在一定程度上解决了买卖双方之间互不信任的矛盾，而且还能使双方在使用信用证结算货款的过程中获得银行资金融通的便利，从而促进国际贸易的发展。因此，信用证结算被广泛应用于国际贸易之中，以致成为当今国际贸易中一种主要的结算方式。

信用证根据分类的依据不同，可分成很多种，见表2-20。

表2-20　信用证结算方式的分类

依　据	分　类	内　容
按照是否附有货运单据分类	光票信用证（Clean Letter of Credit）	光票信用证是不附单据、受益人可以凭开立收据或汇票分批或一次在通知行领取款项的信用证。在贸易中它可以起到预先支取货款的作用，贸易结算中的预知信用证和非贸易结算中的旅行信用证都属光票信用证
	跟单信用证（Documentary Letter of Credit）	也称为“银行家的商业信用证（Banker’s Commercial Credits）”及“银行商业信用证（Commercial Letters of Credit）”，为国际货物买卖的卖方提供担保，确保其能够在货物装运后获得付款，即使买方无法付款或买方的票据被拒收
按照开证银行的责任分类	可撤销信用证（Revocable Credit）	是指开证行对其所开出的、在有效期内可以不经过受益人和其他当事人同意，也可在不必事先通知受益人的情况下，有权随时作出修改或撤销的信用证。凡使用这种信用证，也应在该证上注明“可撤销”（Revocable）的字样，或载有开证行有权随时修改或撤销的文句
	不可撤销信用证（Irrevocable Credit）	是指开证行一经开出、在有效期内未经受益人或议付行等有关当事人同意，不得随意修改或撤销的信用证；只要受益人按该证规定提供有关单据，开证行（或其指定的银行）保证付清货款。凡使用这种信用证，必须在该证上注明“不可撤销”（Irrevocable）的字样，并载有开证行保证付款的文句
按照对汇票支付的期限分类	即期信用证（Sight Letter of Credit）	指受益人按即期信用证规定的条款签发即期汇票（Sight Draft），称见票即付信用证，亦称即期汇票付款
	远期信用证（Usance Letter of Credit）	是银行（即开证行）依照进口商（即开证申请人）的要求和指示，对出口商（即受益人）发出的、授权出口商签发以银行或进口商为付款人的远期汇票，保证在交来符合信用证条款规定的汇票和单据时，能够承兑的保证文件

续上表

依据	分类	内容
按照是否保兑分类	保兑信用证（Confirmed Letter of Credit）	开证银行开出的信用证经另一家银行加以保兑，保证兑付受益人所开具的汇票
	不保兑信用证（Unconfirmed Letter of Credit ）	开证银行开出的信用证没有经另一家银行保兑。即便开证行要求另一家银行加保，如果该银行不愿意在信用证上加具保兑，则被通知的信用证仍然只是一份未加保的不可撤销信用证
按照其他种类的信用证分类	可转让信用证（Transferable Letter of Credit）	经出口商请求，进口商同意，由开证银行开立可转让信用证，并载明授权受益人（即原信用证受益人）有权将信用证所列金额的全部或部分转让给出口商以外的第三者，即第二受益人（Second Beneficiary）有权使用转让后的权力。这种转让称一次转让，但第二受益人不得再作转让
	循环信用证（Revolving Letter of Credit）	是指信用证被受益人全部或部分使用后，又恢复到原金额，再被受益人继续使用，直至用完规定的使用次数或累计总金额为止的信用证。它与一般信用证的不同之处在于它可以多次循环使用，而一般信用证在使用后即告失效

简单地说，信用证是保证出口商收回货款的保证文件。需要注意的是，出口货物的装运期限应在信用证的有效期限内进行，信用证交单期限必须不迟于信用证的有效日期。

信用证流程如图 2-6 所示。

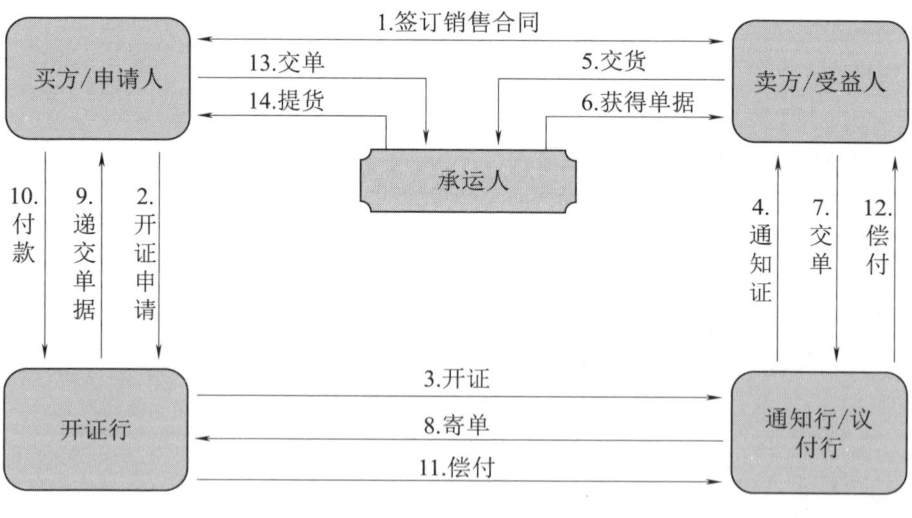

图 2-6　信用证流程

1. 信用证的当事人

信用证当事人

开证申请人(Applicant for L/C)
开证行(Issuing Bank)
受益人(Beneficiary)
付款行(Paying Bank)
通知行(Advising Bank)
议付行(Negotiating Bank)

其他当事人

承兑行(Accepting Bank)
保兑行(Confirming Bank)
偿付行(Reimbursing Bank)
索偿行(Claiming Bank)
寄单行(Remitting Bank)

2. 信用证对当事人的好处

进口商

(1) 可以通过信用证条款控制出口商的装货期
(2) 可以在付款后肯定地取得货物的单据
(3) 开证时只需交少量押金或提供一个担保人，从而减少资金占压

出口商

(1) 可以增加收款保障和加速资金周转
(2) 可以避免不允许进口和换汇带来的风险
(3) 在实行外汇和贸易管制的国家里，银行开立信用证一般都已经过政府批准

3. 信用证制单过程中的常见错误

(1) 汇票大、小写金额打错
(2) 汇票的付款人名称、地址打错
(3) 发票的抬头人打错
(4) 有关单据如汇票、发票、保险单等的币制代码错误
(5) 名称不一致或不符合信用证的规定
(6) 发票上的货物描述不符合信用证的规定
(7) 多装或短装物品
(8) 有关单据的类型不符合信用证要求
(9) 单单之间商品名称、数量、件数、唛头、毛净重等不一致
(10) 应提交的单据提交不全或份数不足
(11) 未按信用证要求对有关单据如发票、产地证等进行认证
(12) 漏签字或盖章
(13) 汇票、运输提单、保险单据上未按要求进行背书
(14) 逾期装运
(15) 逾期交单

由于以上种种错误，会产生“不符点”。那么，什么是“不符点”呢？

“不符点”（Discrepancy）是指在对外贸易过程中，银行给出口商开出信用证（L/C），出口商没有按照信用证的要求出具单据内容。一旦出口商的单证跟L/C上有不相符合的地方，即使一个字母或一个标点符号与信用证不相符合，都记为一处不符点。一般每个不符点银行会处罚出口商50美元，有些不符点是不能避免的，银行会注明此单为不符点交单。这会造成L/C的银行信用为零，而转成客户的商业信用。出口商失去付款保证，进口商具有付款选择权。如果提单还是记名提单的话，货物出港后，所有权转移到进口商。假如进口商拖着一直不付款，过了规定的时间后，银行就可以拍卖这批货物。进口商作为提单上的收货人就有第一竞拍权，极有可能以很便宜的价格得到这批货物，出口商的损失很大。

小贴士

记名提单（Named bill of lading）是指规定将货物运给记名人而不载明待指定或待分配的提单。指定的收货人在向承运人或其代理人交出一份提单正本时则取得交付的货物。尽管记名提单是一种权利凭证，但它是不可流通的。在我国，记名提单不得转让。

不记名提单（BLANK B/L或OPEN B/L），又称来人抬头提单，是指提单上的收货人栏内不写明具体收货人的名称，只写明货交提单持有人，或不填写任何内容的提单。提单的任何持有人都有权提货。

常见主要不符点见表2-21。

表2-21　主要不符点

类型	中文描述	英文描述
时间不符（Discrepancies about time）	信用证过期	The L/C expired
	信用证装运日期过期	L/C date of shipment expires
	受益人交单过期	Presentation document by beneficiary expires
单据不符（Discrepancies about content）	交单单据不齐（缺少装船通知或快递单据、证明等）	Lack of documents
	提单没有“运费付讫”字样	B/L is not marked “Freight Prepaid”

续上表

类型	中文描述	英文描述
单据不符（Discrepancies about content）	装船证明没有按信用证要求出具	Vessel certificate is not issued by the requirement of L/C
	各种单据的类别与信用证不符	Discrepancies between each document category and L/C
	投保的险种与信用证不符	Discrepancies between types of insurance and L/C
	运输单据和保险单据的背书错误或没有按要求背书	The endorsement error of transport document and insurance document or not according to the requirements of endorsement
	货物短装或超装（一般信用证都会有±5%—10%的数量上落差允许，可以在客户开证之前再提醒）	Cargo short or over loaded (generally, L/C allows a±5%－10% drop, so you can remind your customers before issuing L/C)
	单据没按要求签字盖章	Documents do not be signed and sealed as required
	单据份数与信用证要求不一致	Documents copies are not in agreement with L/C

国际贸易中以信用证为付款方式的居多，信用证的开证日期应当明确、清楚、完整。中国银行、中国建设银行、中国农业银行、中国工商银行等，都能够对外开立信用证。

信用证核算实例

【例 2-7】大地进出口公司向美国客户进口商品一批，向银行提出申请开立信用证 45 000 美元，当日汇率为 1∶6.85，以银行存款支付手续费2 500元。信用证样式见表 2-22。

表 2-22　　　　信用证样本（附中文说明）

46A：Documents Required（单据要求） 1. SIGNED COMMERCIAL INVOICE IN 1 ORIGINAL (S) AND 3 COPIE (S). 签字的商业发票一正三副。 2. PACKING LIST IN 1 ORIGINAL (S) AND 2 COPIE (S). 装箱单一正二副。

3. FULL SET AND (3 NON-NEGOTIABLE COPIES) OF CLEAN ON BOARD OCEAN BILLS OF LADING MADE OUT TO THE ORDER OF ××× BLANK ENDORSED MARKED “FREIGHT COLLECT” AND NOTIFY ACCOUNTEE. 全套海运提单原件及三份不可转让副本，抬头为×××的空白背书，且注明运费到付，通知人为信用证申请人。 4. INSPECTION CERTIFICATE IN 1 ORIGINAL (S) AND 3 COPIE (S) SIGNED AND ISSUED BY ×××. DATED PRIOR TO SHIPPMENT DATE CERTIFYING THAT THE MERCHANDISE TO BE SHIPPED IS IN GOOD ORDER AND CONDITIONS. 由×××签发的检验证书一正三副，在装运日期前保证货物已装船并完好无损。 5. ONE ADDITIONAL COPY OF ALL DOCUTMENTS FOR ISSUING BANK'S RETENTION. 所有文件都多复印出一份，以便开证行保存。 47A: Additional Conditions (附加条件) 1. ONE ADDITIONAL COPY OF ALL DOCUNENTS ARE REQUIRED TO BE PRESENTED TOGETHER WITH THE DOCUMENTS FOR ISSUING BANK ' S RETENTION. USD50.00 WILL BE DEDUCTED IF EXTRA COPY OF REQUIRED DOCUMENTS ARE NOT PRESENTED. 所有文件都应呈交一份复印件以便开户行保存，如果在要求之列的文件的复印件未提交，将处以 50 美元的罚款。 2. WE RESERVE THE RIGHT At ANY TIME TO REFUSE PAYMENT OF OR TO REJECT DOCUMENTS PRESENTED BEARING REFERENCE TOANY COUNTRY, ENTITY OR INDIVIDUAL THAT MAY BE THE SUBJECT OF ANY BOYCOTT, SANCTION OR EMBARGO IMPOSED BY ANY LAWS, EXECUTIVE ORDERS OR REGULATIONS OF THE GOVERNMENT AND/OR AUTHORITIES OF THE UNITED STATES OF AMERICA OR OTHER COUNTRIES (“APPLICABLE RESTRICTIONS”). THIS INCLUDES DOCUMENTS EVIDENCING TRANSHIPMENT THROUGH ANY COUNTRY AFFECTED BY ANY APPLICABLE RESTRICTIONS. WE SHALL NOT BE LIABLE FOR ANY DELAY OR FAILURE TO MAKE PAYMENT UNDER THIS LETTER OF CREDIT OR DISCLOSURE OF INFORMATION IN CONNECTION WITH SUCH DOCUNENTS, OR ANY OTHER CONSEQUENCE THEREOF. 我们保留在任何时间有权拒绝给提及的可能从属于任何政府或美国当局或其他国家法律、行政命令、法规所实施的任何抵制、制裁或禁运的任何国家、实体或个人(适用限制）付款或拒绝接受相关单证的权利。如果与一些国家的过境限制禁运有关系，我们将不会为此造成的延迟付款负责。我们也不会出来澄清与此事有关。 3. ALL DOCUMENTS MUST BEAR THIS CREDIT NUMBER. 所有单据必须显示信用证号码。 4. ALL DOCUMENTS MUST BE IN ENGLISH LANGUAGE. 所有文件都应用英文书写。 5. COMBINED L/C PRESENTATION NOT ALLOWED. IF PRESENTED, WE WILL DEDUCT USD200.00/PER SET AND OTHER CHSRGES ARE ALSO APPLICABLE. 不允许提交联合信用证，否则我们将按份扣除 200 美元并征收其他费用。

71B：Charges （费用）

AlL CHARGES OTHER THAN ISSUING BANK ARE FOR THE ACCOUNT OF BENEFICIARY.

开证行以外的费用均由受益人承担。

48：Period for Presentation （交单期限）

DRAFT （S） AND DOCUMENTS TO BE PRESENTED WITHIN 15 DAYS AFTER DATE OF SHIPMENT BUT WITHIN THE VALIDITY OF THE CREDIT. 单据与文件必须在装船后15天之内，并且必须在L/C有效期内。

49：Confirmation Instructions （保兑指示）

WITHOUT 无

78：Instr to Payg/Accptg/Negotg，Bank （给付条款/承兑行/议付行的指示）

Issue of a Documentary Credit

Sender：CCEBUS6LXXX

CENTER BANK （FORMERLY CALIFORNIA CENTER BANK）

Receiver：ICBKCNBJ××

INDUSTRIAL AND COMMERCIAL BANK OF CHINA

BEIFENGWO ROAD BRANCH

- - - - - - - - - - - - - - - - - Message Text- - - - - - - - - - - - - - - - -

40A：Form of Documentary Credit （跟单信用证类型）

IRREVOCABLE （不可撤销）

20：Documentary Credit Number （信用证编号）

××××

31C：Date of Issue （开证日期）

1，15，2020

31D：Date and Place of Expiry （到期日）

3，15，2020

50：Applicant （开证申请人）

59：Beneficiary-Name & Address （受益人——姓名及地址）

Da DI Import & Export Company

32B：Currency Code，Amount （币种与金额）

Currency （币种）：USD （US DOLLAR） （美元）

Amount （金额）：45 000

41D：Available with... By... - Name&Addx （指定银行及兑付方式）

42C：Drafts at... （汇票）

续上表

42A：Drawee- BIC（汇票付款人——银行代码） CCEBUS6L××× CENTER BANK（FORMERLY CALIFORNIA CENTER BANK） LOS ANGELE, CA US 43P: Partial Shipments（分批装运） NOT ALLOWED（不允许） 43T：Transhipment（转船） ALLOWED（允许） 44E：Port of Loading/Airport of Dep.（装货港） TIANJIN PORT，CHINA（中国，天津港） 44F：Port of Dischrge/Airport of Dest（卸货港） LONG BEACH/LOS ANGELES PORT, CA U. S. A（美国长岛/洛杉矶港） 44C：Latest Date of Shipment（最迟装运期）略 45A：Description of Goods &/or Services（货物/服务名称）略

借：其他货币资金——信用证存款　（45 000×6.85）308 250

　　贷：银行存款　　　　　　　　　　　　　　　　　308 250

借：财务费用——手续费　　　　　　　　　　　2 500

　　贷：银行存款　　　　　　　　　　　　　　　　　　2 500

根据原始凭证，登记会计凭证，见表 2-23

表 2-23

记 账 凭 证

2020 年 1 月 15 日　　　　字第××号

摘要	会计科目	美元金额										汇率	借方人民币金额										贷方人民币金额										记账
		千	百	十	万	千	百	十	元	角	分		千	百	十	万	千	百	十	元	角	分	千	百	十	万	千	百	十	元	角	分	
申请信用证45 000美元	其他货币资金/信用证存款				4	5	0	0	0	0	0	6.85			3	0	8	2	5	0	0	0											√
	银行存款																								3	0	8	2	5	0	0	0	√
	财务费用																2	5	0	0	0	0											√
	银行存款																										2	5	0	0	0	0	√
合计														¥	3	1	0	7	5	0	0	0		¥	3	1	0	7	5	0	0	0	

会计主管：××　　　记账：××　　　审核：××　　　制单：××

2.3.2 汇付结算方式

汇付是指汇款人（进口商）主动将款项交给汇出行，由该汇出行委托收款人所在地的汇入行将款项转交收款人（出口商）的一种结算方式。汇付结算方式按采用的通知方式不同分为电汇、信汇和票汇三种，见表 2-24。

表 2-24　　汇付结算方式

方　式	内　容
电汇（Telegraphic Transfer，T/T）	即电子汇款，通过银行的联网功能，实现便捷快速的汇款。电汇是汇款人将一定款项交存汇款银行，汇款银行通过电报或电传给目的地的分行或代理行（汇入行），指示汇入行向收款人支付一定金额的一种汇款方式
信汇（Mail Transfer，M/T）	汇款人向当地银行交付本币，由银行开具付款委托书，用航空邮寄交国外分行或代理行，办理付出外汇业务。采用信汇方式，由于邮程需要的时间比电汇长，银行有机会利用这笔资金，所以信汇汇率低于电汇汇率，其差额相当于邮程利息
票汇（Demand Draft，D/D）	汇出行应汇款人的申请，代汇款人开立以其分行或代理行为解付行的银行即期汇票，支付一定金额给收款人的一种汇款方式

汇付结算方式完全是建立在商业信用基础上的结算方式。交易双方根据合同或经济业务预付货款或货到付款，预付货款进口商有收不到商品的风险；而货到付款则出口商有收不到货款的风险。由于汇付结算方式的风险较大，这种结算方式只有在进出口双方高度信任的基础上才适用。此外，结算货款尾差、支付佣金、归还垫款、索赔理赔、出售少量样品等也可以采用这种结算方式。

汇付结算实例

【例 2-8】大地进出口公司根据购进商品货款总值 3 000 000 美元预付订金 10%，即 300 000 美元，当日美元兑人民币汇率为 1∶6.84，以人民币支付银行手续费 1 800 元。见表 2-25。

表 2-25

中国工商银行　电汇凭证

委托日期：2020 年 1 月 5 日

汇款人			收款人		
汇款人	全　　称	大地进出口公司	收款人	全　　称	×××××
	账　　号	07422568789		账　　号	×××××
	汇出地点	××市		汇入地点	×××
	汇出行名称	工商银行北蜂窝路支行		汇入行名称	×××

金额	美元（大写）	$叁拾万元整	千	百	十	万	千	百	十	元	角	分
				$	3	0	0	0	0	0	0	0

工商银行北蜂窝路支行 2020-01-05 转讫 汇出行签章	支付密码	
	附加信息及用途： 复核　　记账	

此联为汇出行给汇款人的回单

编制会计分录如下。

借：预付账款　　　　（300 000×6.84）2 052 000

　　财务费用——手续费　　　　1 800

　　贷：银行存款　　　　2 053 800

根据原始凭证，登记会计账簿，见表 2-26。

表 2-26

记 账 凭 证

2020 年 1 月 5 日　　　　字第××号

摘要	会计科目	美元金额										汇率	借方人民币金额										贷方人民币金额										记账
		千	百	十	万	千	百	十	元	角	分		千	百	十	万	千	百	十	元	角	分	千	百	十	万	千	百	十	元	角	分	
购进商品预付货款2 053 800元	预付账款			3	0	0	0	0	0	0	0	6.84		2	0	5	2	0	0	0	0	0											√
	财务费用																1	8	0	0	0	0											√
	银行存款																							2	0	5	3	8	0	0	0	0	√
合计													¥	2	0	5	3	8	0	0	0	0	¥	2	0	5	3	8	0	0	0	0	

会计主管：××　　记账：××　　审核：××　　制单：××

2.3.3 托收结算方式

托收是指由债权人（出口商）开立汇票或者连同货运单据，委托托收行通过其在付款人所在地的分行或代理行向债务人（进口商）收取款项的结算方式。

托收分为光票托收和跟单托收两种，见表 2-27。

表 2-27　托收结算方式

种　　类	内　　容
光票托收（Clean Bill for Collection）	卖方仅开立汇票而不附带任何货运单据，委托银行收取款项的一种托收结算方式。一般来讲，光票托收用于收取货款尾数、代垫费、佣金、样品费、寄售费或其他贸易从属费用。光票托收的汇票，可以是即期汇票，也可以是远期汇票
跟单托收（Documentary Bill for Collection）	由卖方开立跟单汇票（即汇票连同一整套货运提单一起）交给银行，委托银行代收货款。跟单托收两种交单方式：①付款交单（Documents Against Payment，D/P），是指代收行必须在进口商付清票款后，才能将货运单据交给进口商的一种交单方式；②承兑交单（Documents Against Acceptance，D/A），是指当付款人承兑远期汇票后，代收行把货运单据交给付款人；付款人于汇票到期时，由付款人履行付款义务的一种交单方式

托收结算流程如图 2-7 所示。

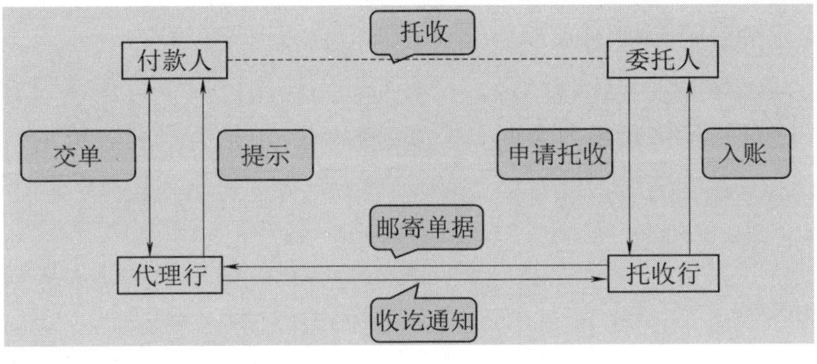

图 2-7　托收结算流程

托收方式对出口商的风险如下：

（1）进口商发生资金短缺，无力支付；

（2）进口商可能因货物在市场上滞销或价格下跌而失信，不遵守合同有关规定，或以质量差等为要挟要求降价；

（3）进口商事先未领到进口许可证，货物到达目的港后被禁止进口；

（4）进口商未申请到外汇，因而无法支付。

托收结算实例

【例 2-9】 大地进出口公司向美国 S 公司出口电器一批，货款共计380 000美元，当日汇率为1∶6.80，已办妥托收手续，编制会计分录如下。

借：应收账款　　　　　　　　　　（380 000×6.80）2 584 000

　　贷：主营业务收入——自营出口销售收入　　　　　2 584 000

10 天后收到银行转来美国 S 公司支付的 380 000 美元的收账通知，当日汇率 1∶6.82，编制会计分录如下。

借：银行存款　　　　　　　　　　　　　　　　　2 591 600

　　贷：应收账款——应收外汇账款（S公司）　　　　2 584 000

　　　　财务费用——汇兑损益　　　　　　　　　　　　7 600

2.3.4　汇付与银行保函或信用证结合方式

汇付与银行保函或信用证结合使用的形式常用于成套设备、大型机械和大型交通运输工具（飞机、船舶等）等货款的结算。这类产品，交易金额大，生产周期长，往往要求买方以汇付方式预付部分货款或定金，其余大部分货款则由买方按信用证规定或开加保函分期付款或迟期付款。

此外，还有汇付与托收结合、托收与备用信用证或银行保函结合等形式。我们在开展对外经济贸易业务时，究竟选择哪一种结合形式，可酌情而定。

第3章 进出口成交方式与发票

外贸企业出口货物成交方式有很多种，本章介绍成交方式的含义、换算方法，以及部分出口单证、报关单证、清关单证、结汇单证、出口退税单证的介绍。

3.1 出口报关单的成交方式填报方法

根据《国际贸易术语解释通则（INCOTERMS 2000 & 2010 版）》《中华人民共和国海关进出口货物报关单填制规范》，出口报关单的成交方式填报方法分为 FOB（离岸价）、CFR（含运费）、CIF（含运费、保险费）三种。

3.1.1 出口报关成交方式

1. 离岸价（FOB）

FOB（Free On Board），也称“船上交货”，是国际贸易中常用的贸易术语之一。按离岸价进行的交易，买方负责派船接运货物，卖方应在合同装运港和规定的期限内将货物装上买方指定的船只，并及时通知买方。货物在装运港被装上指定船时，风险即由卖方转移至买方。

假如货物价格 10 000 元，运费 3 000 元，10 000 元这就是 FOB 价格。有一些企业不是按照 FOB 价格成交，如 CIF 等，也报成 FOB 价格成交，这是不允许的。

FOB 运费未付，卖方把货物运到买方指定的船上，卖方不负责交付运费，买方负责从装运港到目的地的运费和保险费。

出口货物报关单上“成交方式”栏填 FOB。

许可证号 ××××	成交方式 FOB	运费	保费	杂费

运费栏和保费栏都留空。

2. 成本加运费 C&F（CFR）

C&F（CFR）（Cost and Freight），成本加运费，指在装运港船上交货，卖方需支付将货物运至指定目的港所需的费用。但货物的风险是在装运港船上交货时转移。

出口货物报关单上“成交方式”栏填 CFR。

许可证号 ××××	成交方式 CFR	运费 200USD	保费	杂费

“运费”栏要填报，“保费”栏留空。

3. 成本加运费加保险费（CIF）

CIF（Cost Insurance and Freight）是指成本＋保险费＋运费（指定目的港，按此术语成交），卖方除具有与 CFR 术语相同的义务外，还要为买方办理货运保险，支付保险费。按照一般国际贸易惯例，卖方投保的保险金额应按 CIF 加成 10%。如果买卖双方未约定具体险别，则卖方只需取得最低限度的保险险别，如果买方要求加保战争保险，在保险费由买方负担的前提下，卖方应予加保，卖方投保时，如能办到，必须以合同货币投保。

出口货物报关单上“成交方式”栏填 CIF。

许可证号 ××××	成交方式 CIF	运费 200USD	保费 150USD	杂费

“运费”栏和“保费”栏都要填报。

4. 工厂交货（EXW）

EXW（EX Works）用得很少，出口商在工厂交货，进口商需要从工厂接货。运输、保险等所有费用都由进口商承担；出口报关的手续、批文、费用等也由进口商负责。EXW 是对出口商最有利、对进口商风险费用最高的一种价格条件。

出口货物报关单上“成交方式”栏要填 FOB。

“运费”栏和“保费”栏都留空。

许可证号	成交方式	运费	保费	杂费
××××	FOB			

5. 货交承运人（FCA）

FCA（Free Carrier）就是“货交承运人（……指定地点）”，是指卖方只要将货物在指定的地点交给买方指定的承运人，并办理了出口清关手续，即完成交货。

FOB 和 FCA 相同之处为二者都是装运合同，卖方只需保证按时交货，无须保证按时到货，且风险都以交货义务的完成为转移。

FOB 和 FCA 的不同之处如下：

采用 FOB 方式，出口商在指定装运港将货物装上指定船只后，风险即转移至进口商，由进口商承担货物在装运港装上船时起的损坏或灭失的一切风险；而 FCA 是指出口商将货物交于指定承运人后，风险转移至进口商，由进口商承担从承运人接管货物时起的货物损坏或灭失的一切风险。使用 FCA 术语相较于 FOB 术语可提前将风险转移至进口商。

出口货物报关单上“成交方式”栏填 FOB。

“运费”栏和“保费”栏都留空。

许可证号	成交方式	运费	保费	杂费
××××	FOB			

6. 运费付至指定目的地（CPT）

CPT（Carriage Paid To）指“运费付至（……指定地点）”，CPT 是指卖方向其指定的承运人交货，但卖方还必须支付将货物运至目的地的运费。

CPT 术语要求卖方办理出口清关手续，适用于各种运输方式，包括多式联运。

《INCOTERMS 2000》（《2000 年通则》）规定，卖方必须在货物交给承运人或其他人接管后，向买方发出交货的详尽通知。在实际业务中，此类通知亦称为“装运通知”（Shipping Notice），其作用在使买方及时办理货物运输保险和办理进口手续、报关和接货。交货通知的内容通常包括合同号或订单号、信用证号、货物名称、数量、总值、运输标志、启运地、启运日期、运输工具名称及预计到达目的地日期等。

卖方应买方请求提供投保信息，该贸易术语规定由卖方根据买方的请求，提供投保信息，这是卖方合同随义务中的通知义务。

出口货物报关单上“成交方式”栏填C&F。

许可证号	成交方式	运费	保费	杂费
××××	C&F	500GBP		

“运费”栏要填报，“保费”栏留空。

7. 运费和保险费付至指定目的地（CIP）

CIP（Carriage and Insurance Paid to）指“运费和保险费付至（……指定目的地）”，CIP贸易术语是指卖方向其指定的承运人交货，但卖方还必须支付将货物运至目的地的运费，买方承担卖方交货之后的一切风险和额外费用。但是，按照CIP术语，卖方还必须办理买方货物在运输途中灭失或损坏风险的保险。

买方应注意到，CIP术语只要求卖方投保最低限度的保险险别。如买方需要更高的保险险别，则需要与卖方明确地达成协议，或者自行作出额外的保险安排。

出口货物报关单上“成交方式”栏填CIF。

许可证号	成交方式	运费	保费	杂费
××××	CIF	87909JPY	45679JPY	

“运费”栏和“保费”栏都要填报。

CIP贸易术语和CIF贸易术语的区别：

CIP	CIF
（1）根据不同的运输方式确定交货地点	（1）运输方式是海运和内河运输（注意：不包括陆运）
运输方式（单式或多式、海运、水运、陆运），承运人可以是船公司、铁路、航空或多式联营	承运人是船公司
（2）风险界限是货交承运人后	（2）交货地点：装运港
装卸费用由卖方负担，不存在变形术语	风险转移界限：装运港船舷为界 装卸费负担：按照CIF的各种变形术语来确定卸货费由谁负担
（3）运输单据包括：提单、海运单、内河运单、铁路运单、公路运单、航空运单或多式联运单据	（3）运输单据：已装船清洁提单
贸易术语后必须加注目的地名称，如CIP西安	贸易术语后标注地名：加注目的港名如CIP仰光

8. 目的地交货（DAP）

DAP（Delivered At Place）贸易术语相当于《INCOTERMS 2000》的DAF（Delivered At Frontier）、DES（Delivered EX Ship）和DDU（Delivered Duty Unpaid）三个术语；出口货物报关单上“成交方式”栏填CIF。

许可证号	成交方式	运费	保费	杂费
××××	CIF	300GEM	60GEM	

“运费”栏和“保费”栏都要填报。

9. 运输终端交货（DAT）

DAT（Delivered At Terminal）术语相当于《INCOTERMS 2000》的DEQ（Delivered EX Quay）术语；出口货物报关单上“成交方式”栏填CIF。

许可证号	成交方式	运费	保费	杂费
××××	CIF	400EUR	280EUR	

“运费”栏和“保费”栏都要填报。

10. 完税后交货（DDP）

DDP（Delivered Duty Paid）是指出口商在进出口双方指定的目的地办理完进口清关的手续后，再将货物交给进口商。

在这种贸易术语下，出口商需要承担将货物运送到指定的目的地过程中的一切风险，还需要办理目的港清关手续，交纳税费、手续费和其他费用。应该说卖家所需要承担的责任是最大的。如果卖家无法直接或者间接取得进口许可证，那么还是应当谨慎使用该术语。

出口货物报关单上“成交方式”栏填 CIF。

许可证号 ××××	成交方式 CIF	运费 700EUR	保费 300EUR	杂费

“运费”栏和“保费”栏都要填报。

11. 未完税交货（DDU）

DDU（Delivered Duty Unpaid），即指“未完税交货（指定目的地）”。在实务中，卖方和买方在进口国的某个地方进行货物的交付，在其中，卖方必须承担货物运送到指定地点的一切费用和风险，以及办理海关手续的费用和风险。

但要特别注意的是，DDU 并不包括关税、捐税以及货物进口时所需要支付的其他官方费用。买方则需要办理因为没有能够及时办理货物的进口结关流程而额外引发的费用和风险。

一般来说，DDU 所涉及的费用明细还是比较多的，买方在跟货运代理公司确认价格时，一定要让对方留下书面文字，并且盖章留底，以免后期发生纠纷。

3.1.2 进出口报关单填报方法

1. 进口成交方式报关单填报方式

进口成交方式报关单填报方式见表 3-1。

表 3-1 进口成交方式报关单填报方式

贸易成交条款	申报成交条款	运费	保险费
CIF/CIP	CIF	空	空
DAP/DAF/DES/DDU/DDP/DAT	CIF	空	空
C&F/CNF/CFR/CPT	C&F	空	填报
EXW	FOB	填报	填报
FOB/FCA	FOB	填报	填报

2. 出口成交方式报关单填报方式

出口成交方式报关单填报方式见表 3-2。

表 3-2　　出口成交方式报关单填报方式

贸易成交条款	申报成交条款	运费	保险费
CIF/CIP	CIF	填报	填报
DAP/DAF/DES/DDU/DDP/DAT	CIF	填报	填报
C&F/CNF/CFR/CPT	C&F	填报	空
EXW	FOB	空	空
FOB/FCA	FOB	空	空

出口报关单上“运费”和“保费”栏填报方法如下：

- 成交价格包含运费的，就要填报“运费”栏
  不包含运费的，则无须填报“运费”栏
- 成交价格包含保费的，就要填报“保费”栏
  不包含保费的，则无须填报“保费”栏
- 成交价格包含运费和保费的，就要填报“运费”和“保费”栏
  不包含运费和保费的，则无须填报“运费”和“保费”栏

3.1.3　成交方式之间的换算关系

通过学习，我们知道《中华人民共和国海关出口货物报关单》上的“成交方式”可以填报的形式有“FOB”“CFR”“CIF”。其他国际贸易术语如EXW，FCA，DAP 等，根据是否包含“运费”和/或“保费”，分别归并“FOB”“CFR”“CIF”。

不同的成交方式之间换算公式如下：

EXW＝出厂价＝FOB－到国内输出地点的各种杂费

CFR＝FOB＋运费

CIF＝FOB＋运费＋保险费＝CFR＋保险费

1. CIF 换算为 FOB

不同成交方式对出口退税有何影响？实际上不管公司使用何种成交方式，都不会影响退税，但要在退税申报时换算为 FOB 价格。

通常报关单上会有这样一排数字，见表 3-3。

表 3-3　　进口成交方式报送单填报方式

成交方式	运费	保费	杂费
CIF	502/480/3	502/30/3	（一般为明佣）

如 502/480/3，502 代表美元，480 代表运费金额，3 代表总额。

计算公式：

报关单上只有一条

FOB＝CIF－运费－保险费

FOB＝C&F－运费

报关单上有多条（要按FOB价格开发票）

FOB总价＝CIF总价－运费－保险费

各自的FOB价＝FOB总价÷CIF总价×各自的CIF价

2. 报关单上运费、保险费标注

表 3-4 列示报关单上运费与保险费标注，运费 502/1 450/3 表示什么，保险费 000/0.3/1 又是什么呢？

表 3-4　　　　成交方式截图

成交方式 CIF	运费 502/1 450/3	保险费 000/0.3/1
件数 607	包装种类 其他	毛重（千克） 15 205

运费具体释义见表 3-5。

表 3-5　　　　运费具体释义

首位	中间	第三位	运费举例
000－币种	10－数值	1－费率	000/10/1 费率 按货物价格的 10%计算
502－美元	其他数字－运费总价	3－总额	502/1 450/3 运费 总价 1 450 美元
502－美元	其他数字－运费总价	2－单价	502/260/2 运费 单价 260 美元

保险费具体释义见表 3-6。

表 3-6　　　　保险费具体释义

首位	中间	后面	保险费举例
000－币种	0.3 保费率（以百分号为基准）	1－保险费率	000/0.3/1 保险费率是货物价格的千分之三
502 美元	其他数字－保额	3－总额	502/81/3 保险费总价为 81 美元

需要注意的是：（1）进口货物的保险费应当按照实际支付的费用计算，如果进口货物的保险费无法确定或未实际发生，海关应当按照“货价＋运费”两者总额的 3‰计算保险费。

（2）以境外边境口岸价格条件成交的铁路或者公路运输进口货物，海关应当按照境外边境口岸价格的 1%计算运输及其相关费用、保险费。

表 3-7 是一张完整的出口货物报关单，根据此单计算甲商品和乙商品发票开具金额。

表 3-7　　中华人民共和国海关出口货物报关单

预录入编号：　　　　　　　　　　　　海关编号：022343

<table>
<tr><td colspan="2">收发货人：91109878921334531F
北京鑫发贸易有限公司</td><td>出口口岸
北京海关</td><td>出口日期
20200409</td><td>申报日期
20200402</td></tr>
<tr><td colspan="2">生产销售单位：
辽宁翔集有限公司</td><td>运输方式
空运</td><td>运输工具名称
飞机</td><td>提运单号
220－432444</td></tr>
<tr><td colspan="2">申报单位：××货运代理公司
91110298234567820H</td><td>监管方式
一般贸易</td><td>征免性质
一般征税</td><td>备案号</td></tr>
<tr><td colspan="2">贸易国（地区）432
中国</td><td>运抵国（地区）
美国</td><td>指运港
纽约</td><td>境内货源地 1233
辽宁其他</td></tr>
<tr><td>许可证号
××××</td><td>成交方式
CIF</td><td>运费
520USD</td><td>保费
480USD</td><td>杂费</td></tr>
<tr><td>合同协议号
FJIH-2019300×</td><td>件数
49</td><td>包装种类
桶类</td><td>毛重（千克）
1 120</td><td>净重（千克）
1 000</td></tr>
<tr><td>集装箱号</td><td colspan="4">随附单证 B</td></tr>
<tr><td colspan="5">标记唛码及备注
随附单证号：</td></tr>
<tr><td colspan="5">项号　商品编号　商品名称　规格型号　数量及单位　最终目的国（地区）单价　总价　币制征免</td></tr>
<tr><td colspan="5">1　XH376　甲商品　美国纽约　23 780</td></tr>
<tr><td colspan="5">2　XH546　乙商品　美国纽约　49 870</td></tr>
<tr><td colspan="5"></td></tr>
<tr><td colspan="5">特殊关系确认：是　价格影响确认：否　支付特许权使用确认：是</td></tr>
<tr><td colspan="2">录入员　录入单位</td><td colspan="2">兹申明对以上内容承担如实申报、依法纳税之法律责任</td><td>海关批次及签章</td></tr>
</table>

开具出口发票，要按报关单上的商品逐笔开具。

甲商品分摊的运费、保险费金额＝23 780÷（23 780＋49 870）×（520＋480）＝23 780÷73 650×1 000

＝322.88（美元）

乙商品分摊的运费、保险费金额＝49 870÷（23 780＋49 870）×（520＋480）＝677.12（美元）

甲商品分配的金额＝23 780－322.88＝23 457.12（美元）

乙商品分配的金额＝49 870－677.12＝49 192.88（美元）

以上甲、乙商品需要转换成人民币开具发票，登录网站 http://www.pbc.gov.cn/rmyh/105145/indeX.html，查询 2019 年 10 月 31 日人民币中间汇率。

当日，中国外汇交易中心授权公布人民币汇率中间价为1 美元对人民币 7.053 3 元。

即：甲商品分配的金额＝23 457.12×7.053 3＝165 450.10（元）

乙商品分配的金额＝49 192.88×7.053 3＝346 972.14（元）

商品编码可查全关通网站（http://www.qgtong.com)。

3.2　出口发票的形式

目前，出口发票有两类：一类是用 A4 纸自行制作打印的出口发票；另一类是由税控系统开具的普通发票。

3.2.1　出口商发票的种类与缮制

1. 出口发票的种类

发票（INVOICE）是进出口贸易结算中使用的最主要的单据之一，我国进出口贸易中使用的发票种类如下：

商业发票
(COMMERCIAL INVOICE)

为进出口贸易结算中使用的最主要的单据之一，商业发票是全套进出口单据的核心，其他单据均以其为中心来缮制

海关发票
(CUSTOMS INVOICE)

由出口商填制，供进口商凭以报关的特定格式的发票。供进口商向海关办理进口报关、纳税等手续

形式发票
(PROFORMA INVOICE)

非正式的参考性发票，供其向本国的贸易或外汇管理等当局申请进口或批准给予支付外汇之用，也称预开发票、估价发票

领事发票
(CONSULAR INVOICE)

是一种官方单据，又称签证发票，由进口国领事馆签发，具有固定格式

还有一种是厂商发票（MANUFACTURER’S INVOICE)，进口国为确定出口商有无倾销行为，以及为了进行海关估价、核税和征收反倾销税之用，而由出口货物的制造厂商所出具的，以本币计算的，用来证明出口国国内市场的出厂价的发票。

外贸企业设计的发票格式不一，但内容大致相同。主要包括：发票号、发票日期、收货人名称、地址、信用证号、合同号、商品名称、品质、数量、包装、单价、总金额，出票人名称、签章等。本节主要介绍商业发票的缮制。

2. 商业发票的缮制

商业发票主要内容和填制要求可分为三个部分：

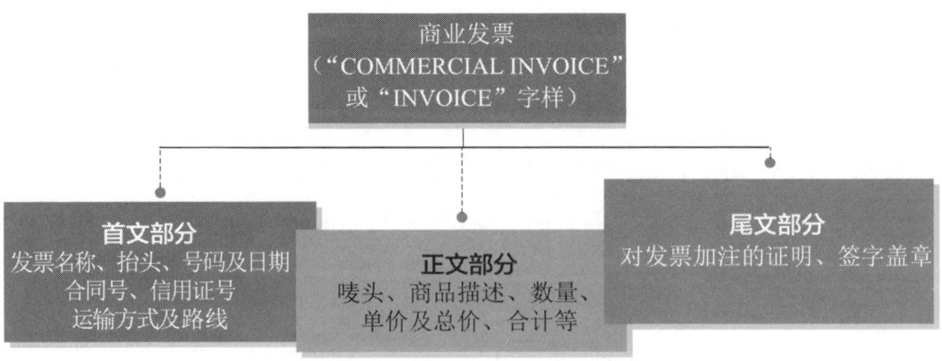

商业发票基本样式如图 3-1 所示。

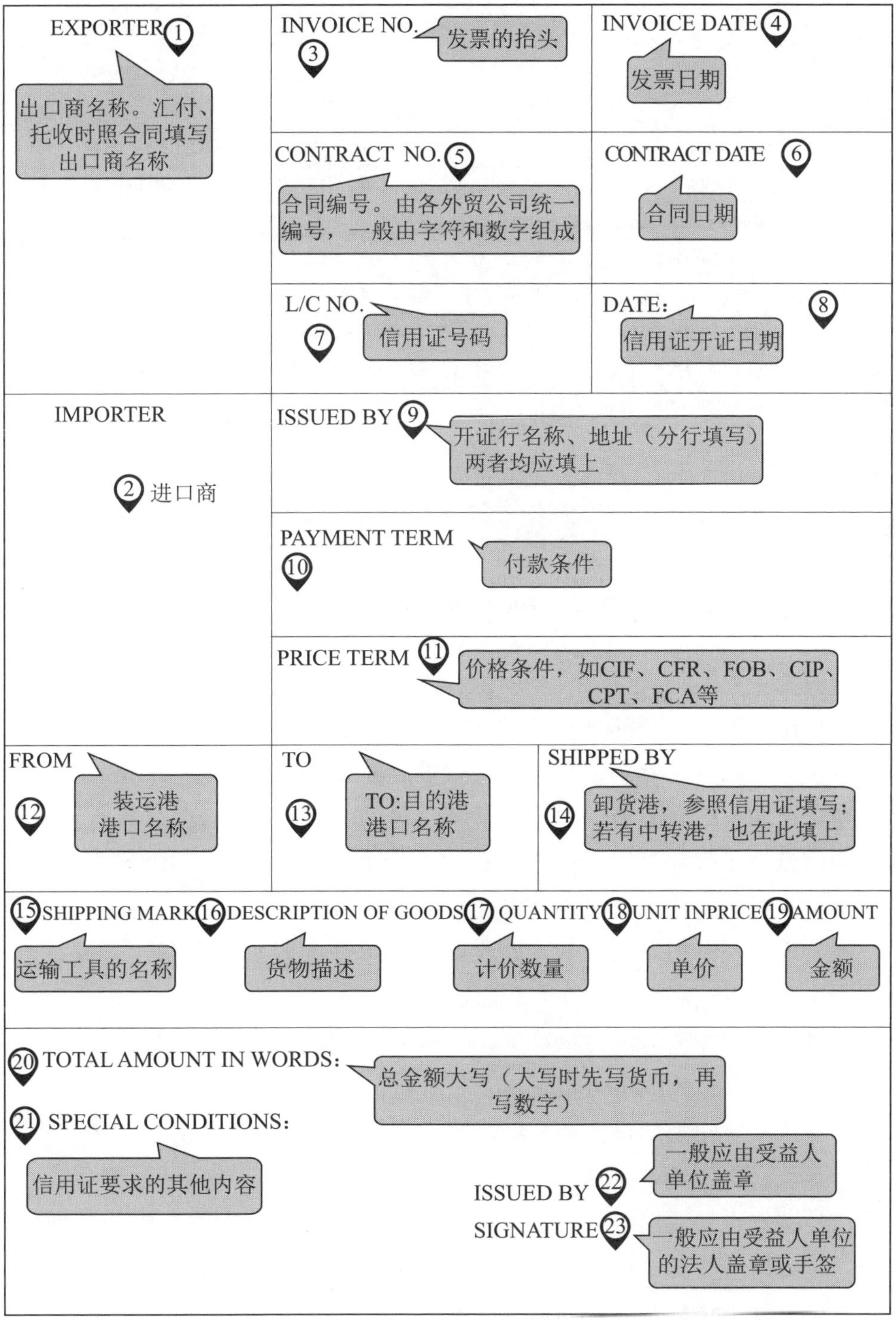
EXPORTER①
出口商名称。汇付、托收时照合同填写出口商名称
INVOICE NO.③
发票的抬头
INVOICE DATE④
发票日期
CONTRACT NO.⑤
合同编号。由各外贸公司统一编号，一般由字符和数字组成
CONTRACT DATE ⑥
合同日期
L/C NO.⑦
信用证号码
DATE:⑧
信用证开证日期
IMPORTER
②进口商
ISSUED BY⑨
开证行名称、地址（分行填写）两者均应填上
PAYMENT TERM⑩
付款条件
PRICE TERM⑪
价格条件，如CIF、CFR、FOB、CIP、CPT、FCA等
FROM⑫
装运港港口名称
TO⑬
TO:目的港港口名称
SHIPPED BY⑭
卸货港，参照信用证填写；若有中转港，也在此填上
⑮SHIPPING MARK
运输工具的名称
⑯DESCRIPTION OF GOODS
货物描述
⑰QUANTITY
计价数量
⑱UNIT INPRICE
单价
⑲AMOUNT
金额
⑳TOTAL AMOUNT IN WORDS:
总金额大写（大写时先写货币，再写数字）
㉑SPECIAL CONDITIONS:
信用证要求的其他内容
ISSUED BY㉒
一般应由受益人单位盖章
SIGNATURE㉓
一般应由受益人单位的法人盖章或手签

图 3-1　商业发票样式

(1) 发票是所有单据中最早缮制的单据，在外贸实务中，建议发票日期比提单早4～15天；

(2) PAYMENT TERM（付款条件）填写时应注意填写具体的结算方式。如D/P AT SIGHT、（即期付款交单）、 D/P AT 30 DAYS AFTER SIGHT （见票后30天付款交单）、 D/A AT 45 DAYS AFTER SIGHT （见票后45天承兑交单）、L/C AT SIGHT 即期信用证；

(3) FROM：装运港，必须填具体的港口名称。如L/C规定：FROM：China /any Chinese port 则发票上不能照L/C抄，应写上具体的港口，如TIANJIN，CHINA等；

(4) SHIPPING MARK（唛头），唛头一般由四部分组成:①客户名称缩写；②有关号码：合同号/订单号/发票号/信用证；③目的港；④件数；

①若无唛头，应打上N/M（No mark），此栏不得留空；

②若信用证中指定了唛头，则必须参照信用证缮制，但应把“up”改为具体的箱数，即总箱数。

3.2.2 防税控发票——增值税发票

增值税一般纳税人可以开具增值税专用发票，也可以开具增值税普通发票。小规模纳税人一般都是开普通发票，有时根据需要也可以开出专用发票：一是去税务局代开（若企业有享受免征增值税的优惠政策就会取消）；二是某些行业，比如住宿服务业、鉴证咨询业、建筑服务业、工业以及信息传输、软件和信息技术服务等属于自开专票试点行业，可以自行开具专票，但是有限制条件，只有超过免征点才可以开具。

(1) 增值税专用发票由基本联次或者基本联次附加其他联次构成，基本联次为三联：发票联、抵扣联和记账联。

☞**发票联**，作为购买方核算采购成本和增值税进项税额的记账凭证；

☞**抵扣联**，作为购买方报送主管税务机关认证和留存备查的凭证；

☞**记账联**，作为销售方核算销售收入和增值税销项税额的记账凭证。

☞其他联次用途，由纳税人自行确定。

(2) 增值税普通发票（折叠票）由基本联次或者基本联次附加其他联次构成，分为两联版和五联版两种。两联版如下：

☞第一联为**记账联**，是销售方的记账凭证；

☞第二联为**发票联**，是购买方的记账凭证。

五联版包括：一是记账联，二是购货方联，三是海关报关联，四是税务机关存查联，五是存根联。

税控系统开具普通发票时应注意以下几个问题：

增值税普通发票（出口发票）购买方信息如何填写？

购买方可填写外文，全称或简写，在“地址、电话”处填写购买方所在国家或地区；如果是出口销售到国内特殊监管区域的，应填写购买方纳税人识别号、地址、电话、开户行及账号

发票金额依据什么？

出口发票应以FOB价（离岸价）为依据，企业开具发票时金额确定不准确的，可后续进行调整。发票开具金额应与增值税纳税申报表“免、抵、退办法出口货物销售额”或“免税货物销售额”等相匹配

开具发票时以外币开具还是以人民币开具？

需要以本位币（人民币）开具，发票金额为“人民币”额

发票税率如何开具？

税率选择“免税”。打印时，税率栏和税额栏为“*”。如果出口退税率为0，按照规定应适用增值税征税政策的货物，税率选择适用征税税率

票面内容是否开具中英文？

除购买方名称（如为外文的，可使用外文）外，应使用中文开具

备注栏应备注什么信息？

备注“出口”字样：出口合同号、提单号、出口金额（外币成交价FOB价）、币别、汇率等

实务中，出口发票什么时候开具最合适呢？一般来说，最好是在出口当月开具。有的企业等“单证收齐”再开（单证收齐是指收齐“报关单”和“核销单”），这样会误事；当然当月 25 日后报关的不能确定是当月出口还是下个月出口的，可以在下个月开具发票，但汇率一定用出口当月第 1 个工作日汇率的中间价。

3.3 其他出口业务单证

在办理出口贸易核算时，常用的单证主要包括：国内购货发票、入库单、出库单、加工单证、银行收汇通知、商业发票、出口报关单、海关缴核书等。

出口业务单证按照不同的用途则可分为以下几种，见表 3-8。

表 3-8 出口业务单证分类

按不同用途分类	内　容
出口单证	①合同；②装箱单；③发票；④报关单；⑤提货单；⑥细码单；⑦出口许可证；⑧原产地证书；⑨出口商品检验证书；⑩增值税专用发票和专用缴款书

续上表

按不同用途分类	内　　容
报关单证	①报关单；②外销发票；③装箱单；④出口许可证（副本）；⑤出口商品检验证书；⑥出口证明申请书
清关单证	①出口许可证（正本）；②提货单；③外销发票；④装箱单；⑤细码单；⑥原产地证书
结汇单证	（1）基本单证：商业发票、运输单据、保险单。（2）附属单证：海关发票、领事发票、产地证、出口许可证、航行证明、装箱单、重量单、装船通知、寄单寄样证明、商检证等
出口退税单证	①报关单；②外销发票；③增值税专用发票和专用缴款书；④结汇水单

（注：并不是每一笔业务都能用上以上单证。）

下列表格是主要出口单据样式。

（1）出口许可证的格式。

出口许可证的格式见表 3-9。

表 3-9

中华人民共和国出口许可证

EXPORT LICENCE OF THE PEOPLE' S REPUBLIC OF CHINA

<table>
<tr><td colspan="3">1. Exporter（出口商）</td><td colspan="3">3. Export Licence No.（出口许可证号）</td></tr>
<tr><td colspan="3">2. Consignor（发货单位名称）</td><td colspan="3">4. Export Licence expiry date（许可证有效截止日期）</td></tr>
<tr><td colspan="3">5. Terms of trade（贸易方式）</td><td colspan="3">8. Country/Region of purchase 进口国/地区</td></tr>
<tr><td colspan="3">6. Contract No.（合同号）</td><td colspan="3">9. Payment conditions（支付方式）</td></tr>
<tr><td colspan="3">7. Place of clearance（报关口岸）</td><td colspan="3">10. Mode of transport（运输方式）</td></tr>
<tr><td colspan="4">11. Description of goods（商品名称）</td><td colspan="2">商品编码：Code of goods</td></tr>
<tr><td>12. Specification（规格等级）</td><td>13. Unit（单位）</td><td>14. Quantity（数量）</td><td>15. Unit price（单价）</td><td>16. Amount（总值）</td><td>17. Amount in USD（总值折美元）</td></tr>
<tr><td></td><td></td><td></td><td></td><td></td><td></td></tr>
<tr><td></td><td></td><td></td><td></td><td></td><td></td></tr>
<tr><td></td><td></td><td></td><td></td><td></td><td></td></tr>
<tr><td></td><td></td><td></td><td></td><td></td><td></td></tr>
<tr><td>18. Total（总计）</td><td></td><td></td><td></td><td></td><td></td></tr>
<tr><td colspan="3" rowspan="2">19. Supplementary details（备注）</td><td colspan="3">20. Issuing authority's stamp & signature（发证机关签章）</td></tr>
<tr><td colspan="3">21. Licence date（发证日期）</td></tr>
</table>

（2）产地说明书的格式。

产地说明书的格式见表 3-10。

表 3-10　产地说明书

<table>
<tr><td colspan="2">1. Exporter (full name and address)</td><td colspan="3" rowspan="2">Certificate No.
Certificate of Origin
The People's Republic of China</td></tr>
<tr><td colspan="2">2. Consignee (full name and address)</td></tr>
<tr><td colspan="2">3. Means of transport and route</td><td colspan="3" rowspan="2">5. For certifying authority use only</td></tr>
<tr><td colspan="2">4. Destination port</td></tr>
<tr><td>6. Marks and numbers of packages</td><td>7. Description of goods; Number and kind of packages</td><td>8. HS code</td><td>9. Quantity or weight</td><td>10. Number and date of invoices</td></tr>
<tr><td></td><td></td><td></td><td></td><td></td></tr>
<tr><td colspan="2">11. Declaration by the exporter
The undersigned hereby declares that the above details and statements are correct; that all the goods were produced in China and that they comply with the Rules of Origin of the People's Republic of China

Place and date, signature and stamp of authorized signatory</td><td colspan="3">12. Certification
It is hereby certified that the declaration by the exporter is correct

Place and date, signature and stamp of certifying authority</td></tr>
</table>

（3）海关出口货物报关单的格式。

海关出口货物报关单的格式见表 3-11。

表 3-11　　中华人民共和国海关出口货物价格申报单

海关编号：

<table>
<tr><td rowspan="2">货物</td><td>商品名称</td><td colspan="3"></td><td>商品编号</td><td colspan="2"></td></tr>
<tr><td>品牌</td><td></td><td>规格型号</td><td colspan="4"></td></tr>
<tr><td rowspan="2">卖方</td><td>成交单位</td><td colspan="2"></td><td>联系人</td><td></td><td>电话</td><td></td></tr>
<tr><td>经营单位</td><td colspan="2"></td><td>联系人</td><td></td><td>电话</td><td></td></tr>
<tr><td>买方</td><td>成交外商</td><td colspan="6"></td></tr>
<tr><td rowspan="4">成交情况</td><td>合同号</td><td></td><td>签约日期</td><td></td><td colspan="3" rowspan="2">□买方与卖方的交易是一次性买断</td></tr>
<tr><td>单价</td><td></td><td>出口数量</td><td></td></tr>
<tr><td>合同总价</td><td></td><td>合同总量</td><td></td><td colspan="3" rowspan="2">□买卖双方在交易中存在特殊的安排</td></tr>
<tr><td>币制</td><td></td><td>计量单位</td><td></td></tr>
<tr><td>买卖双方的关系</td><td colspan="7">□买卖双方为同一家族成员
□买卖双方互为商业上的高级职员或者董事
□一方直接或者间接地受另一方控制
□买卖双方都直接或者间接地受第三方控制
□买卖双方共同直接或者间接地控制第三方
□一方直接或者间接地拥有、控制或者持有对方5%以上（含5%）公开发行的有表决权的股票或者股份
□一方是另一方的雇员、高级职员或者董事
□买卖双方是同一合伙的成员</td></tr>
<tr><td rowspan="4">各种费用调整情况</td><td colspan="4">费用名称</td><td colspan="2">金额及币制</td><td>已包括在成交价格中</td></tr>
<tr><td colspan="4">1. 出口关税</td><td colspan="2"></td><td>□</td></tr>
<tr><td colspan="4">2. 在货物价款中单独列明的货物运至中华人民共和国境内输出地点装载后的运输及其相关费用、保险费</td><td colspan="2"></td><td>□</td></tr>
<tr><td colspan="4">3. 在货物价款中单独列明由卖方承担的佣金</td><td colspan="2"></td><td>□</td></tr>
<tr><td rowspan="2">收款</td><td>结算方式</td><td colspan="6">□L/C　□T/T　□D/P　□D/A　□其他</td></tr>
<tr><td>预收价款</td><td colspan="3"></td><td>后收价款</td><td colspan="2"></td></tr>
<tr><td colspan="8">其他需要说明的情况：</td></tr>
<tr><td colspan="6">申报声明：对本申报单各项填报内容及所附单证的真实性和完整性承担法律责任，并愿意提供与海关估价有关的其他任何资料或单证，如有不实，海关按有关规定处理。

申报人签字：

填报日期：　　　　申报单位盖章：</td><td colspan="2">海关审核人：

审核日期：</td></tr>
</table>

(4）装箱单的格式。

装箱单的格式见表 3-12。

表 3-12 **装 箱 单**

<table>
<tr><td colspan="3">ISSUER</td><td colspan="4" rowspan="2">装箱单

PACKING LIST</td></tr>
<tr><td colspan="3" rowspan="2">TO</td></tr>
<tr><td colspan="2">INVOICE NO.</td><td colspan="2">DATE</td></tr>
<tr><td>Marks and Numbers</td><td>Number and Kind of Package
Description of Goods</td><td>Quantity</td><td>Package</td><td>G. W</td><td>N. W</td><td>Meas.</td></tr>
<tr><td></td><td></td><td></td><td></td><td></td><td></td><td></td></tr>
<tr><td colspan="7">TOTAL：
SAY TOTAL：
THE NAME AND ADDRESS OF THE MANUFACTURER：
SIGNATURE：
SIGNITURE：</td></tr>
</table>

(5）海运提单的格式。

海运提单的格式见表 3-13。

表 3-13

海运提单

1. Shipper Insert Name, Address and Phone

2. Consignee Insert Name, Address and Phone

3. Notify Party Insert Name, Address and Phone

(It is agreed that no responsibility shall attach to the Carrier or his agents for failure to notify)

4. Pre-carriage by	5. Place of Receipt
6. Ocean Vessel/Voy. No.	7. Port of Loading
8. Port of Discharge	9. Place of Delivery

B/L No.

××集装箱运输有限公司

BILL OF LADING

Port-to-Port or Combined Transport

RECEIVED in external apparent good order and condition except as otherwise noted. The total number of packages or unites stuffed in the container. The description of the goods and the weights shown in this Bill of Lading are furnished by the Merchants, and which the carrier has no reasonable means of checking and is not a part of this Bill of Lading contract. The carrier has issued the number of Bills of Lading stated below, all of this tenor and date, one of the original Bills of Lading must be surrendered and endorsed or signed against the delivery of the shipment and whereupon any other original Bills of Lading shall be void. The Merchants agree to be bound by the term sand conditions of this Bill of Lading as if each had personally signed this Bill of Lading.

Marks & Nos. Container/Seal No.	No. of Containers or Packages	Description of Goods (If Dangerous Goods, See Clause 20)	Gross Weight (kgs)	Measurement
		Description of Contents for Shipper's Use Only (Not Part of This B/L Contract)		

10. Total Number of containers and/or packages (in words)
Subject to Clause 7 Limitation

11. Freight & Charges Declared Value Charge	Revenue Tons	Rate	Per	Prepaid	Collect

Ex. Rate	Prepaid at	Payable at	Place and date of issue
	Total Prepaid	No. of Original B(s)/L	Signed for the Carrier, ×× CONTAINER LINES

LADEN ON BOARD THE VESSEL

DATE		BY	×× CONTAINER LINES

（6）原产地证明的格式。

原产地证明的格式见表 3-14。

表 3-14 **原 产 地 证 明**

ORIGINAL

<table>
<tr><td colspan="2">1. Exporter</td><td colspan="3" rowspan="2">Certificate No.
CERTIFICATE OF ORIGIN OF
THE PEOPLE' S REPUBLIC OF
CHINA</td></tr>
<tr><td colspan="2">2. Consignee</td></tr>
<tr><td colspan="2">3. Means of transport and route</td><td colspan="3" rowspan="2">5. For certifying authority use only</td></tr>
<tr><td colspan="2">4. Country / region of destination</td></tr>
<tr><td>6. Marks and numbers</td><td colspan="3">7. Number and kind of packages; description of goods</td><td>8. H. S. Code</td></tr>
<tr><td></td><td colspan="3"></td><td></td></tr>
<tr><td>9. Quantity</td><td colspan="4">10. Number and date of Invoices</td></tr>
<tr><td></td><td colspan="4"></td></tr>
<tr><td colspan="2">11. Declaration by the exporter
The undersigned hereby declares that the above details and statements are correct, that all the goods were produced in China and that they comply with the Rules of Origin of the People' s Republic of China.

____
Place and date, signature and stamp of authorized signatory</td><td colspan="3">12. Certification
It is hereby certified that the declaration by the exporter is correct.

____
Place and date, signature and stamp of certifying authority</td></tr>
</table>

（7）保险单的格式。

保险单的格式见表 3-15。

表 3-15 **保 险 单**

××保险公司

×× Insurance Company of China

货物运输保险单

CARGO TRANSPORTATION INSURANCE POLICY

发票号（INVOICE NO.）
合同号（CONTRACT NO.）
信用证号（L/C NO.）
被保险人 INSURED

保单号次
POLICY NO. ******

××保险公司（以下简称本公司）根据被保险人的要求，由被保险人向本公司缴付约定的保险费，按照本保险单承保险别和背面所载条款与下列特款承保下述货物运输保险，特立本保险单。

THIS POLICY OF INSURANCE WITNESSES THAT ×× INSURANCE COMPANY OF CHINA (HEREINAFTER CALLED "THE COMPANY") AT THE REQUEST OF THE INSURED AND IN CONSIDERATION OF THE AGREED PREMIUM PAID TO THE COMPANY BY THE INSURED, UNDERTAKES TO INSURE THE UNDERMENTIONED GOODS IN TRANSPORTATION SUBJECT TO THE CONDITIONS OF THIS POLICY AS PER THE CLAUSES PRINTED OVERLEAF AND OTHER SPECIAL CLAUSES ATTACHED HEREON.

标 记 MARKS&NO.	包装及数量 QUANTITY	保险货物项目 DESCRIPTION OF GOODS	保险金额 AMOUNT INSURED

总保险金额
TOTAL AMOUNT INSURED: SAY TWENTY THOUSAND NINE HUNDRED AND NINTYNINE ONLY

保费：
PERMIUM: ________

启运日期
DATE OF COMMENCEMENT: ________

装载运输工具：
PER CONVEYANCE: ________

自
FROM: ________

经
VIA: ________

至
TO: ________

承保险别：
CONDITIONS:

所保货物，如发生保险单项下可能引起索赔的损失或损坏，应立即通知本公司下述代理人查勘。如有索赔，应向本公司提交保单正本（本保险单共有一份正本）及有关文件。如一份正本已用于索赔，其余正本自动失效。

IN THE EVENT OF LOSS OR DAMAGE WITCH MAY RESULT IN A CLAIM UNDER THIS POLICY, IMMEDIATE NOTICE MUST BE GIVEN TO THE COMPANY' S AGENT AS MENTIONED HEREUNDER. CLAIMS, IF ANY, ONE OF THE ORIGINAL POLICY WHICH HAS BEEN ISSUED INORIGINAL (S) TOGETHER WITH THE RELEVANT DOCUMENTS SHALL BE SURRENDERED TO THE COMPANY. IF ONE OF THE ORIGINAL POLICY HAS BEEN ACCOMPLISHED. THE OTHERS TO BE VOID.

××保险公司
×× Insurance Company of China

赔款偿付地点
CLAIM PAYABLE AT ________

ANDYLVKING

出单日期
ISSUING DATE ________

Authorized Signature

（8）中华人民共和国海关出口货物报关单。

中华人民共和国海关出口货物报关单见表 3-16。

表 3-16　　中华人民共和国海关出口货物报关单

预录入编号：　　　　　　　　　　　　　　　　海关编号：

<table>
<tr><td colspan="2">出口口岸</td><td colspan="2">备案号</td><td>出口日期</td><td colspan="2">申报日期</td></tr>
<tr><td colspan="2">经营单位</td><td colspan="2">运输方式
海运</td><td>运输工具名称</td><td colspan="2">提运单号</td></tr>
<tr><td colspan="2">发货单位</td><td colspan="2">贸易方式
一般贸易</td><td>征免性质</td><td colspan="2">结汇方式</td></tr>
<tr><td>许可证号</td><td colspan="2">运抵国（地区）</td><td colspan="2">指运港</td><td colspan="2">境内货源地</td></tr>
<tr><td>批准文号</td><td>成交方式</td><td colspan="2">运费</td><td>保费</td><td colspan="2">杂费</td></tr>
<tr><td>合同协议号</td><td>件数</td><td colspan="2">包装种类</td><td>毛重（公斤）</td><td colspan="2">净重（公斤）</td></tr>
<tr><td>集装箱号</td><td colspan="4">随附单据</td><td colspan="2">生产厂家</td></tr>
<tr><td colspan="7">标记唛码及备注</td></tr>
<tr><td colspan="7">商品编号　商品名称、规格型号　数量及单位　最终目的国（地区）　单价
总价　币制　征免</td></tr>
<tr><td colspan="7">税费征收情况</td></tr>
<tr><td colspan="2">录入员　录入单位</td><td colspan="3" rowspan="2">兹声明以上申报无讹并承担法律责任</td><td colspan="2">海关审单批注及放行日期（签章）
审单　审价</td></tr>
<tr><td colspan="2" rowspan="3">报关员

单位地址　申报单位（签章）

邮编　电话　填制日期</td><td colspan="2">征税　统计</td></tr>
<tr><td colspan="3"></td><td colspan="2">查验　放行</td></tr>
</table>

（9）普惠制产地证明。

普惠制产地证明见表 3-17。

表 3-17　　普惠制产地证明

<table>
<tr><td colspan="3">1. Goods consigned from (Exporter's business name, address, country)</td><td colspan="3" rowspan="2">Reference No.
GENERALIZED SYSTEM OF PREFERENCES
CERTIFICATE OF ORIGIN
(Combined declaration and certificate)
Issued in ______________________
(country)
See Notes overleaf</td></tr>
<tr><td colspan="3">2. Goods consigned to (Consignee's name, address, country)</td></tr>
<tr><td colspan="3">3. Means of transport and route (as far as known)</td><td colspan="3">4. For official use</td></tr>
<tr><td>5. Item number</td><td>6. Marks and numbers of packages</td><td>7. Number and kind of packages; description of goods</td><td>8. Origin criterion (see notes overleaf)</td><td>9. Gross weight or other quantity</td><td>10. Number and date of invoices</td></tr>
<tr><td></td><td></td><td></td><td></td><td></td><td></td></tr>
<tr><td colspan="3">11. Certification
It is hereby certified, on the basis of control carried out, that the declaration by the exporter is correct.

____
Place and date, signature and stamp of certifying authority</td><td colspan="3">12. Declaration by the exporter
The undersigned hereby declares that the above details and statements are correct, that all the goods were
produced in ______________
(country)
and that they comply with the origin requirements specified for those goods in the Generalized System of Preferences for goods exported to

____

____
Place and date, signature and stamp of authorized signatory</td></tr>
</table>

第4章 出口贸易的核算

出口贸易（Export Trade）是指外贸企业组织产品在国际市场上销售，取得外汇收入。它是外贸企业一项重要的业务。按照出口贸易性质不同，可分为自营出口业务、代理出口业务和加工补偿出口业务等，其中加工补偿出口业务在第5章介绍。要做好外贸企业会计，一定要懂业务，本章着重介绍外贸出口流程和出口业务的核算。

4.1 出口贸易一般流程

在出口贸易中，一般会计人员应该熟悉掌握外贸业务流程。

4.1.1 外贸业务全套流程

一般外贸业务详细流程说明如下：

1. 客户询盘

询盘也叫询价，是指交易的一方准备购买或出售某种商品，向对方询问买卖该商品的有关交易条件。询盘的内容涉及：价格、规格、品质、数量、包装、装运以及索取样品等，交易双方可以通过专业展会、电子商务平台、电话等找到客户。

2. 报价

交易双方达成意向后，就进入报价环节。比较常见的报价方式有“FOB（船上交货）”“CNF（成本加运费）”“CIF（成本、保险加运费）”等形式。至于采取哪一种方式，双方可协商。

3. 签署订单

交易双方经过洽谈，达成合作阶段，收到客户正式的订单。

4. 安排生产订单

出口企业得到订单后，安排相关工厂生产。工厂须制订生产计划，包括产品品种、数量、质量、包装等。

5. 落实付款方式

交易双方确定付款方式，一般有以下几种。

L/C 信用证	在交货期前1个月确认L/C是否收到，收到L/C后，业务员和单证员分别审查信用证，有问题应立即请客户修改L/C
T/T（电汇）	属于商业信用，付款的最终决定权在于客户
D/A（承兑交单）	单据已在买方银行，只要买方去银行承兑（30、60、90天后付款）银行即可交单

6. 备货

跟单员需要与生产企业或本企业有关负责人落实订单，积极筹备货物，办理保险，在规定的时间内完成备货。

7. 包装刷唛

包装刷唛是指将唛头（Mark）刷于或印于外包装上，主要是为了承运人及提货人能顺利辨认货物。根据货物的不同，选择包装，如纸箱、木箱和编织袋等。不同的包装形式其包装要求也有所不同。

（1）一般出口包装标准：根据贸易出口通用的标准进行包装。

（2）特殊出口包装标准：根据客户的特殊要求进行出口货物包装。

（3）货物的包装和唛头（运输标志）：应进行认真检查核实，使之符合信用证的规定，具体内容将在以下两节中详细介绍，此处不再赘述。

8. 验货

验货是很关键的，货物生产完成后，需要进行验货。关于验货的规定如下：

公司验货	在交货期前一周，通知公司验货员验货(部门跟单员跟进)
指定验货人员	客户或指定验货人员验货：要在交货期一周前，约客户验货
第三方验货	如果客户指定由第三方验货：要在交货两周之前联系，预约验货时间，并将验货时间通知工厂

9. 备制基本文件单证

在收到客户正式的订单时，应由单证员制作，交给业务跟单员跟进：包括出口合同、出口商业发票、装箱单、出口货物托运单、核销单、报关单、报关委托书、报检委托书等。

10. 商检

如果是国家法定商检产品，给工厂下订单时要说明商检要求，并提供出口合同、发票、装箱单等商检所需资料。同时告知工厂货物出口口岸，便于工厂办理商检，最好应在发货一周之前拿到商检换证凭单/条。

11. 租船订舱

（1）若合同出现 FOB CHINA 条款，客户会指定运输代理或船公司。最好尽早与货运代理公司联系，告知发货意向，了解将要安排的出口口岸，船期等情况。

（2）出口商方支付运费，应尽早向货运公司或船公司咨询船期、运价、开船口岸等。并告诉业务员通知客户，开船前一周应书面订仓。

（3）需要走散货时，向货代公司预订散货仓位。还要了解截关时间、入仓报关要求等。

（4）订舱时，一定要书面传真出口货物托运单，注明所订船期、柜型及数量、目的港等，以避免发生错误。（关于订舱的详细内容我们将在 4.1.2 中介绍）

12. 投保

出口方可办理货物运输险的投保手续。出口商品的投保一般都是逐笔办理的。在投保时，出口方应将货物名称、保额、运输路线和投保险别等一一列明。保险公司接受投保后，即签发保险单或保险凭证。双方签订《购货合同》中已事先约定运输保险的相关事项。

常见的保险有海洋货物运输保险、陆空邮货运输保险等。

13. 安排拖柜

出口方或工厂验货通过后，即委托拖柜。选择安全可靠、价格合理的运输公司。运输公司提柜装柜，传真一份装车资料给工厂。工厂装柜后应传真一份装货资料发给出口方业务部门。（关于装柜的详细内容我们将在 4.1.2 中介绍）

14. 集中港区

（1）订好船舶或舱位后，运输公司或工厂应在规定的时间内将符合装船条件的出口货物发送到港区内的指定仓库或货场，以便顺利装船作业。

（2）发货前要按票核对货物品名、数量、标记、配载船名和装货单号等项，做到单货相符和船货相符。

15. 报检换单

由于工厂和港口有时并不是在同一个地方，产品在工厂所在地报检后，需要取得换单凭单/条，然后向港口所在地检验检疫机构申请换单，这样才能报关。

16. 委托报关

在拖柜前要将报关所需资料交给合作报关行，委托出口报关及办理商检通关换单。

委托报关时，还要提供一份装柜资料：包括所装货物及数量、口岸、船公司、仓号、柜号、截关时间、拖车公司柜型及数量，本公司联系人和电话地址等。

17. 报关

货物集中港区后，发货单位必须向海关办理申报出口手续。

（1）由发货单位报关人员备妥出口货物报关单，连同装货单、发票、装箱单（或磅码单）、商检证、出口结汇核销单、出口货物合同副本及有关单证向海关申报出口。

（2）经海关人员检查单证和货物，确认单货相符和手续齐备后，即在装货单上加盖放行章。

（3）经海关查验放行的出口货物，方能开始装船。

18. 装船

海关放行后，发货单位凭借海关加盖放行章的装货单及时与港务部门和理货人员联系，查看现场货物并做好装船准备。在装船前，理货员代表船方，收集经海关放行货物的装货单和收货单，经过整理后，按照积载图和舱单，负责点清货物，逐票分批接货装船。

19. 发装运通知

合同规定需在装船时发出装船通知的，应及时发出，特别是由进口方自办保险的。如因出口方延迟或没有发出装船通知，致使进口商不能及时或没有投保而造成损失的，出口商应承担责任。

20. 支付运费

船公司为正确核收运费，在出口货物集中港区仓库或库场后申请商检机构对其测量。

凡需预付运费的出口货物，船公司或代理人必须在收取运费后发给托运人运费预付的提单。

如属到付运费货物，则在提单上注明运费到付，由船公司卸港代理在提货前向收货人收取。

21. 获得运输文件

开船后两天内，要将提单补充内容（需要修改的话）传真给船公司或货运代理并及时支付运杂费，付款后通知船公司取得提单等运输文件。督促船公司尽快出具提单样本及运费账单。

22. 准备其他文件

商业发票	发票的日期要在开证日之后，交货期之前。货物描述要与 L/C 上的完全相同，小写和大写金额都要正确无误。L/C 上对应发票的条款要显示出来，尤其是唛头
原产地证书	发货之前到当地出入境检验检疫局申请办理
一般原产地证	一般原产地证可在中国贸易促进会办理
装运通知	一般是要求在开船后几天之内发出，通知客户发货的细节
装箱单	装箱单应清楚地表明货物装箱情况：显示每箱内装的数量、每箱的毛重、净重、外箱尺寸等

23. 制单结汇

出口商（信用证的受益人）在信用证到期前和交单期限内向指定银行提交符合信用证条款规定的单据。这些单据经银行确认无误后，根据信用证规定的付汇条件，由银行办理出口结汇。

采用L/C收汇	规定的交单时间内，备齐全部单证，并严格审单，确保没有错误，才交银行议付
采用30% DEPOSIT, T/T收汇	在取得提单后马上传真提单给进口商，要求先支付30%预付款，及至收到余款后再将提单正本及其他文件寄给进口商
100%T/T收汇	要求收到全款货款才能安排生产,拿到提单后可立即寄正本提单给进口商

根据以上流程，下面详细介绍相关外贸术语。

4.1.2 订舱

订舱（Booking Ship），是出口商向船运公司洽订载运货物的舱位。一般在国际贸易中，出口商总是力争以 CIF 价格条件成交。在这种情况下，出口商须承担出口货物的托运工作，将货物运交国外的进口商，所以订舱工作多数在装货港或货物输出地由出口商办理。但是，如果出口货物是以 FOB 价格条件成交，则订舱工作就可能在货物的输入地或卸货港由进口商办理。这样的订舱称为卸货地订舱（Home Booking）。

1. 干货柜

订舱时，船运公司根据出口商订制的干货柜大小、规格、重量，计算海运费。目前，国际上通常使用的干货柜有以下几种规格，见表 4-1。

表 4-1　干货柜尺寸列表

尺寸	内容积（立方米）	配货毛重（吨）	体积（立方米）
20 尺柜	5.69×2.13×2.18	一般为 17.5	24～26
40 尺柜	11.8×2.13×2.18	一般为 22	54
40 尺高柜	11.8×2.13×2.72	一般为 22	68
45 尺高柜	13.58×2.34×2.71	一般为 29	86
20 尺开顶柜	5.89×2.32×2.31	20	31.5
40 尺开顶柜	12.01×2.33×2.15	30.4	65
20 尺平底货柜	5.85×2.23×2.15	23	28
40 尺平底货柜	12.05×2.12×1.96	36	50

2. 订舱指定箱号与铅封（封号）

（1）箱号。箱号就是箱体外侧的 11 个字符，由三部分组成。

第一部分由 4 位英文字母组成：前三位代码（Owner Code）主要说明箱主、经营人；第四位代码说明集装箱的类型，一般第四个字母为 U，表示其为集装箱（当然现在也有用 S 的），如 CCLU 表明箱主和经营人为中海航运。

第二部分由 6 位数字组成。是箱体注册码（Registration Code），用于一个集装箱箱体持有的唯一标识。

第三部分为校验码（Check Digit），由前4位字母和6位数字经过校验规则运算得到，用于识别在校验时是否发生错误，即第11位数字。

实务中可以通过这种关系来核对该集装箱号码抄写或记录是否正确。一个集装箱的号码是唯一的。

（2）铅封。因集装箱运输的特殊性，货物装进集装箱，关上箱门后，在把手和门扣上装有一个一次性的封子，其上有一个唯一的号码，这就是铅封。铅封根据施加人员不同可分为海关封识、商检封识和商业封识。铅封一经正确锁上，除非暴力破坏（即剪开），否则无法打开，破坏后的铅封无法重新使用。每个铅封上都有唯一的编号标识。只要集装箱外观完整，集装箱门正确关闭，铅封正常锁上，则可以证明该集装箱在运输途中未经私自开封，箱内情况由装箱人在装箱时监督负责。

4.1.3 装柜

出口货物验货后就可以装柜（Loading or Stuffing）了。所谓"装柜"就是把货物装到货柜里面去，也有人把"装柜"叫作"做箱"。装柜是外贸和货运代理（以下简称"货代"）业务环节中一个很重要的流程。装柜能否顺利进行，很大程度上决定了此批货物能否按时顺利出运。

外贸装柜主要有内装和产装。

1. 内装

如果托运人（发货人）把货物送到指定出口场站，由货代或场站负责提柜和装柜，这种做法通常叫"内装"。如果是这种装箱方式，则货代给托运人（发货人）的对账单上会有一项"装箱费"的明细。

2. 产装

如果把集装箱拉到工厂或物流仓库去装柜，则叫作"产装"。这种装箱方式是直接由工厂或物流仓库负责安排叉车、工人、理货进行装箱。所以货代给托运人（发货人）的对账单上没有"装箱费"。

装柜后及时整理装柜照片，照片应与柜子一一对应。

最后再检查装箱清单和装柜记录单，确保所有货物都装好了，不要有遗漏。如果实际所装货物与装箱单不一样，比如装不下"减货"，或装不满"加货"了，都会导致实际货物的和装箱单不符。这些情况都要记录清楚，以便及时更改报关资料，确保单货一致。

小贴士

CLP英文为Container Load Plan，为集装箱装箱单，是工厂、货主、码头、船公司、货代用以核对装箱数据的单证。

P/L英文为Packing List，为报关资料的装箱清单。

4.1.4 补料

补料（Booking）是船务专业术语，出口商要将提单的明细提供给货运代理人（或船公司），也就是关于货物的资料，列示实际出货数量、毛重、净重、立方数、产品名称、唛头等，货运代理人（或船公司）根据该资料制作提单草本发给出口商确认。为什么要提供补料，出口商实际装柜的数量与给货运代理人补料展示的货物重量、体积等内容不一致时（比如暴柜），则出口商就要在正本提单出来之前给货运代理人一份比较详细的装箱单，包括柜号、封号等内容，补料要按照 L/C 或客户的要求制作，并给出正确的货物数量，包括要求船公司随同提单出具的船证明等。

因为装货时拖车行会给出口商柜号和封号，装好后就要出具提单补料给货运代理人（或船公司），货运代理人则根据出口商提供的资料做提单。如果出口商在规定的时间内（这个时间段货代会提醒的）没提交补料资料，或货物信息与提单部分不同，就需改单。

小贴士

提单电放是指“电放”（Telex Released），即发货人请求承运人允许收货人凭提单副本提货，并承担由此产生的一切后果和风险；而正本提单是承运人签发的、代表货权的提单，即持有正本提单的人可以凭正本提单向承运人提货。

如果发货人采用电放的方式，却未征得开证行或付款行或保兑行的同意，银行将不再承担原有的第一付款责任的承诺。

因此，电放和正本提单的区别是：电放不再出现正本提单，收货人凭副本提单提货；而正本提单是货权凭证（记名提单除外），通过背书可以转让，且正本提单的持有人可以凭正本提单提货。

4.2 自营出口销售商品的核算

为了反映涉外企业出口的销售收入、成本和盈亏，企业应设置“主营业务收入”和“主营业务成本”两个账户，核算以贸易方式自营出口和转口销售的商品，进口原材料加工复出口的商品和出售出国展品，以及批准供应境内销售收取以外汇的商品的销售收入及销售成本。见图 4-1。

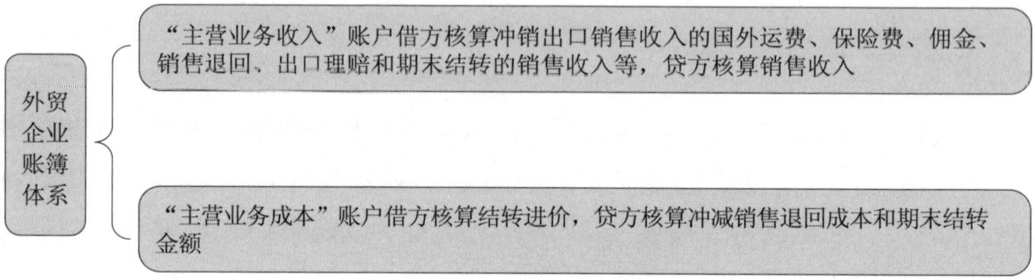

图 4-1　出口销售核算的账簿体系

出口销售明细账特别是三级明细账，应采用平行式记账方法，在企业外贸会计核算账簿设置“库存商品”“主营业务收入”“主营业务成本”“应收（应付）账款”科目。

4.2.1 自营出口商品购进程序

自营出口是指外贸企业取得自营进出口权后，直接与外国客户联系获得订单，并通过自己的海关代码出口货物的一种贸易，自营出口对应的是通过贸易公司代理出口。

一般贸易的出口商品包括直接出口、转口出口、托售出口、进料加工复出口以及样品展品的出口，均属于自营出口销售。

自营出口的程序，见表 4-2。

表 4-2　　自营出口程序

事　项	说　明
出口合同会签	会计人员出口合同文本会签
催证	会计人员参与信用证催证，按出口合同约定，要求进口方开具信用证
出库单	收到进口方开具的信用证后，企业发运货物，会计人员审核出库单，办理出库核算

续上表

事　项	说　明
办理出库核算	货物发运出口后，会计人员通过银行提交"商业发票"和付款通知单等单据，办理出口结算
收汇备案	会计人员依据出口合同、报送单等，通过开户行办理出口收汇备案
纳税申报	会计人员每月在法定期限内向主管税务机关办理纳税申报
出口退税	如果退税，会计人员每季度依法向主管出口退税的税务机关办理抵税或退税手续，并入账核算。收到退税款时，会计人员审核收款凭证，办理入账核算

自营出口销售具有以下特点。

（1）出口商品定价和与出口业务有关的一切国内外费用以及佣金支出、索赔、理赔等，均由出口企业负担，出口销售的盈亏也由出口企业自负。

（2）由出口企业直接办理退税，并享有出口退税收入。

（3）自营出口销售收入的核算，不论是海、陆、空、邮出口，均以出口企业取得正本提单并以全部单据向银行议付之日为销售收入的实现并以此确认入账时间。

（4）对外贸易销售收入的入账金额一律以FOB价为基础，以FOB价以外的价格条款成交的出口商品，其发生的国外运费、保险费及佣金等费用支出，均应作冲减销售收入处理。

（5）假如按到岸价（CIF）对外成交的，在商品离境后所发生的应由我方负担的以外汇支付的国外运费、保险费、佣金（包括明佣和暗佣）和银行手续费等，以红字冲减收入。不易按商品认定的累计佣金收支，列入销售费用。出口商品发生的对外理赔，应以红字冲减收入。

（6）境内机构支付超过合同总金额2%的暗佣（暗扣）和5%的明佣（明扣）并且超过等值1万美元的佣金时，须持下列材料向外汇局申请：

①出口合同正本；

②佣金协议正本（如为暗佣或暗扣）；

③结汇水单或收账通知；

④境内机构支付超比例佣金的申请书；

⑤银行汇款凭证及外汇局售汇通知单。

自营出口销售是指由出口企业经营并承担销售盈亏的出口业务。它是外贸企业销售收入的主要来源。

4.2.2 自营出口销售核算的账户设置

外贸企业为了反映自营出口业务的有关销售收入、销售成本结转和盈亏情况，应按会计制度的规定设置一套完整的账户进行总分类核算。实际上外贸企业也可以根据出口业务的特点专设账户。具体包括“库存商品”账户、“主营业务收入——自营出口销售收入”账户、“主营业务成本——自营出口销售成本”账户、“应收账款——应收外汇账款”账户，见表 4-3。

表 4-3 自营出口账户设置

会计科目	内　容
主营业务收入——自营出口销售收入	用于核算外贸企业自营出口销售收入的增减变动情况，应按出口商品的种类、名称设置明细账，进行明细分类核算。借方登记期末结转至“本年利润”账户的出口销售收入；贷方登记出口实现的销售收入，以及从收入中扣除的运输费、保险费、佣金、销货退回、出口理赔等发生数额；期末结转后，该账户无余额
主营业务成本——自营出口销售成本	用于核算出口商品销售成本的结转。借方登记销货退回和销售成本的数额；贷方登记期末结转至“本年利润”账户的销售成本数额；期末结转后，该账户无余额
应收账款	用于核算外贸企业因出口销售商品、向国外提供劳务；应向进口方收取的外汇账款。该账户的借方登记出口时应收的外汇账款数额；贷方登记收回外汇数额；期末借方余额，表示尚未收回外汇账款的数额
预收账款	该科目系负债类账户。借方反映出口实现时转销的预收货款，贷方反映预收客户的定金或货款，期末余额反映尚未转销的预收货款

需要注意的是，“应收账款”和“预收账款”账户，采用复币式账页，即一般以人民币为记账本位币，同时又要核算外币（主要以美元为主）金额。此类账户由外币折算成人民币时应选择入账（议付）当天或本期 1 日的汇率中间价作为记账汇率。

4.2.3 自营出口商品的账务处理

一般自营出口的外贸企业在国内生产或采购产品，然后出口销售。

自营出口的账务处理，见表 4-4。

表 4-4　　自营出口账务处理

流　　程	账务处理
财务部收到出库凭单时	借：发出商品 　　贷：库存商品
财务部收到银行入账通知时	借：应收账款——应收外汇账款 　　贷：主营业务收入——自营出口销售收入 借：主营业务成本——自营出口销售成本 　　贷：发出商品
银行收到审核无误的全套出口单证时	借：银行存款 　　贷：应收账款——应收外汇账款
收到因出口而在国内的劳务费时	借：销售费用 　　贷：银行存款
收到经审核的保险公司送来的出口运输保单或发票及清单时	借：主营业务收入——自营出口销售收入 　　贷：银行存款
实行“免、抵、退”的企业按规定计算当期免抵税额	借：应发税费——应交增值税（出口抵减内销产品应纳税额） 　　贷：应交税费——应交增值税（出口退税）
未实行免、抵、退的企业按规定计算	借：应收出口退税款 　　贷：应交税费——应交增值税（出口退税）
申报退税时	借：其他应收款——应收出口退税 　　贷：应交税费——应交增值税（出口退税）
出口退税计入成本时	借：主营业务成本——自营出口 　　贷：应交税费——应交增值税（进项税额转出）
会计部门收到退税款时	借：银行存款 　　贷：其他应收款——应收出口退税
出仓后，因种种原因，没有出口而被退回	借：库存商品——库存出口商品 　　贷：发出商品

4.2.4　国内采购的核算

1. 一般采购业务的账务处理

购进商品过程中发生的运输费、装卸费、保险费以及其他可归属于存货采购成本的费用等进货费用，应当计入存货采购成本，也可以先进行归集，期末根据所购商品的存销情况进行分摊。

自营出口购进一般商品的核算实例

【例 4-1】大地进出口公司从蓝宇第二服装厂购进服装 10 000 件，增值税专用发票上注明每件服装不含税金额为 150 元，增值税率为 13%。服装已送到仓库验收，发生运费共计 218 元，运输公司的增值税税率为 9%。财务部门签发转账支票支付全部款项。根据原始单据，账务处理如下，见表 4-5。

表 4-5

××增值税专用发票

××××　　　　发　票　联　　　　NO 01090789

开票日期：2020 年 4 月 18 日

购货单位	名　　称：大地进出口公司 纳税人识别号：110101400321230 地 址 、电 话：××丽水区北蜂窝路 14 号 68790001 开户行及账号：××工商银行北蜂窝路支行营业室 0200001909234216779						密码区	略
货物或应税劳务名称		规格型号	单位	数量	单价	金额	税率（%）	税额
服装			件	10 000	169.5	¥1 500 000	13	¥195 000
价税合计（大写）	⊗壹佰陆拾玖万伍仟元整					（小写）¥1 695 000		
销货单位	名　　称：蓝宇第二服装厂 纳税人识别号：320134134971563 地 址 、电 话：××丰台区芳城园路 35 号 开户行及账号：工商银行丰台支行 066180360010776					备注	蓝宇第二服装厂 320134134971563 发票专用章	

收款人：张兰　　　　复核：王芳　　　　开票人：苗妙　　　　销货单位：

（1）购入服装时。

不含税采购成本＝实际采购成本÷（1＋增值税税率）

服装的采购成本＝10 000×150＋［218÷（1＋9%）］

＝1 500 200（元）

借：材料采购——蓝宇第二服装厂　　　　　　　　1 500 200

　　应交税费——应交增值税（进项税额）

　　　　　　［（10 000×150）×13%＋200×9%］195 018

　　贷：银行存款　　　　　　　　　　　　　　　　1 695 218

根据原始凭证，登记会计账簿，见表 4-6。

表 4-6

记账凭证

2020 年 4 月 18 日　　　　字第××号

摘要	会计科目	借方金额										贷方金额										记账
		千	百	十	万	千	百	十	元	角	分	千	百	十	万	千	百	十	元	角	分	
从蓝宇第二服装厂采购服装 10 000 件，货款计 1 695 218 元	材料采购/蓝宇第二服装厂		1	5	0	0	2	0	0	0	0											√
	应交税费/应交增值税（进项税额）			1	9	5	0	1	8	0	0											√
	银行存款/人民币户												1	6	9	5	2	1	8	0	0	√
合计		¥	1	6	9	5	2	1	8	0	0	¥	1	6	9	5	2	1	8	0	0	

会计主管：××　　记账：××　　审核：××　　制单：××

（2）2020 年 4 月 20 日，服装入库时。

借：库存商品——库存出口服装　　　　　　　　1 500 200

　　贷：材料采购——蓝宇第二服装厂　　　　　　1 500 200

根据原始凭证，登记会计账簿，见表 4-7。

表 4-7

记账凭证

2020 年 4 月 20 日　　　　字第××号

摘要	会计科目	借方金额										贷方金额										记账
		千	百	十	万	千	百	十	元	角	分	千	百	十	万	千	百	十	元	角	分	
结转服装成本	库存商品/库存出口服装		1	5	0	0	2	0	0	0	0											√
	材料采购/蓝宇第二服装厂												1	5	0	0	2	0	0	0	0	√
合计		¥	1	5	0	0	2	0	0	0	0	¥	1	5	0	0	2	0	0	0	0	

会计主管：××　　记账：××　　审核：××　　制单：××

（3）若到月末，结算凭证尚未收到，暂按1 500 000元入账，账务处理如下。

①月末暂估入账时

借：库存商品——库存出口服装　　　　1 500 000

　　贷：应付账款——暂估应付账款　　　　1 500 000

根据原始凭证，登记会计账簿，见表4-8。

表 4-8

记账凭证

2020年4月30日　　　　字第××号

摘要	会计科目	借方金额										贷方金额										记账
		千	百	十	万	千	百	十	元	角	分	千	百	十	万	千	百	十	元	角	分	
月末暂估服装货款1 500 000元	库存商品/库存出口服装		1	5	0	0	0	0	0	0	0											√
	应付账款/暂估应付账款												1	5	0	0	0	0	0	0	0	√
合计		¥	1	5	0	0	0	0	0	0	0	¥	1	5	0	0	0	0	0	0	0	

会计主管：××　　记账：××　　审核：××　　制单：××

②下月初红字冲回时

借：库存商品——库存出口商品　　　　1 500 000

　　贷：应付账款——暂估应付账款　　　　1 500 000

根据原始凭证，登记会计账簿，见表4-9。

表 4-9

记账凭证

2020年5月3日　　　　字第××号

摘要	会计科目	借方金额										贷方金额										记账
		千	百	十	万	千	百	十	元	角	分	千	百	十	万	千	百	十	元	角	分	
月末冲回蓝字第二服装厂服装货款1 500 000元	库存商品/库存出口商品		1	5	0	0	0	0	0	0	0											√
	应付账款/暂估应付账款												1	5	0	0	0	0	0	0	0	√
合计		¥	1	5	0	0	0	0	0	0	0	¥	1	5	0	0	0	0	0	0	0	

会计主管：××　　记账：××　　审核：××　　制单：××

收购农副产品的核算实例

【**例 4-2**】东方外贸公司从郊区农业生产者购入玉米30吨，每吨2 000元，增值税税率9%，运费1 000元。验收入库后，款项用银行存款支付。假设该公司为内销购进玉米，账务处理如下。见表4-10。

（1）确认购进商品的成本。

=30×2 000×（1−9%）+1 090÷（1+9%）=55 600（元）

表 4-10

货物运输业增值税专用发票　　No 00236015

发票联

××××　　开票日期：2020年01月20日

<table>
<tr><td colspan="3">承运人及纳税人识别号</td><td colspan="4">顺达运输公司</td><td rowspan="2">密码区</td><td colspan="2" rowspan="2">略</td></tr>
<tr><td colspan="3">实际受票方及纳税人识别号</td><td colspan="4">110101400321218</td></tr>
<tr><td colspan="3">收货人及纳税人识别号</td><td colspan="4">110101400321218</td><td colspan="2">发货人及纳税人识别号</td><td>××××</td></tr>
<tr><td colspan="4">起运地、经由、到达地</td><td colspan="6">顺义到方城区丽水大街35号</td></tr>
<tr><td>费用项目及金额</td><td colspan="6">费用项目　金额　费用项目　金额</td><td>运输货物信息</td><td colspan="2">玉米</td></tr>
<tr><td colspan="2">合计金额</td><td>1 090</td><td>税率</td><td>9%</td><td>税额</td><td>90</td><td colspan="2">机器编号</td><td></td></tr>
<tr><td colspan="2">价税合计（大写）</td><td colspan="8">⊗壹仟零玖拾元整　　小写¥1 090</td></tr>
<tr><td colspan="2">车种车号</td><td>××</td><td>车船吨位</td><td>××</td><td rowspan="2">备注</td><td colspan="4" rowspan="2"></td></tr>
<tr><td colspan="2">主管税务机关及代码</td><td colspan="3">××××</td></tr>
</table>

收款人：张平　　复核：李云　　开票人：王海　　承运人（章）

（2）确认增值税的进项税额。

=30×2 000×9%+1 000×9%=5 490（元）

借：材料采购——玉米　　55 600

　　应交税费——应交增值税（进项税额）　　5 490

　　贷：银行存款　　61 090

（3）验收入库时。

借：库存商品——库存出口商品——玉米　　　55 600

　　贷：材料采购——玉米　　　55 600

2. 特殊业务的账务处理

（1）购进商品发生溢余或短缺的账务处理。

外贸企业购进商品发生短缺或溢余，应分以下几种情况进行处理，如图 4-2所示。

1 → 若在运输过程中发生件数短少或商品损坏，应向承运部门索赔。借记“其他应收款”，贷记“待处理财产损溢”

2 → 如果属于供货单位的问题，则向供货单位索赔（溢余部分应退货或补付货款）

3 → 如果属于自然损耗，在定额范围之内的部分，直接作为“销售费用”，自然升溢作冲减“销售费用”处理。借记“销售费用”，贷记“待处理财产损溢”

4 → 如果购进商品发生的损失为非正常损失（即自然灾害损失、因管理不善造成货物被盗、发生霉烂变质等损失，则其进项税额不得从销项税额中抵扣，列入“应交税费——应交增值税（进项税额转出）”账户的贷方。借记“其他应收款”，贷记“待处理财产损溢”。若是由于自然灾害造成的非常损失，应借记“营业外支出”，贷记“待处理财产损溢”

5 → 企业购进材料发生短缺或溢余，如属运输途中的正常损耗和溢余，应计入商品的采购成本

图 4-2　购进商品发生溢余或短缺的账务处理

购入商品发生短缺的核算实例

【例 4-3】承上例，玉米验收入库，发现短缺 2 吨，原因待查。账务处理如下。

应确认库存商品短缺金额＝55 600÷30×2＝3 706.67（元）

应转出的增值税进项税额＝2 000×2×9％＝360（元）

待处理财产损溢金额＝3 706.67＋360＝4 066.67（元）

借：待处理财产损溢　　　4 066.67

　　贷：商品采购——玉米　　　3 706.67

　　　　应交税费——应交增值税（进项税额转出）　　　360

经查明，其中1.8吨系供货商造成的，另外0.2吨为自然损耗。账务处理如下。

应赔偿的损耗金额＝4 066.67÷2×1.8＝3 660（元）

应由本单位承担的损耗金额＝4 066.67÷2×0.2＝406.67（元）

借：其他应收款　　　　3 660

　　销售费用　　　　406.67

　　贷：待处理财产损溢　　　　4 066.67

购入商品发生溢余的核算实例

【例4-4】假定上例购进玉米为内销，货到验收入库时发生溢余2吨，原因待查，账务处理如下。

发生溢余的玉米金额＝55 600÷30×2＝3 706.67（元）

经查明，商品溢余属于自然升溢，账务处理如下。

借：待处理财产损溢　　　　3 706.67

　　贷：销售费用　　　　3 706.67

（2）购进商品退、补价处理。

①购进商品退价是指结算的货物进价高于实际进价，应由供货商将高于企业实际进价的差额退还给外贸企业。

购入商品退价的核算实例

【例4-5】大地进出口公司向第一日化厂购进洗发水2 000瓶，每瓶18元。货款已付，但后经查明，进价高于其他企业，遂与第一日化厂协商，每瓶17.60元，5日后收到第一日化厂开来的红字更正发票，退货和退款尚未收到，账务处理如下。

借：应收账款——第一日化厂　　　　904

　　贷：库存商品　　　　［（18－17.60）×2 000］800

　　　　应交税费——应交增值税（进项税额）　　　　104

②购进商品补价的账务处理。

购进商品补价指原来结算的货款低于实际进价，应由外贸企业将低于实际进价的差额补付给供货单位。

购入商品补价的核算实例

【例 4-6】大地进出口公司从第一日化厂购进沐浴液 1 800 瓶，每瓶 25 元，货款已付。但第一日化厂核查时发现，沐浴液每瓶应为 28 元，系销售部门开错发票，与大地进出口公司联系说明情况后，大地进出口公司同意补款，现收到第一日化厂更正发票，应补货款 5 400 元，增值税额 702 元，账务处理如下。见表 4-11。

表 4-11

××增值税专用发票

全国统一发票监制章 发票联 国家税务总局监制

×××× No：**01092774**

开票日期：2020 年 4 月 9 日

<table>
<tr><td>购货单位</td><td colspan="6">名　　称：大地进出口公司
纳税人识别号：110101400321230
地 址 、电 话：××丽水区北蜂窝路 14 号　68790001
开户行及账号：××工商银行北蜂窝路支行 0200001909234216779</td><td>密码区</td><td>略</td></tr>
<tr><td colspan="2">货物或应税劳务名称
材料</td><td>规格型号</td><td>单位
瓶</td><td>数量</td><td>单价</td><td>金额
￥5 400</td><td>税率（%）
13%</td><td>税额
￥702</td></tr>
<tr><td colspan="2">价税合计（大写）</td><td colspan="7">⊗陆仟壹佰零贰元整　　（小写）￥6 102</td></tr>
<tr><td>销货单位</td><td colspan="5">名　　称：第一日化厂
纳税人识别号：213789653412980
地 址 、电 话：× × 丰 台 区 芳 城 园 北 路 45 号 87651200
开户行及账号：中行芳城园分理处 066180360010776</td><td>备注</td><td colspan="2">第一日化厂 ★ 213789653412980 发票专用章</td></tr>
</table>

收款人：张枫　　复核：王玉　　开票人：葛兰　　销货单位：

借：库存商品——库存出口商品　　5 400

　　应交税费——应交增值税（进项税额）　　702

　贷：应付账款——第一日化厂　　6 102

（3）购进商品退回和调换的处理。

购入商品退回的核算实例

【例 4-7】大地进出口公司经供销单位同意退货 40 000 元，增值税5 200元，账务处理如下。

借：其他应收款　　45 200

　应交税费——应交增值税（进项税额）　　—5 200

　贷：库存商品——库存出口商品　　40 000

收到货款时，账务处理如下。

借：银行存款　　45 200

　贷：其他应收款　　45 200

购入商品调换的核算实例

【例 4-8】如果双方协商以换货方式解决，供货单位调换商品到货验收后，账务处理如下。

借：库存商品——出口商品　　40 000

　应交税费——应交增值税（进项税额）　　5 200

　贷：其他应收款　　45 200

4. 2. 5　自营出口商品的核算

外贸企业出口销售通常采用信用证结算，根据业务部门或银行转来的票据，进行账务处理。

1. 一般出口商品销售收入的账务处理

一般出口商品销售收入实例

【例 4-9】2020 年 1 月 15 日，大地进出口公司向美国 P 公司销售运动鞋 500 箱，每箱 30 双，每双成本为 120 元，共计 1 800 000 人民币元。该货物出运后，单证部已经持相关单据向银行议付，并将商业发票、提单副本交付财务部。发票金额为 328 000 美元，预计海运费 400 美元，当日汇率为 1 美元＝6.80 人民币元，账务处理如下。相关单据见表 4-12、表 4-13。其他票据略。

表 4-12

出口商业发票

COMMERCIAL INVOICE

<table>
<tr><td colspan="2" rowspan="2">ISSUER
DADI Import Export Co. ，LTD
NO. 1 BEIFENGWO ROAD，LISHUI DISTRICT，CHINA
TEL：××××× FAX：×××××</td><td>信用证号 L/C No.</td><td>LC84E0081/34</td></tr>
<tr><td>发票号码 INVOCE No</td><td>2×20×D0088</td></tr>
<tr><td colspan="2" rowspan="2">P Co. ，LTD
P. O. BOX××××，No. 18 wall street，New，York，The United State</td><td>日期 DATE</td><td>××××</td></tr>
<tr><td>合同号 CONTRACE NO.</td><td>××××</td></tr>
<tr><td>唛头及号码
Marks and Numbers</td><td>数量及品名规格
Quantities Description</td><td>单价 Unit Price</td><td>总价 Amount</td></tr>
<tr><td>MADE IN CHINA</td><td>LADIES
SPORT SHOES</td><td>USD 21.87</td><td>USD 328 000.00</td></tr>
<tr><td></td><td></td><td>FOB</td><td>USD 328 000.00</td></tr>
<tr><td></td><td>LESS</td><td>COMMISION</td><td>USD 0.00</td></tr>
<tr><td></td><td>PLUS</td><td>SAMPLE FEE</td><td>USD 0.00</td></tr>
<tr><td></td><td></td><td>TOTAL</td><td>USD 328 000.00</td></tr>
<tr><td></td><td colspan="3">TOTAL QUANTITY：</td></tr>
<tr><td></td><td colspan="3">TOTAL AMOUNT：US DOLLARS THREE HUNDRED AND TWENTY EIGHT THOUSAND ONLY.</td></tr>
</table>

表 4-13

世格物流有限公司

DESUN LOGISTICS CO., LTD.

国际货物托运书

SHIPPER' S LETTER OF INSTRUCTION

TO：×× 　　　　进仓编号：××

托运人	世格物流有限公司
发货人 SHIPPER	DADI Import&Export CO., LTD. 丽水区北蜂窝路 14 号　NO. 14，BEIFENGWO ROAD，LISHUI DISTRICT，P. R. CHINA
收货人 CONSIGNEE	P CO., LTD. 24703 FLINTGATE DR，PHILADEPHIA，THE UNITEE STATES
通知人 NOTIFY PARTY	P CO., LTD. 24703 FLINTGATE DR，PHILADEPHIA，UNITEE STATES

起运港	SHANGHAI	目的港	×××	运费	PREPAID

标记唛头 MARKS	箱 BOXES	中英文品名 DESCRIPTION OF GOODS	毛重（公斤） G. W（kg）	尺码（立方米） SIZE（m^3）
FASHION FORCE F01LCB05127 CTN NO. MONTREAL MADE IN CHINA	500	SPORT SHOES 运动鞋	19	21.583

1. 货单到达时间：1.27 报关	2. 航班：	运价：
电　话：×××× 传　真：×××× 联系人：张海 地　址：××市三环路 60 号世贸大厦 2401 室 托运人签字：周明	★如改配航空公司请提前通知我司 （公章略） 制单日期：2020 年 1 月 15 日	

借：应收账款——应收外汇账款（运动鞋）

（328 000×6.80）2 230 400

贷：主营业务收入——自营出口销售收入　　2 230 400

根据原始凭证，登记会计账簿，见表 4-14。

表 4-14

记 账 凭 证

2020 年 1 月 15 日　　　　字第××号

摘要	会计科目	美元金额										汇率	借方人民币金额										贷方人民币金额										记账
		千	百	十	万	千	百	十	元	角	分		千	百	十	万	千	百	十	元	角	分	千	百	十	万	千	百	十	元	角	分	
应收取外汇货款 32 800 美元	应收账款/P 公司货款			3	2	8	0	0	0	0	0	6.80		2	2	3	0	4	0	0	0	0											√
	主营业务收入——自营出口销售收入																							2	2	3	0	4	0	0	0	0	√
合计													¥	2	2	3	0	4	0	0	0	0	¥	2	2	3	0	4	0	0	0	0	

会计主管：××　　记账：××　　审核：××　　制单：××

借：主营业务成本——自营出口销售成本　　1 800 000

　　贷：库存商品——库存出口商品　　1 800 000

根据原始凭证，登记会计账簿，见表 4-15。

表 4-15

记 账 凭 证

2020 年 1 月 15 日　　　　字第××号

摘要	会计科目	借方人民币金额										贷方人民币金额										记账
		千	百	十	万	千	百	十	元	角	分	千	百	十	万	千	百	十	元	角	分	
结转 500 箱运动鞋的成本 1 800 000 元	主营业务成本/自营出口销售成本		1	8	0	0	0	0	0	0	0											√
	库存商品——库存出口商品												1	8	0	0	0	0	0	0	0	√
合计		¥	1	8	0	0	0	0	0	0	0	¥	1	8	0	0	0	0	0	0	0	

会计主管：××　　记账：××　　审核：××　　制单：××

预付海运费时。

借：主营业务收入——自营出口销售收入（400×6.80）2 720

　　贷：银行存款——美元户　　　　　　　　　　　　2 720

根据原始凭证，登记会计账簿，见表 4-16。

表 4-16

记账凭证

2020 年 1 月 15 日　　　　字第××号

摘要	会计科目	美元金额										汇率	借方人民币金额										贷方人民币金额										记账
		千	百	十	万	千	百	十	元	角	分		千	百	十	万	千	百	十	元	角	分	千	百	十	万	千	百	十	元	角	分	
预付海运费	主营业务收入/自营出口销售收入						4	0	0	0	0	6.80					2	7	2	0	0	0											√
	银行存款/美元户																										2	7	2	0	0	0	√
合计																¥	2	7	2	0	0	0				¥	2	7	2	0	0	0	

会计主管：××　　记账：××　　审核：××　　制单：××

需要注意的是：所有的外汇收支在备查账簿中做好登记，以便与结汇银行的台账记录相核对。

2. 支付国外保险费

支付国外保险费的核算实例

【例 4-10】承上例，在本次销售业务中，发生保险费用 340 美元，假设当日汇率 1 美元＝6.80 人民币元，则保险费＝340×6.80＝2 312（元）。外汇支款凭证见表 4-17。

根据原始凭证，登记会计账簿，见表 4-18。

借：主营业务收入——自营出口销售收入　　　　　　2 312

　　贷：银行存款——美元　　　　　　　　　　　　2 312

表 4-17

外汇支款凭证

签发日期：2020-1-27

<table>
<tr><td rowspan="3">付款单位</td><td>全　　称</td><td colspan="2">大地进出口公司</td><td rowspan="3">收款单位</td><td>全　　称</td><td colspan="10">佳和保险公司</td></tr>
<tr><td>账　　号</td><td colspan="2">07422568789</td><td>账　　号</td><td colspan="10">09087645643278634 5</td></tr>
<tr><td>开户银行</td><td colspan="2">工商银行北蜂窝路支行</td><td>开户银行</td><td colspan="10">中国银行天华分行</td></tr>
<tr><td colspan="4">支款货币及金额</td><td>千</td><td>百</td><td>十</td><td>万</td><td>千</td><td>百</td><td>十</td><td>元</td><td>角</td><td>分</td></tr>
<tr><td colspan="4">USD340</td><td></td><td></td><td></td><td></td><td>$</td><td>3</td><td>4</td><td>0</td><td>0</td><td>0</td></tr>
<tr><td rowspan="2">牌价</td><td rowspan="2">6.80</td><td colspan="2">购汇（或结汇）货币及金额</td><td></td><td></td><td></td><td></td><td></td><td></td><td></td><td></td><td></td><td></td></tr>
<tr><td colspan="2"></td><td></td><td></td><td></td><td></td><td></td><td></td><td></td><td></td><td></td><td></td></tr>
<tr><td>附言</td><td colspan="7">保险费</td><td colspan="8">借方科目
贷方科目</td></tr>
<tr><td colspan="16">银行信息</td></tr>
</table>

审核印鉴：××　　复核：××　　经办：××　　（单位预留印鉴）

根据原始凭证，登记会计账簿，见表 4-18。

表 4-18

记 账 凭 证

2020 年 1 月 27 日　　字第××号

摘要	会计科目	美元金额										汇率	借方人民币金额										贷方人民币金额										记账
		千	百	十	万	千	百	十	元	角	分		千	百	十	万	千	百	十	元	角	分	千	百	十	万	千	百	十	元	角	分	
预付保险费	主营业务收入/自营出口销售收入						3	4	0	0	0	6.80					2	3	1	2	0	0											√
	银行存款/美元户																										2	3	1	2	0	0	√
合计																¥	2	3	1	2	0	0				¥	2	3	1	2	0	0	

会计主管：××　　记账：××　　审核：××　　制单：××

3. 应付佣金

佣金分为明佣、暗佣和累计佣金三种。

(1) 明佣，是指在买卖合同、信用证或发票等相关单证上列示的金额。在单证中，佣金通常标注在贸易术语后面，如“CIF C5%”。这个“C”就是Comission，即佣金。

(2) 暗佣。暗佣的金额则是对真正买主保密，由卖方（出口商）暗中支付给中间商的费用，它的数额一般不在发票等相关单据上显示。等到卖方货款收妥之后，另行支付给中间商。

暗佣的支付方式有两种：议付佣金、汇付佣金。①议付佣金是指在出口货物结汇时，由银行从货款总额中扣留佣金并付给国外中间商（该方式下，出口企业收到的结汇款为扣除佣金后的货款净额）。②汇付佣金是指出口结汇时，按货款总额收汇，结汇后另行到银行购买外汇，汇付给国外中间商的佣金支付方式。只有当汇付佣金实际上减少了来自购买方的经济利益流入时，才能冲减收入。也就是如果该佣金是支付给与本公司（销售方）无购销合同关系的中间人，则只能作为销售费用而不能冲减销售收入。

根据税法规定，佣金需要代扣代缴个人所得税。

(3) 累计佣金，是由出口企业国外包销、代理客户签订协议，在一定期间内，按累计数额支付的佣金。由于不能认定到具体出口货物，可直接记入“销售费用”科目。计算公式如下。

含佣价＝净价÷（1－佣金率）

支付明佣的核算实例

【例 4-11】按照【例 4-9】给定的资料，假设上述出口交易中存在4%的明佣，即328 000×6.80×4%＝89 216（元），明佣是记入“主营业务收入”的贷方，用红字记录。

借：应收账款——应收外汇款——佣金　　　　89 216

　　贷：主营业务收入——自营出口销售收入　　　　89 216

根据原始凭证，登记会计账簿，见表 4-19。

表 4-19

记 账 凭 证

2020 年 1 月 27 日　　　　字第××号

摘要	会计科目	美元金额										汇率	借方人民币金额										贷方人民币金额										记账
		千	百	十	万	千	百	十	元	角	分		千	百	十	万	千	百	十	元	角	分	千	百	十	万	千	百	十	元	角	分	
支付佣金，冲减收入 89 216 元	应收账款/应收外汇账款/佣金				1	3	1	2	0	0	0	6.80				8	9	2	1	6	0	0											√
	主营业务收入/自营出口销售收入																									8	9	2	1	6	0	0	√
合计															¥	8	9	2	1	6	0	0			¥	8	9	2	1	6	0	0	

会计主管：××　　记账：××　　审核：××　　制单：××

公司向银行议付信用证时，由银行按规定佣金率在结汇时代扣后，另行支付给境外中间商。当日银行汇率为 1 美元＝6.78 人民币元。

应付佣金＝328 000×6.78×4%＝88 953.60（元）

汇兑差额＝328 000×（6.80－6.78）＝6 560（元）

根据原始凭证，登记会计账簿，见表 4-20。

借：银行存款　　2 134 886.40

　　财务费用——汇兑差额　　6 560

　　应付账款——应付外汇账款——佣金　　88 953.60

　　贷：应收账款——应收外汇账款（328 000×6.80）2 230 400

根据原始凭证，登记会计账簿，见表 4-20。

表 4-20

记账凭证

2020 年 1 月 27 日　　　　字第××号

摘要	会计科目	美元金额										汇率	借方人民币金额										贷方人民币金额										记账
		千	百	十	万	千	百	十	元	角	分		千	百	十	万	千	百	十	元	角	分	千	百	十	万	千	百	十	元	角	分	
收取货款 2 230 400 元	银行存款													2	1	3	4	8	8	6	4	0											√
	财务费用/汇兑差额																6	5	6	0	0	0											√
	应付账款/应付外汇账款/佣金															8	8	9	5	3	6	0											√
	应收账款/应收外汇账款			3	2	8	0	0	0	0	0	6.80												2	2	3	0	4	0	0	0	0	√
合计													¥	2	2	3	0	4	0	0	0	0	¥	2	2	3	0	4	0	0	0	0	

会计主管：××　　记账：××　　审核：××　　制单：××

小贴士

明佣是在合同价格条件中规定，并在出口发票中列明的佣金。明佣由国外客户在支付出口货物时直接扣除，因而出口企业不需另付。但在出口销售收入的核算中，应单独反映，在反映销售收入的同时，将明佣作冲减销售收入处理。

支付暗佣的核算实例

【例 4-12】假设【例 4-10】业务为暗佣，财务部门收到业务部门转来的对外付佣通知单时，账务处理如下。

借：销售费用（佣金）　　89 216

　　贷：其他应付款　　89 216

支付佣金时，出口企业收妥全部货款后，再将佣金另行汇付境外。当日汇率为 1 美元＝6.78 人民币元。

借：其他应付款——应付外汇账款（佣金）　　88 953.60

　　贷：银行存款　　88 953.60

小贴士

累计佣金的账务处理

a. 能具体认定到某笔出口销售收入的，则冲减销售收入，账务处理如下。

借：主营业务收入——自营出口销售收入

　　贷：应付账款——应付外汇账款——国外中间商佣金

b. 无法认定到具体某笔出口销售额的，则列作销售费用，账务处理如下。

借：销售费用

　　贷：应付账款——应付外汇账款——国外中间商佣金

4. 预估境外费用

为了符合权责发生制原则，正确核算出口当期的损益。在每季结算或年终决算时，对已在财务上做了出口销售处理，但是该销售收入相对应的尚未支付的境外运输费、保险费、应付的佣金等，分别预估入账。

借：主营业务收入——自营出口销售收入

　　贷：应付账款——应付外汇账款——预估境外运输费

　　　　　　　　——应付外汇账款——预估境外保险费

4.2.6 自营出口特殊事项的核算

在自营出口销售过程中，常常发生一些特殊事项，如出口退回、预收账款、L/C 议付、票据贴现、背书转让、坏账准备、索赔、理赔等。

1. 出口退回商品的账务处理

商品出口销售后，遭遇退货，根据退货的原因及经与国外客户协商同意后，进行账务处理。

出口商品退回的核算实例

【例 4-13】假设东方外贸出口公司出口的商品因故发生退关未能出口，根据进仓单，见表 4-33。这批商品销售价格为 6 000 美元，明佣为商品总价的 2%，当日汇率为 1 美元＝6.90 人民币元。财务部门根据退货通知单，登记会计账簿，见表 4-21。

表 4-21

东方外贸出口公司进仓单

2020 年 1 月 24 日　　　　单位：元

序号	型号	产品名称	单价	单位	数量	金额
1	XN12	芬芳洗发水	25	瓶	1 400	35 000

主管领导　　　　采购员　　　　仓管员

借：主营业务收入——自营出口销售收入——芬芳洗发水

(6 000×6.90) 41 400

——自营出口销售收入——芬芳洗发水

(6 000×2%×6.90) 828（红字）

贷：应收账款——应收外汇账款　　　　40 572

根据原始凭证，登记会计账簿，见表 4-22。

表 4-22

记 账 凭 证

2020 年 1 月 24 日　　　　字第××号

摘要	会计科目		美元金额										汇率	借方人民币金额										贷方人民币金额										记账
			千	百	十	万	千	百	十	元	角	分		千	百	十	万	千	百	十	元	角	分	千	百	十	万	千	百	十	元	角	分	
售出商品退回 40 572 元	主营业务收入	自营出口销售收入/芬芳洗发水					6	0	0	0	0	0	6.90				4	1	4	0	0	0	0											√
	主营业务收入	自营出口销售收入/芬芳洗发水																	8	2	8	0	0											√
	应收账款	应收外汇款																									4	0	5	7	2	0	0	√
合计																¥	4	0	5	7	2	0	0			¥	4	0	5	7	2	0	0	

会计主管：××　　记账：××　　审核：××　　制单：××

同时，冲销原结转的销售成本。登记会计凭证，见表 4-23。

借：库存商品——芬芳洗发水　　　　35 000

贷：主营业务成本——自营出口销售成本——芬芳洗发水 35 000

根据原始凭证，登记会计账簿，见表 4-23。

表 4-23

记账凭证

2020 年 1 月 24 日　　字第 013 号

摘要	会计科目	借方金额										贷方金额										记账
		千	百	十	万	千	百	十	元	角	分	千	百	十	万	千	百	十	元	角	分	
冲销 1 400 瓶芬达洗发水成本 35 000 元	库存商品/芬芳洗发水				3	5	0	0	0	0	0											√
	主营业务成本/自营出口销售成本/芬芳洗发水														3	5	0	0	0	0	0	√
合计				¥	3	5	0	0	0	0	0			¥	3	5	0	0	0	0	0	

会计主管：××　　记账：××　　审核：××　　制单：××

2. 因退货造成的运输、保险费用的处理

因退货造成的运输、保险费，根据双方的责任商定处理意见，分别进行处理。

退货时运输、保险费用的核算实例

【例 4-14】承【例 4-13】①由我方承担责任的出口退回，出口发生的国内费用及国外运输、保险费，连同退货发生的一切运输、保险费及其他因退货发生的一切支出，共计 3 200 元，转入“待处理财产损溢”科目。

借：待处理财产损溢　　3 200

　　贷：主营业务收入——自营出口销售收入——芬芳洗发水　3 200

②支付退回各项费用时。

借：待处理财产损溢　　3 200

　　贷：银行存款　　3 200

③经批准后，上述损失转入营业外支出。

借：营业外支出　　3 200

　　贷：待处理财产损溢　　3 200

3. L/C 议付方式的账务处理

L/C 议付又称出口押汇，是指由被授权议付的银行对汇票（单据）付出对价。如果只审查单据而不支付对价并不构成议付。

L/C 议付的核算实例

【例 4-15】 东方外贸出口公司出口收取汇票金额 45 000 美元，议付行按 6.5% 的年利率收取 10 天的利息，当日汇率为 1 美元＝6.80 人民币元。计算利息、议付款项，账务处理如下。

（1）10 天的利息＝45 000×（6.5%÷360）×10＝81.25（美元）

（2）议付款项＝45 000－81.25＝44 918.75（美元）

借：银行存款——美元户　　（44 918.75×6.80）305 447.50

　　财务费用——利息支出　　　　（81.25×6.80）552.50

　　贷：主营业务收入——出口销售收入　　　　　306 000

根据原始凭证，登记会计账簿，见表 4-24。

表 4-24

记账凭证

2020 年 1 月 6 日　　　　字第××号

摘要	会计科目	明细科目	美元金额										汇率	借方人民币金额										贷方人民币金额										记账
			千	百	十	万	千	百	十	元	角	分		千	百	十	万	千	百	十	元	角	分	千	百	十	万	千	百	十	元	角	分	
售出商品议付价格306 000元	银行存款	美元户				4	4	9	1	8	7	5	6.80			3	0	5	4	4	7	5	0											√
	财务费用	利息支出							8	1	2	5	6.80						5	5	2	5	0											√
	主营业务收入	出口销售收入																								3	0	6	0	0	0	0	0	√
合计															¥	3	0	6	0	0	0	0	0		¥	3	0	6	0	0	0	0	0	

会计主管：××　　记账：××　　审核：××　　制单：××

4. 票据贴现的账务处理

出口企业结算方式采用承兑交单（D/A）方式时，由出口商在发运货物后按发票金额开具汇票，连同货运单委托当地外汇银行通过进口地的联行或代理行向进口商收取货款。跟单托收结算方式中，付款交单（D/P）和 D/A 在账务处理上相同。

票据贴现的核算实例

【例 4-16】大地进出口公司出口服装，以托收 D/A 45 天结算。假设对方 45 天付款 38 000 美元，大地进出口公司持承兑汇票向银行办理贴现，银行扣收 45 天的利息，年利率 8%，余额支付大地进出口公司。当日汇率为 1 美元=6.80人民币元，见表 4-25。

（1）贴现利息=票面金额×贴现率×贴现期

=38 000×（8%÷360）×45=380（美元）

（2）贴现值=38 000－380=37 620（美元）

表 4-25

贴现凭证（代申请书）

申请日期：　　2020 年 3 月 1 日　　第×××号

贴现汇票				持票人	
种　类	银承	号码		全　称	大地进出口公司
出票日	2020 年 1 月 15 日			账　号	0200001909234216779
到期日	2020 年 3 月 1 日			开户银行	工商银行北蜂窝路支行
汇票承兑人名称				开户银行	

汇款金额	千	百	十	万	千	百	十	元	角	分
人民币（大写）⊗贰拾伍万捌仟肆佰圆整		¥	2	5	8	4	0	0	0	0

贴现率	8%

贴现利息	千	百	十	万	千	百	十	元	角	分
				¥	2	5	8	4	0	0

实付贴现金额	千	百	十	万	千	百	十	元	角	分
		¥	2	5	5	8	1	6	0	0

附送承兑汇票申请贴现，请审核	银行审批	科目（借）＿＿＿＿
大地进出口公司财务专用章	工商银行北蜂窝路支行 合同专用章	对方科目（贷）＿＿＿＿
持票人签章　张之行印	负责人　信贷员	复核　张宁　记账　许璐

借：银行存款——美元户　　　　　　（37 620×6.80）255 816

　　财务费用——利息支出　　　　　　　　（380×6.80）2 584

　　贷：应收票据　　　　　　　　　　　　　　　　258 400

根据原始凭证，登记会计账簿，见表 4-26。

表 4-26

<u>记 账 凭 证</u>

2020 年 3 月 1 日　　　　　　　　　　字第××号

摘要	会计科目	明细科目	美元金额										汇率	借方人民币金额										贷方人民币金额										记账
			千	百	十	万	千	百	十	元	角	分		千	百	十	万	千	百	十	元	角	分	千	百	十	万	千	百	十	元	角	分	
	银行存款	美元户				3	7	6	2	0	0	0	6.80			2	5	5	8	1	6	0	0											√
收到货款票据258 400元	财务费用	利息支出						3	8	0	0	0	6.80					2	5	8	4	0	0											√
	应收票据																									2	5	8	4	0	0	0	0	√
合计															¥	2	5	8	4	0	0	0	0		¥	2	5	8	4	0	0	0	0	

会计主管：××　　　　记账：××　　　　审核：××　　　　制单：××

5. 出口索赔的账务处理

出口索赔是指外贸企业在商品交易过程中因对方违反合同规定遭受损失时，根据约定向对方提出的经济赔偿。借记“应收账款”科目，贷记“营业外收入”科目。

出口索赔的核算实例

【例 4-17】进出口公司在对外出口贸易中，因外商未能履行提出赔偿要求，最后确认的赔偿金额为 4 800 美元。当日市场汇率为 1 美元＝6.80 人民币元，账务处理如下。

（1）确认索赔时。

借：应收账款——出口索赔　　　　　　（4 800×6.80）32 640

　　贷：营业外收入——出口索赔　　　　　　　　　　32 640

（2）收到索赔款时，当日汇率为 1 美元＝6.79 人民币元。

借：银行存款——美元　　　　　　　　（4 800×6.79）32 592

　　财务费用——汇兑损益　　　　　　　　　　　　48

　　贷：应收账款——出口索赔款　　　　　　　　　32 640

6. 出口理赔的账务处理

出口理赔是指外贸企业在商品交易过程中，因违反合同规定使对方遭受损失，给予对方的赔偿。区分不同的情况，账务处理如图 4-3 所示。

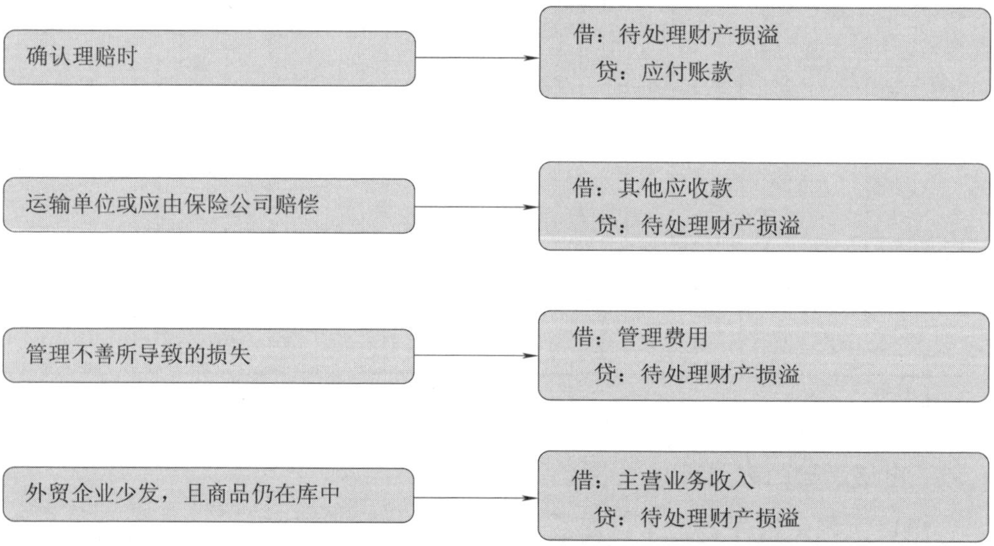

图 4-3　出口理赔的账务处理

出口商品理赔的核算实例

【例 4-18】假设东方外贸出口公司因发出商品存在问题，外商提出索赔，经协商确定赔偿金额 5 000 美元，当日市场汇率为 1 美元＝7.00 人民币元。

（1）确认理赔时。

借：待处理财产损溢——待处理流动资产损溢

（5 000×7.00）35 000

贷：应付账款——出口理赔　　35 000

（2）经查，运输部门在运输途中不慎损坏商品，共计 1 200 美元，外贸企业自身管理不善，造成商品损失 800 美元，发货过程中少发商品，共计 3 000美元，现商品仍在仓库。

借：其他应收款——运输部门　　（1 200×7.00）8 400

管理费用　　（800×7.00）5 600

主营业务收入——自营出口销售收入

（3 000×7.00）21 000

贷：待处理财产损溢——待处理流动资产损溢　　35 000

（3）结转成本时，假设对应的商品成本金额为 26 800 元。

借：库存商品——××商品　　26 800

贷：主营业务成本——自营出口销售成本　　26 800

（4）收到运输公司的赔偿款时（当日汇率为 1 美元＝7.05 人民币元）。

借：银行存款　　（1 200×7.05）8 460

贷：其他应收款——运输公司　　8 400

财务费用——汇兑损益　　60

（5）支付外商理赔款时（当日汇率为 1 美元＝7.05 人民币元）

借：应付账款——出口理赔　　（5 000×7.00）35 000

财务费用——汇兑损益　　250

贷：银行存款——美元　　（5 000×7.05）35 250

4.3　代理出口业务的核算

代理出口业务是指具有进出口经营权的企业接受没有自营进出口权的工厂、外贸公司等的委托，代办对外销售及交单结汇或同时代办发运、制单等业务的统称。

4.3.1　代理出口业务的特点

代理出口业务具有的特点见表 4-27。

表 4-27　　代理出口业务的特点

1	受托、委托方应事先签订代理出口协议，明确规定经营商品、代理范围、商品交接、储存运输、费用负担、手续费率、外汇划拨、索赔处理、货款结算以及双方有关职责等
2	受托企业经办代理出口业务，不垫付商品资金，不负担基本费用，不承担出口销售盈亏，仅收取手续费
3	受托企业按出口销货发票的金额及规定的手续费率，向委托方收取手续费，作为经办代理出口业务的管理费用开支和收益
4	代理出口商品的出口退税归委托方，一般由受托企业负责去所在地的税务局开立代理出口退税证明，由委托方持证明和出口报关单以及代理出口协议副本等文件向当地税务部门办理退税

4.3.2　代理出口业务流程

代理公司出口业务流程见表 4-28。

表 4-28　　代理公司出口业务流程

流　　程	具体要求
代理公司与外贸公司协商，签订协议	①双方协商代理价格。一般来说，市场上外贸代理的价格可以分为两种：一种是买断；另一种是以代理费形式收取。 ②约定外贸公司向工厂支付货款时间及付款方式
与国外客户确认订单	代理协议签订后，代理公司可以用被代理公司的名称与国外的客户商定订单，被代理公司提供汇款方式等
国外客户汇款或者开立信用证到代理公司	代理公司与国外客户确认好订单之后，关于付款一般方式如下： ①国外客户如果直接汇款到外贸公司账号或者开具 L/C 到外贸公司，代理公司提供相应的单据给外贸公司以便查询。 ②如果采用汇款方式，需要提供汇款水单；如果是 L/C，则需要提供信用证金额、开证行等以便快速确认 L/C 是否到外贸公司

续上表

流　　程	具体要求
国外客户汇款到账，LC 到达通知	外贸公司确认外汇到账后，应通知代理公司，传真或者扫描相应的到账水单和 L/C 复印件请代理公司确认
与供应商签订合同，下单生产	代理公司将以外贸公司抬头名义和出货工厂签订内销合同，外贸公司在审核以后盖合同章以便代理公司尽快备货
给工厂预付定金	代理公司必须提供工厂完整的账号和名称，并发书面正式的通知或者 E-MAIL 给外贸公司，以便外贸公司付款。外贸公司付款后有义务提供清晰的付款凭证给代理公司以便其确认
订仓报关出口	代理公司必须将完整的报关货物的品名、数量、体积、重量、价格、HS 编码、出运港口、目的港等以书面形式或者 E-MAIL 形式提供给外贸公司，外贸公司将按照这些数据为代理公司制作报关单证并邮寄物。订仓公司可以由代理公司自己指定或者由外贸公司指定
提单确认以及单据制作	代理公司可以自己确认提单或者委托外贸公司确认，如果外贸公司代替代理公司确认提单，那代理公司必须提供全套正确的数据。一般议付单据也是可以由外贸公司制作，或者委托代理公司自己制作
通知工厂开票	清关后，代理公司按照报关预录单的要求，制作开票通知，由代理公司给工厂开具正确的增值税发票。如果代理公司指定货运代理公司，则代理公司有义务配合外贸公司拿到预录单
收汇完成以后清算	外贸公司按照工厂开票金额，支付货款，并和代理公司结算利润
结算	经过双方确认利润以后，由外贸公司支付给代理公司的指定账号。支付时间双方约定即可

4.3.3　代理出口账户设置

“受托代销商品”是资产类账户，用以核算企业接受其他单位委托代理出口的商品和代销的商品。企业收到其他单位代理出口商品或代销商品时，记入借方；代理出口商品发运后或代销商品销售后，结转其成本时，记入贷方，余额在借方，表示委托代理出口商品和代销商品的结存额。

“代销商品款”是负债类账户，用以核算企业接受代理出口商品和代销商品的货款。企业收到代理出口商品或代销商品时，记入贷方；代理出口商品或代销商品销售时，记入借方，余额在贷方，表示尚未销售的代理出口商品和代销商品的数额。

4.3.4 代理出口商品的核算方法

受托出口企业向委托企业清算销售货款的方式，有当地结汇法和异地结汇法两种。

1. 当地结汇法

当地结汇法货款是指银行在收到代理出口销售外汇时按全额转入受托企业存款账户的一种结算方式。采取这种方式，受托企业收汇后，扣除垫付的国内外直接费用和应收取的代理手续费，将外汇余额通过银行转付委托单位。账务处理见表 4-29。

表 4-29 当地结汇法的账务处理

业务情景	账务处理
收到银行转来的收汇通知时	借：银行存款——外币存款（总金额×买入汇率） 财务费用——汇兑差额 贷：应收账款（总金额×当日即期汇率）
扣除垫付的基本费用和应收取的代理手续费后，差额汇付委托方，根据汇款回单	借：应付账款——××公司（按账面余额） 贷：银行存款

2. 异地结汇法

异地结汇法是指受托企业在办理代理出口销售交单结汇时，由银行在收到外汇时扣除应付佣金、国内外直接费用和代理手续费后，将外汇余额原币划拨委托单位，由委托单位到所在银行办理结汇的一种结算方法。账务处理见表 4-30。

表 4-30 异地结汇法的账务处理

业务情景	账务处理
收到银行转来的结汇收账通知和分割结汇通知，划拨委托方收汇余额	借：银行存款 财务费用——汇兑差额 应付账款——××公司 贷：应收账款——外汇账款

异地结汇法的核算实例

【例 4-19】大地进出口公司代理山西钦锐公司销售女式外套业务，采取异地结汇法，代理业务的手续费率为 2%。

(1) 1 月 10 日，收到银行转来分割结汇的收账通知，金额为 2 450 美元。其中：代垫国外装船费 1 000 美元；运费 800 美元，保险费 650 美元。代理手续费 1 000 美元，款项全部存入外币存款户。当日美元汇率的中间价为 6.80 元，见表 4-31。

表 4-31

中国工商银行　　DEBIT ADVICE
借记通知

DATE（日期）：
2020-1-10

TO：DADI Import&Export CO.，LTD.

L/C NO.（信用证号）：02221ML20157896　DRAFT AMT.（单据金额）：. USD2 450.00

ABNO.（银行流水号）：××××　CONTRACT NO.（合同号）：××××

WITH REFERENCE TO THE CAPTIONED ITEMS. PLEASE BE ADVISED THAT WE HAVE TODAY DEBITED YOUR ACCOUNT NO. 07422568789 WITH THE FOLLOWING AMOUNT PAYMENT UNDER THE L/C ABOVE MENTIONED.

我行已于今日将上述业务之下列金额借记你公司 07422568789 账户。

DEDUCT AMT.：

付款金额 USD 2 450.00

BUYING RATE：6.78 SELLING RATE：6.82 REALING RATE：6.80

INDUSTRIAL AND COMMERCIAL BANK OF CHINA，BEIFENGWO ROAD BRANCH

工商银行北蜂窝路支行

（印章：工商银行北蜂窝路支行 2020-01-10 转讫）

借：银行存款——美元　　(2 450×6.80) 16 660

　　贷：应收账款——应收外汇账款　　16 660

根据原始凭证，登记会计账簿，见表 4-32。

表 4-32

记 账 凭 证

2020 年 1 月 10 日　　　　　　字第××号

摘要	会计科目		美元金额										汇率	借方人民币金额										贷方人民币金额										记账
			千	百	十	万	千	百	十	元	角	分		千	百	十	万	千	百	十	元	角	分	千	百	十	万	千	百	十	元	角	分	
收到代垫运杂费	银行存款	美元户					2	4	5	0	0	0	6.80				1	6	6	6	0	0	0											√
	应收账款	应收外汇账款																									1	6	6	6	0	0	0	√
合计																¥	1	6	6	6	0	0	0			¥	1	6	6	6	0	0	0	

会计主管：××　　　　记账：××　　　　审核：××　　　　制单：××

（2）1 月 10 日，同时根据代理业务收取代理手续费的发票（记账联），金额为 1 000 美元。

借：应收账款——钦锐公司　　　　（1 000×6.80）6 800

　　贷：其他业务收入　　　　　　　　　　　　6 800

根据原始凭证，登记会计账簿，见表 4-33。

表 4-33

记 账 凭 证

2020 年 1 月 10 日　　　　　　字第××号

摘要	会计科目		美元金额										汇率	借方人民币金额										贷方人民币金额										记账
			千	百	十	万	千	百	十	元	角	分		千	百	十	万	千	百	十	元	角	分	千	百	十	万	千	百	十	元	角	分	
收取代理手续费 6 800 元	应收账款	钦锐公司					1	0	0	0	0	0	6.80					6	8	0	0	0	0											√
	其他业务收入																											6	8	0	0	0	0	√
合计																	¥	6	8	0	0	0	0				¥	6	8	0	0	0	0	

会计主管：××　　　　记账：××　　　　审核：××　　　　制单：××

（3）1 月 10 日，同时根据银行转来分割结汇通知，划拨山西钦锐公司收汇余额 54 780 美元。见表 4-34。

借：应付账款——钦锐公司　　　　　　　　　372 504

　　贷：应收账款——应收外汇账款　　（54 780×6.80）372 504

表 4-34

中国工商银行

CREDIT ADVICE
贷记通知

OUT REF.：TTR0898788　　　　　　　　DATE（日期）：

TO：DADI Import&Export CO.，LTD　　　　　　2020-1-10

我行已于即日将你公司之下述汇入款项贷记你公司 07422568789 账户。

AMT.：USD54780.00　　RATE：6.80　　NET AMT.：RMB 372 504

收款人：DADI Import&Export CO.，LTD.　汇入行：Industrial and Commercial Bank of China，BeiFengWo Road Branch

汇款编号：097579966　汇款日期：2020-1-10 汇入金额：USD54 780.00

REMITTER：

汇款人：

MESSAGE：

附言

国家外汇管理局丽水分区　业务(5)　出口已核销

TRANSMIT FEE：RMB0.00

CABLE/POST DHGS：RMB0.00　　NOTICE CHGS：RMB0.00

工商银行北蜂窝路支行　2020-01-10　转讫

申报单号：26962935632　　核销单号

Industrial and Commercial Bank of China，BEIFENGWO ROAD BRANCH

工商银行北蜂窝路支行

出口收汇核销专用联号

根据原始凭证，登记会计账簿，见表 4-35。

表 4-35

记 账 凭 证

2020 年 1 月 10 日　　　　字第××号

摘要	会计科目	明细科目	美元金额										汇率	借方人民币金额										贷方人民币金额										记账
			千	百	十	万	千	百	十	元	角	分		千	百	十	万	千	百	十	元	角	分	千	百	十	万	千	百	十	元	角	分	
收取钦锐公司余款 54 780 美元	应付账款	钦锐公司				5	4	7	8	0	0	0	6.80			3	7	2	5	0	4	0	0											√
	应收账款	应收外汇账款																								3	7	2	5	0	4	0	0	√
合计															¥	3	7	2	5	0	4	0	0		¥	3	7	2	5	0	4	0	0	

会计主管：××　　记账：××　　审核：××　　制单：××

4.3.5 代理出口商品的核算

代理出口商品交单办理收汇手续，取得银行回单时就意味着销售已经确认，然而这是委托单位的销售收入，因此通过“应付账款”账户核算。届时根据代理出口商品的销售金额，借记“应收账款”科目；贷记“应付账款”科目；同时结转代理出口商品的销售成本，根据代理出口商品的出库金额，借记“代销商品款”科目；贷记“发出商品”科目。

1. 视同买断方式

受托方将代销商品加价出售，与委托方按协议价结算，不再另外收取手续费。视同买断方式对受托方来说，账务处理与自营出口相同。账务处理见表 4-36。

表 4-36　　视同买断的账务处理

业　务	账务处理
收到代销商品时	借：受托代销商品——代理出口 　贷：受托代销商品款
实际销售时	借：银行存款 　贷：主营业务收入 借：主营业务成本 　贷：受托代销商品 借：受托代销商品款 　贷：应付账款——委托企业
按合同协议价将款项付给委托企业时	借：应付账款——委托企业 　贷：银行存款

视同买断方式的核算实例

【例 4-20】 2020 年 4 月，大地进出口公司与钦锐公司签订商品买断合同，购进商品用于出口。

（1）2020年4月4日，购入甲商品，验单付款时，见表4-37。

表4-37

××省增值税专用发票

××××　　发　票　联　　No：×××××

开票日期：2020年4月9日

购货单位	名　　　称：大地进出口公司 纳税人识别号：110101400321230 地 址 、电 话：××丽水区北蜂窝路14号　68790001 开户行及账号：工商银行北蜂窝路支行 0200001909234216779					密码区	略
货物或应税劳务名称	规格型号	单位	数量	单价	金额	税率（%）	税额
甲商品		吨	500	4 200	¥2 100 000	13%	¥273 000
价税合计（大写）	⊗贰佰叁拾柒万叁仟元整						（小写）¥2 373 000
销货单位	名　　　称：钦锐公司 纳税人识别号：450134134971563 地 址 、电 话：××市晋源区化工路22号 0351-7069733 开户行及账号：中行化工路分理处 066180360010776					备注	钦锐公司 450134134971563 发票专用章

收款人：肖娜　　复核：张雪　　开票人：粟妙　　销货单位：（章）

①应确认商品成本＝500×4 200＝2 100 000（元）

②增值税进项税额＝2 100 000×13%＝273 000（元）

借：材料采购　　2 100 000

　　应交税费——应交增值税（进项税额）　　273 000

　　贷：银行存款　　2 373 000

（2）甲商品验收入库时，见表4-38。

表 4-38

商品入库单

供应单位：钦锐公司

发票号码：01092781　　　　2020 年 4 月 4 日　　　　第 001 号

月	日	商品名称	规格型号	数　量	单　位	单　价	金　额	备注
4	4	甲商品		500	吨	4 200	2 100 000	

借：库存商品——库存出口商品——甲商品　　　　2 100 000

　　贷：材料采购——出口商品采购　　　　2 100 000

(3) 根据出口贸易合同向日本 A 公司出口甲商品一批，采用信用证结算。根据具体业务，账务处理如下。

借：发出商品——甲商品　　　　2 100 000

　　贷：库存商品——库存出口商品（甲商品）　　　　2 100 000

(4) 1 月 8 日，收到业务部门转来已向银行交单的出口发票副本，与出库单核对完全相符后，按 CIF 计价，共计 400 000 美元，扣除 4%的佣金 16 000美元，销售净额为 384 000 美元，按企业规定的记账汇率为 6.80 元，折合为人民币记账。

①确认收入及佣金。

借：应收账款——A 公司　　　　(384 000×6.80) 2 611 200

　　主营业务收入——甲商品（佣金）

　　　　(16 000×6.80) 108 800

　　贷：主营业务收入——自营出口销售收入（甲商品）

　　　　2 720 000

②同时结转销售成本。

借：主营业务成本——自营出口销售成本——甲商品　2 100 000
　　贷：发出商品——甲商品　2 100 000

(5) 1月18日，收到银行收款通知，上述销货款已收汇，银行扣除200美元的手续费，余款存入公司的外汇存款账户，根据银行水单，当日银行买入价1美元=6.82人民币元。

借：银行存款——美元　(384 000×6.82) 2 618 880
　　财务费用——手续费　(200×6.82) 1 364
　　贷：应收账款——应收外汇账款（A公司）
　　　　(384 000×6.80) 2 611 200
　　　　财务费用——汇兑损益　9 044

2. 收取手续费方式

委托方按照受托方的要求销售商品，受托方只收取代销手续费，并且该代销手续费与商品销售量、销售额无必然联系。账务处理见表4-39。

表4-39　收取手续费方式账务处理

业务情形	账务处理
收到商品时	借：受托代销商品 　　贷：受托代销商品款
销售商品时	借：银行存款 　　贷：应付账款——××企业
货款交付对方并收取手续费时	借：受托代销商品款 　　贷：受托代销商品 借：应付账款 　　贷：银行存款 　　　　其他业务收入——手续费

收取手续费的核算实例

【例4-21】大地进出口公司受理钦锐公司的委托，代理服装出口业务，合同金额为56 000美元（CIF），代理手续费率为3%。

(1) 1月2日，收到委托单位交来的代理出口服装，储运部门转来代理业务入库单，列明入库女式外套1 000套，单价为280元。按合同规定金额扣除手续费按银行当日买入价入账，账务处理如下。

借：受托代销商品——钦锐公司　　280 000

　　贷：受托代销商品款——钦锐公司　　280 000

(2) 1月15日，代办出口交单收汇。受托方在代理商品装运出口后，在信用证规定日期内，将全套出口单证按合同规定结算方式向银行办理交单时，当日汇率为1美元=6.80人民币元。

借：应收账款——应收外汇账款　　(56 000×6.80) 380 800

　　贷：应付账款——代理出口销售收入——钦锐公司　　380 800

借：受托代销商品款——受托代销商品　　280 000

　　贷：受托代销商品——钦锐公司　　280 000

(3) 代付境外费用。假定境外运输费1 000美元、保险费1 680美元、佣金800元，当日汇率1美元=6.80人民币元。

借：应付账款——运输费　　(1 000×6.80) 6 800

　　　　　　——保险费　　(1 680×6.80) 11 424

　　　　　　——佣金　　(800×6.80) 5 440

　　贷：银行存款——美元　　23 664

(4) 出口收汇。银行收妥货款后，受托方根据银行结汇水单，按当日银行买入价1美元=6.78人民币元入账。账务处理如下。

借：银行存款——美元　　(56 000×6.78) 379 680

　　财务费用——汇兑损益　　1 120

　　贷：应收账款——应收外汇账款　　380 800

(5) 受托企业按协议扣除代垫费用和代理手续费后，通过银行将余款结付给委托企业时，根据结算清单，账务处理如下。当日银行买入价为当日汇率为1美元=6.79人民币元。

扣除国外运费、保险费及佣金后的应付账款=380 800−23 664−1 120=356 016（元）

应退还委托单位的款项=356 016−11 424=344 592（元）

借：应付账款——钦锐公司　　　　　　　　　　　　356 016

　　贷：其他业务收入——手续费收入　（351 680×3%）11 424

　　　　银行存款——美元　　　　　　　　　　　　344 592

4.4 跨境电商出口业务

跨境电商是指分属于不同关境的交易主体，通过电子商务平台进行交易、支付清算，并通过跨境物流运送商品的业务活动。也就是说跨境电子商务的销售、结算、物流全部都是通过线上平台进行的。跨境电子商务出口业务从广义上讲包括B2B（Business-to-Business）和B2C（Business-to-Customer）。

什么是B2B呢？B2B即指跨境电子商务企业对境外企业出口，是指我国出口企业与外国批发商和零售商通过互联网线上进行产品展示和交易，然后在线下按一般贸易等方式完成的货物出口。B2C即指跨境电子商务企业对境外消费者出口，是指我国出口企业通过互联网向境外消费者零售商品，并以邮寄、快递等形式送达的经营行为。

4.4.1 样品出口的账务处理

样品出口，分为两大操作模式：正规报关出口和非报关快递出口。

1. 正规报关出口模式

正规报关出口模式，即出口企业要求快递公司以出口企业名义报关的，实际中分三种贸易模式：一般贸易出口、货样广告品出口、进出口免费贸易。一般贸易和货样广告品出口的，如果是收汇，增值税可以退税也可以免税；不收汇的只能免税。如果是外贸企业未取得样品采购发票的，只能视同销售，征收增值税；如果是不收汇的也可以按进出口免费贸易方式报关，这种模式也是免税。

【例4-22】某外贸企业购入样品取得增值税专用发票标注金额为1 130元，生产企业自产成本1 000元，以FOB形式报关出口金额为2 260元。

借：应收账款　　　　　　　　　　　　2 260

　　贷：主营业务收入　　　　　　　　　　2 260

根据原始凭证，登记会计账簿，见表4-40。

表 4-40

记 账 凭 证

2020 年 1 月 11 日　　　　字第××号

摘要	会计科目	明细科目	借方金额										贷方金额										记账
			千	百	十	万	千	百	十	元	角	分	千	百	十	万	千	百	十	元	角	分	
样品报关出口款项 2 260 元	应收账款						2	2	6	0	0	0											√
	主营业务收入																2	2	6	0	0	0	√
合计						¥	2	2	6	0	0	0				¥	2	2	6	0	0	0	

会计主管：××　　记账：××　　审核：××　　制单：××

借：主营业务成本　　　　1 000

　　贷：库存商品　　　　1 000

根据原始凭证，登记会计账簿，见表 4-41。

表 4-41

记 账 凭 证

2020 年 1 月 11 日　　　　字第××号

摘要	会计科目		借方金额										贷方金额										记账
			千	百	十	万	千	百	十	元	角	分	千	百	十	万	千	百	十	元	角	分	
结转样品成本 1 000 元	主营业务成本						1	0	0	0	0	0											√
	库存商品																1	0	0	0	0	0	√
合计						¥	1	0	0	0	0	0				¥	1	0	0	0	0	0	

会计主管：××　　记账：××　　审核：××　　制单：××

对于外贸企业来说，如果外购的样品是免费取得的，即没有取得增值税专用发票时，需要按视同内销处理。是要征税的，因此直接按报关金额核算销售收入。

借：库存商品　　　　1 000

　　贷：营业外收入　　　　1 000

借：销售费用——样品费　　　　　　　　　　　　　　1 260

　　贷：库存商品　　　　　　　　　　　　　　　　　　　1 000

　　　　应交税费——应交增值税（销项税额）（2 000×13%）260

假如不收汇，计入销售费用（免税）。

借：销售费用——样品费　　　　　　　　　　　　　　1 130

　　贷：库存商品　　　　　　　　　　　　　　　　　　　1 000

　　　　应交税费——应交增值税（进项税额转出）　　　　130

2. 非报关快递出口

非报关快递出口，又叫集中报关，就是由快递公司把所有快递出口的样品汇总清关。这种形式对出口企业来说是没有报关的，因此得不到报关单和报送信息，要按视同内销征税处理。如果是外购的商品要按购入价格计提销项税额，自产的要按市场价格计算销项税额；所得税在汇算清缴时按购买价格或市场价格（自产）调整收入。

【例 4-23】 某跨境电商购入样品，含税金额为 1 130 元，如果自产则成本为1 000元，销售含税价格为 2 260 元。

会计分录为：

借：销售费用——样品费　　　　　　　　　　　　　　1 130

　　贷：库存商品　　　　　　　　　　　　　　　　　　　1 000

　　　　应交税费——应交增值税（销项税额）　　　　　　130

根据原始凭证，登记会计账簿，见表 4-42。

表 4-42

记 账 凭 证

2020 年 1 月 11 日　　　　　　　　　　字第××号

摘要	会计科目	明细科目	借方金额										贷方金额										记账
			千	百	十	万	千	百	十	元	角	分	千	百	十	万	千	百	十	元	角	分	
购入样品成本 1 130 元	销售费用	样品费					1	1	3	0	0	0											√
	库存商品																1	0	0	0	0	0	√
	应交税费	应交增值税（销项税额）																1	3	0	0	0	√
合计						¥	1	1	3	0	0	0				¥	1	1	3	0	0	0	

会计主管：××　　　　记账：××　　　　审核：××　　　　制单：××

假如是自产产品，账务处理如下。

借：销售费用——样品费　　　　（1 000＋2 000×13%）1 260

　　贷：库存商品　　　　　　　　　　　　　　　　　　1 000

　　　　应交税费——应交增值税（销项税额）（2 000×13%）260

根据原始凭证，登记会计账簿，见表 4-43。

表 4-43

记账凭证

2020 年 1 月 11 日　　　　字第××号

摘要	会计科目		借方金额										贷方金额										记账
			千	百	十	万	千	百	十	元	角	分	千	百	十	万	千	百	十	元	角	分	
自产样品费用成本 1 260 元	销售费用	样品费					1	2	6	0	0	0											√
	库存商品																1	0	0	0	0	0	√
	应交税费	应交增值税（销项税额）																2	6	0	0	0	√
合计						¥	1	2	6	0	0	0				¥	1	2	6	0	0	0	

会计主管：××　　记账：××　　审核：××　　制单：××

总之，采用样品出口的方式，在发货之前寄样品给客户，没有报关单，不能办理退税，样品出口视同内销。

小贴士

清关（Customs Clearance），即指结关，是指进出口或转运货物出入一国关境时，依照各项法律法规和规定应当履行的手续。清关只有在履行各项义务，办理海关申报、查验、征税、放行等手续后，货物才能放行，货主或申报人才能提货。同样，载运进出口货物的各种运输工具进出境或转运，也均须向海关申报，办理海关手续，得到海关的许可。货物在结关期间，不论是进口、出口或转运，都是处在海关监管之下，不准自由流通。

4.4.2 跨境电商出口退免税的相关政策

1. B2B 适用退、免税政策

B2B 在本质上仍属于传统贸易方式，适用一般生产企业的出口退税政策。

除财政部、国家税务总局明确不予退税或免税的货物外，同时符合下列条件的，适用增值税、消费税退（免）税政策：

（1）电子商务出口企业属于增值税一般纳税人并已向主管税务机关办理出口退（免）税资格认定；

（2）出口货物取得海关出口货物报关单（出口退税专用），且与海关出口货物报关单电子信息一致；

（3）出口货物在退（免）税申报期截止之日内收汇；

（4）电子商务出口企业属于外贸企业的，购进出口货物取得相应的增值税专用发票、消费税专用缴款书（分割单）或海关进口增值税、消费税专用缴款书，且上述凭证有关内容与出口货物报关单（出口退税专用）有关内容相匹配。

同时符合以下条件的，适用增值税、消费税免税政策：

（1）电子商务出口企业已办理税务登记；

（2）出口货物取得海关签发的出口货物报关单；

（3）购进出口货物取得合法有效的进货凭证。

2. B2C 适用退、免税政策

在 2016 年 4 月以前，由于 B2C 在购进和销售两方面的特殊性，不符合出口退税政策。

首先，很多跨境电商出口企业向个人或者个体户购进出口货物，采取现金支付的方式，往往无法取得购进发票，在这种情况下，出口货物不仅无法退税，还要视同内销征收增值税。

其次，由于 B2C 业务主要销售给境外个人，往往额度小、单数多，物流上采取邮政小包、快件的方式，此种方式下多按照行邮物品报关，是无法取得出口货物报关单的，没有报关单，也就意味着无法办理出口退税。

为了促进经济的发展，2016 年 4 月，海关总署发布《关于跨境电子商务零售进出口商品有关监管事宜的公告》（海关总署公告 2016 年第 26 号），其中第三条规定：“跨境电子商务零售出口商品申报前，电子商务企业或其代理人、物流企业应当分别通过服务平台如实向海关传输交易、收款、物流等电

子信息。”电子商务企业或其代理人应提交“中华人民共和国海关跨境电子商务零售进出口商品申报清单”（以下简称“申报清单”），出口采取“清单核放、汇总申报”方式办理报关手续，进口采取“清单核放”方式办理报关手续。跨境电商出口企业可以凭借“申报清单”办理出口退税。

小贴士

2018年4月，海关总署发布《关于全面取消打印出口货物报关单证明联（出口退税专用）的公告》（海关总署公告2018年第26号），全面取消打印出口货物报关单证明联（出口退税专用）。对2018年4月10日（含）以后实施启运港退税政策的出口货物，海关也不再签发纸质出口货物报关单证明联（出口退税专用）。这也就意味着跨境电子商务零售业务出口货物报关单实现了全面的电子化管理，企业办理出口退税时无需再提供纸质报关单。

4.4.3 建立海外仓

海外仓多是跨境电商采用的一种出口模式，由于跨境电商销售的货物多是小批量货物，一般通过快递运输，运输成本高。为了降低运输成本，出口企业会先把未销售的商品整柜通过海运运输到境外仓库，销售实现时再直接从境外仓库发货给客户，解决了运输成本和运输时间问题。

出口到海外仓，一般都是在境外设立公司接收该笔货物或直接以海外仓管理人为收货人，从退税角度来说是符合退税条件的，直接按出口报关金额申请退税，同时按报关单折算的 FOB 确认收入；对于在境外销售，属于完成在境外销售货物，不再属于增值税范畴，但海外销售的差价仍需要确认为收入，只是不需要申报增值税。

跨境电商通过海外仓出口的业务，实际上分成两笔业务：一是出口到海外仓；二是在境外销售。

【例 4-24】某跨境电商出口到海外仓商品以 FOB 报关，成本金额为 2 000 美元，实现海外销售 2 500 美元。当日汇率为 1 美元＝7.091 人民币元。

（1）出口时

借：应收账款——海外仓　　　　（2 000×7.091）14 182

　　贷：主营业务收入　　　　　　　　　　　　14 182

根据原始凭证，登记会计账簿，见表 4-44。

表 4-44

记 账 凭 证

2020 年 5 月 10 日　　　　字第××号

摘要	会计科目		美元金额										汇率	借方人民币金额										贷方人民币金额										记账
			千	百	十	万	千	百	十	元	角	分		千	百	十	万	千	百	十	元	角	分	千	百	十	万	千	百	十	元	角	分	
出口商品收入14 182元	应收账款	海外仓					2	0	0	0	0	0	7.091			1	4	1	8	2	0	0	0											√
	主营业务收入																									1	4	1	8	2	0	0	0	√
合计															¥	1	4	1	8	2	0	0	0		¥	1	4	1	8	2	0	0	0	

会计主管：××　　记账：××　　审核：××　　制单：××

（2）境外销售时

借：应收账款　　［（2 500—2 000）×7.091］3 545.50

　　贷：主营业务收入　　3 545.50

根据原始凭证，登记会计账簿，见表 4-45。

表 4-45

记 账 凭 证

2020 年 5 月 21 日　　　　字第××号

摘要	会计科目	美元金额										汇率	借方人民币金额										贷方人民币金额										记账
		千	百	十	万	千	百	十	元	角	分		千	百	十	万	千	百	十	元	角	分	千	百	十	万	千	百	十	元	角	分	
实现境外销售2 500美元	应收账款						5	0	0	0	0	7.091					3	5	4	5	5	0											√
	主营业务收入																										3	5	4	5	5	0	√
合计																¥	3	5	4	5	5	0				¥	3	5	4	5	5	0	

会计主管：××　　记账：××　　审核：××　　制单：××

4.5 外贸综合服务企业出口业务

外贸综合服务企业简称“外综服企业”，是指具备对外贸易经营者身份，接受国内外客户委托，依法签订综合服务合同（协议），依托综合服务信息平台，代为办理包括报关报检、物流、退税、结算、信托保险等在内的综合服务业务和协助办理融资业务的企业。外综服企业是代理服务企业，具备较强的进出口专业服务、互联网技术应用和大数据分析处理能力，能够建立较为完善的内部风险防控体系。

4.5.1 外综服企业出口代理服务的种类

外综服企业出口代理服务有以下两类：

3＋N

3代表通关、外汇、退税三项基础服务，N代表金融和物流等附加服务

要求：普通产品，开票工厂取得一般纳税人满2年以上

2＋N

2是指通关、外汇由外综服企业负责，但退税由委托企业退税，N代表金融和物流等附加服务

要求：开票工厂取得一般纳税人不满2年的；小规模纳税人开不了票的，只能采用2＋N模式

2＋N是3＋N的补充，很多产品如大蒜、韭菜、冷冻鱼等农副产品，还有石材、实木产品等外综服企业不能帮助退税的产品，需要通过2＋N的模式操作。

4.5.2 外综服企业具备的条件

一般来说，成为外综服企业需要具备一定的条件：

基本条件

具有进出口权，办理海关收发货人注册登记、办理出入境检验检疫报检企业备案、办理了贸易对外收支企业名录、具有线上操作平台等

硬性条件

视各地商务局规定，如天津地区要求该类企业资产规模不小于5 000万元人民币；山东要求海关登记必须为一般信用及以上、出口退税分类必须为一、二类；外汇等级为A类、上年进出口额在1 000万美元以上等

通过外综服企业出口有两点好处：一是可以快速回笼退税款和货款；二是利用外综服企业业务量大的优势，物流成本会比出口企业单独操作要低。

外综服企业更具以下优势：

（1）物流成本。外贸综合服务出货量巨大，直接找一家货运代理公司或船公司，获得更低的价格。

（2）结汇成本。一年几十、几百亿美元成交量，结汇成本 1 美元至少也能赚 1 分或几厘钱。

（3）现金流。交易量大，现金流量自然十分可观。通过运作将沉淀资金用于其他更盈利的项目，获取更大的资本回报。

（4）整合数据。外综服企业由于是代理出口，掌握大量客户数据，如产品、价格、客户、交易习惯等，然后直接进行整合，为己所用。

4.5.3　外综服企业账务处理

委托出口公司开具内销发票给外综服企业，外综服企业开具出口发票，办理出口、拖车、报关、退税等事宜。在这种情况下，由于外综服企业是代理出口单位，会产生本来应该由委托出口公司承担的拖车、报送等款项；另外，退税款是属于委托出口公司的，根据“谁出口、谁收汇”的原则，退税款会退到外综服企业的账上，同时本应该由委托出口企业收取的货款，也会转移到外综服企业的账上。

根据以上业务流程，外综服企业账务处理如下：

外综服企业对代办退税的核算，应参照外贸企业设置“应收出口退税款”科目，下设“代办退税”明细科目。

(1) 收到税务部门的出口退税款

借：应收出口退税款（代办退税）
　　贷：应付账款（代办退税）

(2) 收到代办退税时

借：银行存款
　　贷：应收出口退税款（代办退税）

(3) 收到服务费及其他代垫费用

借：银行存款
　　贷：主营业务收入
　　　　应交税费——应交增值税（销项税额）

(4) 将代办退税账户的退税款转付给生产企业时

借：应付账款——代办退税（某生产企业）
　　贷：银行存款

需要说明的是，以上会计处理是约定物流中的货物风险、汇兑损益均由委托出口公司承担，所以外综服企业的账务处理都是应收应付科目。如果外综服协议有其他约定，则会计分录要做相应的调整。

委托出口企业发生代办退税出口业务后，应按规定的销售实现时间，向客户开具出口发票，计算申报销项税额，同时开具代办退税专用发票作为代办退税的凭证。委托出口企业账务核算如下：

（1）货物报关出口后账务处理

借：应收账款——外综服企业——××国外客户
——代办退税销项税额
贷：主营业务收入
应交税费——应交增值税（销项税额）

（2）委托代办时核算应退税额

借：应收出口退税款（代办退税）
贷：应交税费——应交增值税（出口退税）
借：应交税费——应交增值税（出口退税）
贷：应收账款——代办退税（销项税额）

（3）向外综服企业支付相关服务费用（包括报关等代垫费用）

借：销售费用
应交税费——应交增值税（进项税额）
贷：银行存款/应付账款

（4）收到外综服代办退税款时

借：银行存款
贷：应收出口退税款（代办退税）
同时，退税款与代办退税专用发票上注明的增值税额的差额。
借：主营业务成本
贷：应交税费——应交增值税（出口退税）

4.5.4 外综服企业出口退税政策

根据《国家税务总局关于进一步优化外贸综合服务企业出口退（免）税管理的公告》（国家税务总局公告2016年第61号）规定，国家税务总局为外综服企业办理出口退税提供了很多便利条件，主要有以下两点：

1. 办理出口退税时间

退税管理类别为一类的外综服企业申报的出口退税，国税机关经审核，同时符合下列条件的，应自受理企业申报之日起，5个工作日内办理出口退税手续。

1. 申报的电子数据与海关出口货物报关单结关信息、增值税专用发票信息比对无误

2. 出口退税额计算准确无误

3. 不涉及税务总局和税务局确定的预警风险信息

4. 接受其提供服务的中小生产企业的纳税信用级别为A级或B级

如果该外综服企业符合上述条件，税务机关应在5个工作日内办结出口退税手续。

2. 外综服企业代办跨境电商出口退税的条件

根据《关于调整完善外贸综合服务企业办理出口货物退（免）税有关事项的公告》（国家税务总局公告2017年第35号）规定：生产企业出口货物，同时符合以下条件的，可由外综服企业代办退税：

（1）出口货物为生产企业的自产货物或视同自产货物；

（2）生产企业为增值税一般纳税人并已按规定办理出口退（免）税备案；

（3）生产企业已与境外单位或个人签订出口合同；

（4）生产企业已与外综服企业签订外贸综合服务合同（协议），约定由外综服企业提供包括报关报检、物流、代办退税、结算等在内的综合服务，并明确相关法律责任；

（5）生产企业向主管税务机关提供代办退税的开户银行和账号（简称代办退税账户）。

3. 办理代办退税备案

（1）生产企业应当办理委托代办退税备案

生产企业在已办理出口退（免）税备案后，首次委托外综服企业代办退税前，向其所在地主管税务机关报送《代办退税情况备案表》并提供代办退税账户，同时将与外综服企业签订的外贸综合服务合同（协议）留存备查。

（2）外综服企业应当办理代办退税备案

外综服企业办理出口退（免）税备案后，在为每户生产企业首次代办退税前，向其所在地主管税务机关报送代办退税情况备案表，样本见表4-46。

表 4-46　　代办退税情况备案表

填表单位：

□生产企业　　□外贸综合服务企业　　填报日期：　年　月　日

<table>
<tr><th rowspan="2">序号</th><th colspan="3">委托代办退税的生产企业情况</th><th colspan="3">受托代办退税的外贸综合服务企业情况</th><th colspan="3">备案情况</th></tr>
<tr><th>企业名称</th><th>纳税人识别号（统一社会信用代码）</th><th>海关企业代码</th><th>企业名称</th><th>纳税人识别号（统一社会信用代码）</th><th>海关企业代码</th><th>外贸综合服务合同（协议）号码</th><th>生产企业提供的代办退税开户银行</th><th>生产企业提供的代办退税银行账号</th></tr>
<tr><td>1</td><td></td><td></td><td></td><td></td><td></td><td></td><td></td><td></td><td></td></tr>
<tr><td>2</td><td></td><td></td><td></td><td></td><td></td><td></td><td></td><td></td><td></td></tr>
<tr><td>3</td><td></td><td></td><td></td><td></td><td></td><td></td><td></td><td></td><td></td></tr>
<tr><td>4</td><td></td><td></td><td></td><td></td><td></td><td></td><td></td><td></td><td></td></tr>
<tr><td>5</td><td></td><td></td><td></td><td></td><td></td><td></td><td></td><td></td><td></td></tr>
</table>

请认真阅读以下条款，并承诺遵守，由企业法定代表人签字、盖章以示确认。

一、遵守各项税收法律、法规及规章。

二、在本备案表中所填写的信息是完整的、准确的、真实的。

三、符合《国家税务总局关于调整完善外贸综合服务企业办理出口货物退（免）税有关事项的公告》（税务总局公告 2017 年第 35 号）规定的代办退税条件。

四、外贸综合服务企业将严格履行代办退税内部风险管控职责，审核委托代办退税的生产企业生产经营情况、生产能力及出口业务的真实性，并将有关资料留存备查。

五、本备案表中列明的开户银行及账号为生产企业的代办退税账户。当税务机关需要暂扣生产企业的退税款时，将配合税务机关从该账户中扣除。

以上如有违反，将承担相关法律责任。

法定代表人（签章）：

纳税人公章

第5章 加工贸易与补偿贸易的核算

加工贸易是指进口原材料或半成品进行加工，然后在国外销售成品。加工贸易包括来料加工和进料加工。与一般贸易相比，加工贸易的货物主要来自国外，只是在我国进行加工和装配，获得加工费的行为。补偿贸易常与加工贸易相结合，通常称为“三来一补”。由于补偿贸易的持续时间较长，一般为10～20年或更长，多数情况下金融机构要直接或间接参与。补偿贸易的缺点是形式不太灵活，达成协议较难，手续较烦琐，风险较大。

5.1 进料加工贸易

5.1.1 进料加工的概念

进料加工是指我国具有进出口权的企业用外汇购买进口的原材料、辅料、零部件、元器件、配套件、包装物料等，经加工制成成品或半成品后，再外销出口的贸易形式。

5.1.2 进料加工的核算

进料加工业务主要由进口料件、加工及成品复出口三个环节组成，具体账务处理见表 5-1。

表 5-1　　进料加工业务的账务处理

业务情景	账务处理	
进口料件时	根据全套进口单据	借：在途物资——在途进料加工物资 　　贷：应付账款——应付外汇账款
	实际支付货款时	借：应付账款——应付外汇账款 　　贷：银行存款
进口料件加工时	委托加工时	借：委托加工物资——进料加工商品 　　贷：原材料——进料加工材料
	完工交货时	借：委托加工物资——进料加工商品 　　贷：应交税费——应交增值税（进项税额）
	成品入库时	借：库存商品 　　贷：委托加工物资——进料加工商品
出口销售时	借：应收账款——应收外汇账款 　　贷：主营业务收入——进料加工出口销售收入 借：主营业务成本——进料加工出口销售成本 　　贷：库存商品——进料加工库存商品	

进料加工的核算实例

【例 5-1】大地进出口公司根据合同约定，接受ABC纺织公司来料6 000公斤，加工生产 10 000 条毛毯。

(1) 3 月 1 日，收到 ABC 纺织公司发来羊毛 6 000 公斤，每公斤 20 美元，共计 120 000 美元，羊毛已验收入库，当日美元汇率的中间价为6.85元。

借：在途物资——在途进料加工物资——ABC 纺织公司　　822 000

　　贷：应付账款——应付外汇账款——ABC 纺织公司　　(120 000×6.85) 822 000

根据原始凭证，登记会计账簿，见表 5-2。

表 5-2

记账凭证

2020 年 3 月 1 日　　　　字第××号

摘要	会计科目	明细科目	美元金额										汇率	借方人民币金额										贷方人民币金额										记账
			千	百	十	万	千	百	十	元	角	分		千	百	十	万	千	百	十	元	角	分	千	百	十	万	千	百	十	元	角	分	
收到ABC公司发来的羊毛120 000美元	在途物资	在途进料加工物资/ABC纺织公司			1	2	0	0	0	0	0	0	6.85			8	2	2	0	0	0	0	0											√
	应付账款	应付外汇账款/ABC纺织公司																								8	2	2	0	0	0	0	0	√
合计															¥	8	2	2	0	0	0	0	0		¥	8	2	2	0	0	0	0	0	

会计主管：××　　记账：××　　审核：××　　制单：××

同时办理入库。

借：原材料——进料加工羊毛　　822 000

　　贷：在途物资——在途进料加工物资　　822 000

根据原始凭证，登记会计账簿，见表 5-3。

表 5-3

记账凭证

2020 年 3 月 1 日　　　　字第××号

摘要	会计科目		借方金额									贷方金额									记账
			千	百	十	万	千	百	十	元	角	分	千	百	十	万	千	百	十	元	角	分	
入库羊毛共计 822 000 元	原材料	进料加工羊毛			8	2	2	0	0	0	0	0											√
	在途物资	在途进料加工物资													8	2	2	0	0	0	0	0	√
合计				¥	8	2	2	0	0	0	0	0		¥	8	2	2	0	0	0	0	0	

会计主管：××　　记账：××　　审核：××　　制单：××

（2）3 月 2 日，将 6 000 公斤羊毛全部拨付给第一毛毯厂加工生产羊毛毯 10 000条。

借：委托加工物资——进料加工商品——羊毛毯　　822 000

　　贷：原材料——进料加工材料　　822 000

根据原始凭证，登记会计账簿，见表 5-4。

表 5-4

记账凭证

2020 年 3 月 2 日　　　　字第××号

摘要	会计科目		借方金额									贷方金额									记账
			千	百	十	万	千	百	十	元	角	分	千	百	十	万	千	百	十	元	角	分	
委托第一毛毯厂加工，成本 822 000 元	委托加工物资	进料加工商品/羊毛毯			8	2	2	0	0	0	0	0											√
	原材料	进料加工材料													8	2	2	0	0	0	0	0	√
合计				¥	8	2	2	0	0	0	0	0		¥	8	2	2	0	0	0	0	0	

会计主管：××　　记账：××　　审核：××　　制单：××

（3）3 月 30 日，10 000 条羊毛毯加工完毕，每条加工费 350 元，当即签发转账支票付讫。

借：委托加工物资——羊毛毯　　3 500 000

　　应交税费——应交增值税（进项税额）　　455 000

　　贷：银行存款　　3 955 000

根据原始凭证，登记会计账簿，见表 5-5。

表 5-5

记账凭证

2020 年 3 月 30 日　　字第××号

摘要	会计科目	明细科目	借方金额										贷方金额										记账
			千	百	十	万	千	百	十	元	角	分	千	百	十	万	千	百	十	元	角	分	
支付加工费 3 955 000 元	委托加工物资	羊毛毯		3	5	0	0	0	0	0	0	0											√
	应交税费	应交增值税/进项税额			4	5	5	0	0	0	0	0											√
	银行存款													3	9	5	5	0	0	0	0	0	√
合计			¥	3	9	5	5	0	0	0	0	0	¥	3	9	5	5	0	0	0	0	0	

会计主管：××　　记账：××　　审核：××　　制单：××

（4）3 月 31 日，储运部门转来加工商品入库单，10 000 条羊毛毯已验收入库。

借：库存商品——进料加工出口商品

　　（822 000+3 500 000）4 322 000

　　贷：委托加工物资——进料加工商品——羊毛毯　　4 322 000

根据原始凭证，登记会计账簿，见表 5-6。

表 5-6

记账凭证

2020 年 3 月 31 日　　字第××号

摘要	会计科目	明细科目	借方金额										贷方金额										记账
			千	百	十	万	千	百	十	元	角	分	千	百	十	万	千	百	十	元	角	分	
验收入库 10 000 条羊毛毯，共计 4 322 000 元	库存商品	进料加工出口商品		4	3	2	2	0	0	0	0	0											√
	委托加工物资	进料加工商品——羊毛毯												4	3	2	2	0	0	0	0	0	√
合计			¥	4	3	2	2	0	0	0	0	0	¥	4	3	2	2	0	0	0	0	0	

会计主管：××　　记账：××　　审核：××　　制单：××

进料加工复出口的核算实例

【例 5-2】大地进出口公司为新西兰加工羊毛毯 4 000 条，每条加工费 80 美元，共计加工费 320 000 美元。收到外商发来羊毛原料，货款共计 40 000美元，记账汇率为 6.80 元。4 000 条羊毛毯全部生产成本为 2 260 800元。

（1）1 月 3 日，储运部门转来加工商品出库单，列明 4 000 条羊毛毯已出库装船。账务处理如下。

借：发出商品　　2 260 800

　　贷：库存商品——进料加工出口商品　　2 260 800

（2）1 月 5 日，签发转账支票支付 4 000 条羊毛毯国内运费和装船费 1 420元。账务处理如下，见表 5-7。

表 5-7

中国工商银行 转账支票存根 IV V000023
科　　目：＿＿＿＿＿＿＿
对方科目：＿＿＿＿＿＿＿
出票日期：2020 年 1 月 5 日
收款人：顺达运输公司
金　额：¥1 420
用　途：运输费
单位主管　周明　　会计　张洁

借：销售费用　　1 420

　　贷：银行存款　　1 420

(3) 1 月 5 日，支付羊毛毯国外运费 1 320 美元，保险费 80 美元，当日美元汇率的中间价为 6.80 元。

借：主营业务收入　　9 520

　　贷：银行存款——美元　　(1 400×6.80) 9 520

(4) 1 月 7 日，向银行交单，收取加工费 320 000 美元。

借：应收账款——应收外汇账款 (320 000×6.80) 2 176 000

　　贷：主营业务收入——加工补偿出口销售　　2 176 000

同时结转其销售成本。会计分录如下：

借：主营业务成本——加工补偿出口销售　　2 260 800

　　贷：发出商品　　2 260 800

(5) 1 月 15 日，收到银行转来收账通知，320 000 美元已收妥，银行扣除 50 美元收汇手续费，其余部分已存入外币存款账户。

借：银行存款——美元　　(319 950×6.80) 2 175 660

　　财务费用——手续费　　(50×6.80) 340

　　贷：应收账款——应收外汇账款 (320 000×6.80) 2 176 000

5.2 来料加工贸易

来料加工是指外商提供全部原料、辅料、元器件和零件，由中方企业按照外商提出的规格、质量、技术标准，加工成品或半成品，提交外商在海外市场自行销售，并按照双方议定的费用标准向外商收取工缴费。来料加工中由外商提供的料件一般不作价进口。补偿贸易引进的技术设备，原则上均应作价，价款由外商以信贷方式付给我方，我方用工缴费偿还。

5.2.1 来料加工与进料加工的区别

1. 进口料、件不同

采用进料加工方式时，所有进口料、件由我方用外汇购买。而来料加工的进口料、件则由外商无偿提供。进料加工的风险比来料加工的风险大。

2. 进出口货物的买卖方不同

进料加工由于各自作价，因此进口物料的外商不一定就是成品出口的买方。而来料加工的买卖方必须是同一个外商。

3. 结算方式不同

采用进料加工方式，外商按一般贸易方式付款，我方收取外汇。采用来料加工方式时，我方出口货物不作价，只按约收取工缴费。

4. 征税方式不同

进料加工复出口货物，实行“先征后退”的方式；来料加工复出口货物，实行“不征不退”的方式。

5.2.2 来料加工的核算

来料加工由于出口结算在前，进口结算在后，实际上我方不垫付资金。所进口的原辅料不动用外汇，也不对开信用证。按照对外签订合同和应承担的任务，来料加工有两种经营形式：代理形式和自营形式。代理业务即由加工企业会同外贸公司对外签订合同，由工厂直接承担生产，通过外贸公司办理出口结汇，收取外汇手续费。自营业务即由外贸公司独立对外签订合同，由外贸公司承担加工补偿业务，然后组织生产。外贸公司做自营业务，收取工缴费收入或以引进设备生产的商品偿还引进设备等价款。

1. 代理业务形式

外商提供不计价的原辅料、包装材料等，通过外贸公司交付工厂加工，由外贸公司和工厂向对方计收工缴费。在这种方式下，外贸公司不是主体，材料不对外作价，全在“表外”处理。出口阶段按代理方式入账。见表 5-8。

表 5-8　　代理业务形式的账务处理

业务情景	账务处理
收到原辅材料时，通过备查簿在表外科目作单式记账，只核算数量	借：外商来料——进口材料（数量）
委托加工时，通过备查簿在表外核算数量	借：拨出来料（数量） 贷：外商来料——进口材料（数量）
委托加工完成时，通过备查簿在表外核算数量	借：代管物资（数量） 贷：拨出来料（数量）
办理对外出口托运时	借：代管物资——发出商品（数量） 贷：代管物资——来料加工（数量）
收到银行交单时	借：应收账款——应收外汇账款 贷：其他业务收入——来料加工代理收入
支付国外运保费时	借：其他业务收入——来料加工出口收入 贷：银行存款
代加工厂支付国内费用时	借：应付账款——应付国内账款 贷：银行存款
收到工缴费时	借：银行存款 贷：应付账款——应付国内账款 应收账款——应收外汇账款
与加工厂结算时	借：应付账款——应付国内账款 贷：其他业务收入——来料加工代理收入 银行存款
交纳有关税费时	借：税金及附加（或其他业务成本） 贷：应交税费——应交××税等

2. 自营业务形式

外商提供不计价的原材料、辅料、包装材料等，由外贸企业负责加工，账务处理见表 5-9。

表 5-9　　自营业务账务处理

业务情景	账务处理
外商来料不计价	借：外商来料（数量）
拨料给加工厂时不计价	借：拨出来料（数量） 　贷：外商来料（数量）
收到加工成品并支付加工费时	借：委托加工物资——来料加工 　贷：银行存款 同时，借：代管物资——来料加工（数量） 　　贷：拨出来料——进口材料（数量）
出口交单时	借：应收账款——应收外汇账款 　贷：其他业务收入——来料加工收入 借：其他业务成本——来料加工成本 　贷：委托加工物资——来料加工成本
支付境外运保费时	借：其他业务收入——来料加工收入 　贷：银行存款
支付国内有关费用	借：其他业务成本——来料加工成本 　贷：银行存款
收到货款结汇时	借：银行存款 　贷：应收账款——应收外汇账款

5.3 补偿贸易的核算

补偿贸易是指一方提供技术、设备，对方不付现汇，待项目投产后，以其产品或双方事先约定的其他商品偿还进口技术、设备价款的一种贸易方式。

5.3.1 补偿贸易的种类

按照偿付标的不同，补偿贸易大体上可分为三类，见表 5-10。

表 5-10　　　　补偿贸易的种类

种　类	定　义
直接产品补偿	即双方在协议中约定，由设备供应方向设备进口方承诺购买一定数量或金额的由该设备直接生产出来的产品。这种做法的局限性在于，它要求生产出来的直接产品及其质量必须是对方所需要的，或者在国际市场上是可销的，否则不易为对方所接受
其他产品补偿	当所交易的设备本身并不生产物质产品，或设备所生产的直接产品非对方所需或在国际市场上不好销时，可由双方进行协商，用其他产品代替
劳务补偿	这种做法常见于同来料加工或来件装配相结合的中小型补偿贸易中。具体做法是：双方根据协议，往往由对方代为购进所需的技术、设备，货款由对方垫付。我方按对方要求加工生产后，从应收的工缴费中分期扣还所欠款项

上述三种做法还可结合使用，即进行综合补偿。有时，根据实际情况的需要，还可以用部分直接产品或其他产品或劳务补偿，部分用现汇支付，等等。

5.3.2　补偿贸易申请办理登记备案手续

执行补偿贸易合同的经营单位和生产企业，应于合同批准之日起 1 个月内向海关申请备案登记，同时提交下列单证。

（1）经外贸主管部门签发的批准书和合同备案证明书

（2）工商行政管理部门颁发的营业执照

（3）对外签订的合同副本

（4）对外经贸主管部门批准立项的应领出口货物许可证的出口成品批件

（5）海关认为其他必要的单证和经济担保。海关在对上述单证审核后，对符合补偿贸易条件予以备案，并核发《加工装配和中小型补偿贸易进口货物登记手册》，凭以办理货物的报关手续

5.3.3　补偿贸易的业务要点

我国在补偿贸易中，通常用直接产品补偿。但在具体交易中，有不同做法，见图 5-1。

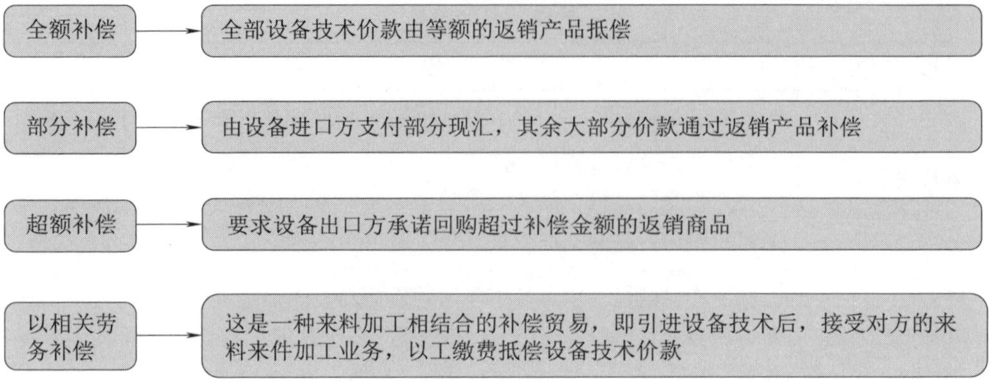

图 5-1　补偿贸易的业务要点

5.3.4　偿还期限和结算方式

（1）偿还期限和返销商品的数量和价格直接相关。必须对返销商品的作价原则、定价标准和方法作出规定，并应通过约定返销商品的数量或金额，安排偿还期限。补偿贸易虽然是以产品抵偿设备，但并非直接的易货，贸易双方仍要通过货币进行计价支付。

（2）设备进口方必须掌握先收后付的原则，选择适当的结算方式。通常采用的方式有：对开信用证、托收、汇付（结合银行保函）等。

5.3.5　补偿贸易与一般贸易的区别

补偿贸易与一般贸易的区别，如图 5-2 所示。

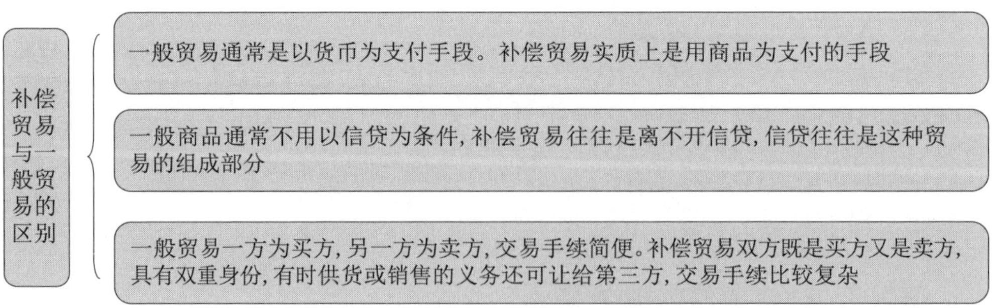

图 5-2　补偿贸易与一般贸易的区别

5.3.6 补偿贸易与易货贸易的区别

补偿贸易与易货贸易有以下区别：两者都是买卖双方直接进行交换，一般不发生货币的流通，货币在这些贸易中仅仅是计价的手段。两者的不同之处是：易货贸易往往是一次性行为，买卖过程同时发生，大致同时结束。补偿贸易往往持续时间过长，有的3至5年，有的长达10年以上，每一笔交易往往包括多次的买卖活动。

5.3.7 补偿贸易的账务处理

补偿贸易的账务处理，见表5-11。

表5-11　补偿贸易的账务处理

<table>
<tr><th>业务情景</th><th colspan="2">账务处理</th></tr>
<tr><td rowspan="3">补偿贸易引入的核算</td><td>引进机器设备和零部件时</td><td>借：在建工程
贷：长期应付款</td></tr>
<tr><td>引入原材料时</td><td>借：原材料
贷：长期应付款</td></tr>
<tr><td>引入技术时</td><td>借：无形资产
贷：长期应付款</td></tr>
<tr><td rowspan="3">补偿贸易中进口关税的核算</td><td>引进机器设备和零部件时</td><td>借：在建工程
贷：应交税费——应交进口关税</td></tr>
<tr><td>引入原材料时</td><td>借：原材料
贷：应交税费——应交进口关税</td></tr>
<tr><td>引入技术时</td><td>借：无形资产
贷：应交税费——应交进口关税
借：应交税费——应交进口关税
贷：银行存款</td></tr>
<tr><td>机器设备交付使用时</td><td colspan="2">借：固定资产
贷：在建工程</td></tr>
<tr><td>计提长期应付款利息时</td><td colspan="2">借：财务费用
贷：长期应付款</td></tr>
<tr><td>产品出口销售时</td><td colspan="2">借：应收账款
贷：其他业务收入
借：其他业务成本
贷：库存商品</td></tr>
</table>

【例 5-3】某企业以补偿贸易的方式从国外引进一台设备，该设备价款为 100 000 美元，当日市场汇率为 1 美元＝7.103 5 人民币元。设备投产后以自产产品补偿，假设不考虑其他税费。

购入设备时。

借：固定资产　　　　　　　　(100 000×7.103 5) 710 350

　　贷：长期应付款　　　　　　　　　　　　　　　　710 350

投产后用自产产品补偿时，则冲减长期应付款。

借：长期应付款　　　　　　　　　　　　　　710 350

　　贷：库存商品　　　　　　　　　　　　　　　　　710 350

第6章 进口贸易业务的核算

进口贸易（Import Trade），是指外贸企业以外汇在国际市场上采购商品，满足国内生产和生活的需要。进口贸易按经营性质不同，可分为自营进口、易货贸易、代理进口、代销国外商品等。

6.1 进口贸易概述

6.1.1 进口贸易的分类

进口贸易的分类，见表 6-1。

表 6-1 进口贸易按照经营性质不同分类

项目	内容
自营进口货物	是指涉外企业根据国内市场的需求，自行确定进口方案，自行寻找国内市场，自行与国外供货客户签订合同而组织进口，进口后一次或分次供应国内厂商或消费者，并自行承担盈亏
易货贸易	是一种非货币交易，包括出口和进口两个环节，其形式大体可以分为直接易货、对开信用证易货、记账易货，目前主要是边境地区的双边直接易货贸易
进料加工	是从国外进口原材料或零部件等，经过加工后再出口的一种贸易方式，其中进口是一个环节。国家对进口料件实行税收优惠政策
代理进口货物	是指涉外企业受有关单位或企业的委托，与国外供货客户签订合同，并负责对外履约，进口环节所发生的全部税费及业务盈亏均由委托方承担，代理企业收取一定的手续费
代销国外商品	是指国内企业接受国外供货客户提的商品代其在国内销售，并收取一定的手续费

6.1.2 进口货物的程序

在一般情况下，正常的进口货物操作程序大体有以下几个步骤，如图 6-1 所示。

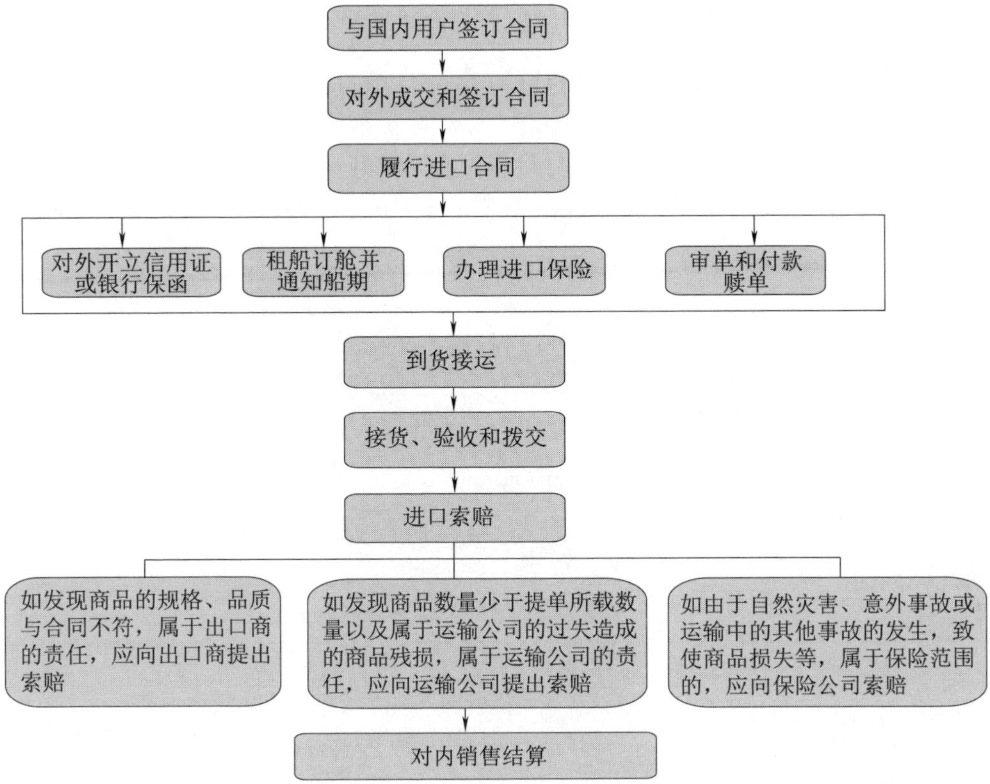

图 6-1　进口货物的程序

6.1.3　办理对外付汇的手续

外贸企业进口货物后，进口单位凭进口合同、信用证开证申请书、信用证结算方式要求的商业单证、进口付汇备案表、进口许可证或登记表到银行付汇给国外客户。

银行为进口单位办理付汇手续时，需审查进口单位填写的进口付汇核查凭证，并按以下规定审查相应有效凭证和商业单据：

（1）以信用证方式结算的，审查进口合同、开证申请书。

对于信用证项下售汇银行与付汇银行不一致的，付汇（开证）银行在核实售汇银行划转的资金到账后，还需审查经售汇银行签注的审单结论和外汇划转凭证。

（2）以托收方式结算的，审查进口合同。

（3）以预付货款方式结算的，审查进口合同、形式发票。

(4) 以货到付款方式结算的，按《进口货物报关单“贸易方式”分类付汇代码表》审查相关有效凭证和商业单据。

对于凭借“可以对外售付汇”进口货物报关单付汇的，审查进口合同、加盖海关“验讫章”的进口货物报关单正本（付汇证明联）、商业发票；对于凭“有条件对外售付汇”进口货物报关单付汇的，还需根据进口货物报关单的贸易方式，审查相应凭证；“不得对外售付汇”进口货物报关单不能凭以办理进口付汇。

6.2 自营进口货物的核算

6.2.1 自营进口货物的核算原则

自营进口货物的核算原则，见表 6-2。

表 6-2 自营进口货物的核算原则

项 目	内 容
自营进口货物销售入账时间	以进口企业与国内客户双方选定采取的结算时点而定，也就是三种结算（单到结算、货到结算、出库结算）时间任选其一，以约定为准
自营进口货物销售收入的价格确认	以出口方开具的发票原币金额乘以汇率，折合为人民币数额为入账价格，因此入账价格会出现 CIF、CFR、FOB 等价格。即以 CFR 或 FOB 价进口的货物，换算为 CIF 价，以统一进口价格基础，便于计算进口批次损益的互相比较
进口货物发生的国外运费、保险费、理赔款	作增加进口成本处理
进口货物发生的佣金	作减少进口货物成本处理
进口货物缴纳的关税、消费税是价内税	计入进口销售成本

6.2.2 自营进口货物采购成本的构成

自营进口商品采购成本以到岸价为基础。采购成本由国外进价、进口税金两部分构成。

1. 国外进价

国外进价一律以 CIF 价格为基础，如果以 FOB 价格或 CFR 价格成交的，应由外贸企业负担的国外运费和保险费均作为商品的国外进价入账。外贸企业收到能够直接认定的进口商品佣金，应冲减商品的国外进价。对于难以按商品直接认定的佣金，如累计佣金则只能冲减“主营业务成本”账户。计算公式如下。

（1）以CIF价格为基础，计算公式如下：

自营进口商品的采购成本＝CIF价＋税金（进口关税、进口消费税）－收到的进口佣金＋国内运费

（2）以FOB价格为基础，计算公式如下：

自营进口商品的采购成本＝FOB价＋境外运费、保险费－收到的进口佣金＋税金＋国内运费

（3）以CFR价格为基础，计算公式如下：

自营进口商品的采购成本＝CFR价＋国外保费－收到的进口佣金＋税金＋国内运费

2. 进口税金

进口税金是指进口商品在进口环节应交纳的应计入商品成本的各种税金。它包括海关征收的关税和消费税。计算公式如下：

进口关税＝关税完税价格（CIF）×适用关税税率

进口消费税＝（CIF＋关税）÷（1－消费税税率）×消费税税率

进口增值税＝（CIF＋关税＋消费税）×增值税税率

6.2.3 自营进口商品购进的账务处理

自营进口商品购进的账务处理，见表6-3。

表6-3　自营进口业务的账务处理

业务情景		账务处理
预存保证金时		借：其他货币资金——L/C存款（外币或人民币） 贷：银行存款（外币或人民币）
接到银行转来的国外单据	付款赎单时	借：在途物资——进口商品 贷：其他货币资金——L/C存款（外币或人民币）
	支付国外运输、保险费，佣金时	借：在途物资——进口商品 贷：银行存款（外币或人民币）

续上表

<table>
<tr><th>业务情景</th><th colspan="2">账务处理</th></tr>
<tr><td>报关时，按海关纳税通知</td><td colspan="2">借：在途物资——进口商品（进口关税、消费税）
贷：应交税费——进口关税
——消费税</td></tr>
<tr><td>按海关纳税通知和规费收据支付时</td><td colspan="2">借：应交税费——进口关税
——消费税
——应交增值税（进项税额）
销售费用（海关规费）
贷：银行存款</td></tr>
<tr><td>支付进口增值税时</td><td colspan="2">借：应交税费——应交增值税（进项税额）
贷：银行存款</td></tr>
<tr><td>支付国内运杂费等时</td><td colspan="2">借：在途物资
贷：银行存款</td></tr>
<tr><td>进口货物入库时</td><td colspan="2">借：库存商品——库存进口商品
贷：在途物资——进口商品</td></tr>
<tr><td rowspan="3">进口后销售时</td><td>按发票金额确认销售收入</td><td>借：应收账款（外币或人民币）
贷：主营业务收入——自营进口销售
应交税费——应交增值税（销项税额）</td></tr>
<tr><td>同时结转销售成本</td><td>借：主营业务成本——自营进口销售
贷：库存商品——库存进口商品</td></tr>
<tr><td>结算时</td><td>借：银行存款（外币或人民币）
贷：应收账款（外币或人民币）</td></tr>
</table>

进口商品的核算实例

【例 6-1】2020 年 4 月，大地进出口公司从美国 XP 公司进口红酒，具体业务如下。

（1）4 月 10 日，接到银行转来的全套结算单据，开列红酒 800 箱，每箱 250 美元（FOB 价格），货款共计 200 000 美元，审核无误后，购汇予以支付，当日银行汇率 1 美元＝6.80 人民币元，见表 6-4。

借：在途物资——红酒　　　　（250×800×6.80）1 360 000

　　贷：银行存款——美元　　　　　　　　　　　1 360 000

表 6-4　　　　**外汇会计账簿（结售汇、套汇）**

机构号码：××××　　　　日期：2020 年 4 月 10 日

业务编号				业务类型	售汇	起息日	
借方或付款单位	名　称	大地进出口公司		贷方或收款单位	名　称	汇出汇款	
	账　号	07422568789			账　号		
	币种与金额	CNY：1 250 000			币种与金额	USD200 000	
	汇率/利率	6.79	开户行		汇率/利率	6.80	
收汇金额			发票号		挂销单号		
交易摘要	购汇 USD200 000，汇往美国						

交易代码：×××　　授权：×××　　复核：×××　　经办：×××

（2）4 月 15 日，支付国外运费 1 600 美元，保险费 140 美元，当日汇率 1 美元＝6.79 人民币元。

借：在途物资——运输费、保险费　［（1 600＋140）×6.79］

11 814.60

　　贷：银行存款——美元　　11 814.60

（3）4 月 25 日，货物抵达我国口岸，假定进口关税税率 30%，消费税税率 50%，增值税税率 13%。相关单据见表 6-5、表 6-6、表 6-7。

表 6-5　　　　**中华人民共和国**

海关进口关税专用缴款书

收入系统：×××　　　填发日期：2020 年 4 月 25 日　　　No：××××

收款单位	收入机关	中央金库			缴款单位（人）	名　称	大地进出口公司
	科　目	进口关税	预算级次	中央		账　号	0200001909234216779
	收款国库	丽水区中心支库				开户银行	工商银行北峰窝路支行

税号	货物名称	数量	单位	完税价格	价格税率	税款金额
	红酒	800	箱	1 371 814.60	30%	411 544.38
金额人民币（大写）肆拾壹万壹仟伍佰肆拾肆元叁角捌分					合计（小写）	411 544.38
申请单位编号	××	报关编号			填制单位 填制人	收款国库（银行）业务公章
合同（批文）号		运输工具号				
交缴期限		提/装货单号			复核人 单位盖章	

第一联（收据）国库收款签单后交缴款单位或缴纳人

表 6-6 **海关进口增值税专用缴款书**

收入系统：××× 填发日期：2020 年 4 月 25 日 No：××××

收款单位	收入机关	中央金库			缴款单位（人）	名 称	大地进出口公司
	科 目	进口增值税	预算级次	中央		账 号	0200001909234216779
	收款国库	丽水区中心支库				开户银行	工商银行北蜂窝路支行

税号	货物名称	数量	单位	完税价格	税率（%）	税款金额
	红酒	800	箱	3 566 717.96	13%	463 673.33
金额人民币（大写）	肆拾陆万叁仟陆佰柒拾叁元叁角叁分			合计（小写）	¥463 673.33	
申请单位编号	×××	报关单编号	×××	填制单位	收款国库（银行）	
合同批文		运输工具				
缴款期限		提货单号				
备注	照章征税 25/4/2020			制单人： 复核人：		
国际代码：5						

第一联（收据）国库收款签单后交缴款单位或缴纳人

表 6-7 **中华人民共和国**

海关消费税专用缴款书

收入系统：××× 填发日期：2020 年 4 月 25 日 No：×××

收款单位	收入机关	中央金库			缴款单位（人）	名 称	大地进出口公司
	科 目	进口消费税	预算级次	中央		账 号	0200001909234216779
	收款国库	丽水区中心支库				开户银行	工商银行北蜂窝路支行

税号	货物名称	数量	单位	完税价格	价格税率	税款金额
	红酒	800	箱	3 566 717.96	50%	1 783 358.98
金额人民币（大写）壹佰柒拾捌万叁仟叁佰伍拾捌元玖角捌分					合计（小写）	1 783 358.98
申请单位编号		报关编号	1235407		填制单位 填制人	收款国库（银行）
合同（批文）号		运输工具号				
交缴期限		提/装货单号			复核人 单位盖章	业务公章

第一联（收据）国库收款签单后交缴款单位或缴纳人

①进口红酒完税价格＝1 360 000＋11 814.60＝1 371 814.60（元）

②应交进口关税＝1 371 814.60×30%＝411 544.38（元）

③组成计税价格＝（关税完税价格＋关税）÷（1－消费税比例税率）

＝（1 371 814.60＋411 544.38）÷（1－50％）

＝3 566 717.96（元）

④应交进口消费税＝3 566 717.96×50％＝1 783 358.98（元）

⑤应交进口增值税＝（3 566 717.96＋1 783 358.98）×13％＝5 350 076.94（元）

借：在途物资——红酒　　2 194 903.36

　贷：应交税费——应交进口关税　　411 544.38

　　　　　　——应交消费税　　1 783 358.98

（4）4 月 27 日，收到佣金 1 680 美元，当日汇率 1 美元＝6.80 人民币元。

借：银行存款　　11 424

　贷：在途物资——红酒　　（1 680×6.80）11 424

（5）4 月 28 日，货物验收入库，结转成本。

红酒的采购成本＝1 360 000＋11 814.60＋2 194 903.36－11 424

＝3 555 293.96（元）

借：库存商品——库存进口商品　　3 555 293.96

　贷：在途物资——红酒　　3 555 293.96

（6）月末，以银行存款支付红酒的进口关税、消费税及进口增值税税额，见表 6-8。

表 6-8

中国工商银行
转账支票存根
IV V000237

科　　目：＿＿＿＿＿＿＿＿

对方科目：＿＿＿＿＿＿＿＿

出票日期：2019 年 4 月 29 日

收款人：××海关
金　额：￥7 544 980.30
用　途：支付税费

单位主管　周明　　会计　张洁

借：应交税费——应交进口关税　　411 544.38
　　　　　　——应交消费税　　1 783 358.98
　　　　　　——应交增值税（进项税额）　　5 350 076.94
　贷：银行存款　　7 544 980.30

6.2.4　自营进口商品实现销售的核算

自营进口商品销售收入按结算时间分为单到结算、货到结算和出库结算三种。

1. 单到结算

单到结算情况下，进口商品采购和销售核算是同时进行的。这时进口商品采购成本尚未归集完毕，因此不能同时结转成本，见表6-9。

表6-9　单到结算的账务处理

业务情景	账务处理
接到银行转来的国外货款单	借：在途物资——进口商品采购 　贷：银行存款
同时向国内用户结算货款	借：应收账款——国内客户 　贷：主营业务收入 　　　应交税费——应交增值税（销项税额）
当支付国外运保费时	借：在途物资——进口商品采购 　贷：银行存款
当货到口岸后支付应交进口关税、增值税时	借：在途物资——进口商品采购 　贷：应交税费——应交进口关税 借：应交税费——应交进口关税 　贷：银行存款 借：应交税费——应交增值税（进项税额） 　贷：银行存款
结转进口成本（包括国外进价、运保费和进口关税）	借：库存商品 　贷：在途物资——进口商品采购

进口商品实现销售的核算实例

【例 6-2】2020 年 4 月，大地进出口公司根据合同从日本佳能株式会社进口照相机 450 台，采用信用证结算。采取单到结算方式销售给商业大厦。

(1) 4 月 5 日，接到银行转来国外全套结算单据，开列照相机 450 台，每台 350 美元（CIF 价格），货款共计 157 500 美元，佣金 2 000 美元，经审核无误，扣除佣金后，购汇支付货款，当日美元卖出价 6.80 元。账务处理如下，见表 6-10、表 6-11、表 6-12、表 6-13。

借：在途物资——佳能照相机　（157 500×6.80）1 071 000

　　贷：其他货币资金——美元户　　1 071 000

根据原始凭证，登记会计账簿，见表 6-10。

表 6-10

记账凭证

2020 年 4 月 5 日　　　　字第 012 号

摘要	会计科目	明细科目	美元金额										汇率	借方人民币金额										贷方人民币金额										记账
			千	百	十	万	千	百	十	元	角	分		千	百	十	万	千	百	十	元	角	分	千	百	十	万	千	百	十	元	角	分	
支付采购佳能照相机货款157 500美元	在途物资	佳能照相机			1	5	7	5	0	0	0	0	6.80		1	0	7	1	0	0	0	0	0											√
	其他货币资金	美元户																							1	0	7	1	0	0	0	0	0	√
合计														¥	1	0	7	1	0	0	0	0	0	¥	1	0	7	1	0	0	0	0	0	

会计主管：××　　记账：××　　审核：××　　制单：××

表 6-11 **外汇会计账簿（结售汇、套汇）**

机构号码：××××　　　　日期：2020 年 4 月 5 日

业务编号				业务类型	售汇		起息日	
借方或付款单位	名　　称	大地进出口公司			贷方或收款单位	名　　称	汇出汇款	
	账　　号	07422568789				账　　号		
	币种与金额	CNY1 071 000				币种与金额	USD157 500	
	汇率/利率	6.80	开户行			汇率/利率	6.80	
收汇金额			发票号		挂销单号			
交易摘要	购汇 USD157 500，汇往日本			工商银行北蜂窝路支行 2020-04-05 核算用章				

交易代码　　　　授权　　　　复核　　　　经办

表 6-12 **汇　票**

BILL OF EXCHANGE

No.	×××		
For	USD157500		
	(amount in figure)		(place and date of issue)
At	AT SIGHT	sight of this FIRST	Bill of exchange (SECOND being unpaid)
pay to	TO THE ORDER OF BANK OF CHINA，NINGBO BRANCH		or order the sum of
ONE HUNDRED FIFTY SEVEN THOUSAND AND FIVE HUNDRED ONLY			
(amount in words)			
Value received for	USD157500	of	ROYAL
	(quantity)		(name of commodity)
Drawn under	TAELA BANK LTD.，JAPAN		
L/C No.	××××	dated	April 5，2020
To:	TAELA BANK LTD.，JAPAN.		For and on behalf of
			DADI IMPORTS AND EXPORTS CO.，LTD. NO. 14，BEIPENGWO ROAD，LISHUI DISTRICT，P. R. CHINA
			(Signature)
			ANDYLVKING

表 6-13 **贸易进口付汇核销单**

印单局代码：××××　　　　核销单编号：00120743

<table>
<tr><td colspan="2">单位代码</td><td colspan="2">单位名称：</td><td colspan="2">所在地外汇局名称</td></tr>
<tr><td colspan="2">付汇银行名称：×××</td><td colspan="2">汇款人国别　日本</td><td colspan="2">交易编码 3452</td></tr>
<tr><td colspan="2">收款人是否在保税区：是☐否☐</td><td colspan="4">交易附言</td></tr>
<tr><td colspan="6">对外付汇币种　USD157 500　对外付汇总额　USD157 500
其中：购汇金额　　现汇金额 0　其他方式金额 0
　　　人民币账号　外汇账号</td></tr>
<tr><td colspan="6">付汇性质
☐正常付汇　☑ 90 天以上信用证　☐ 90 天以上托收　☐异地付汇
☐不在名录　☐ 转口贸易
☐90 天以上到货</td></tr>
<tr><td>预计到货日期</td><td></td><td>进口批件号</td><td></td><td colspan="2">合同/发票号 DS1908E</td></tr>
<tr><td colspan="6">结算方式</td></tr>
<tr><td colspan="6">信用证　90 天以内☑　90 天以上☐　承兑日期　付汇日期　期限　天</td></tr>
<tr><td colspan="6">托　收　90 天以内☐　90 天以上☐　承兑日期　付汇日期　期限　天</td></tr>
<tr><td rowspan="2">汇
款</td><td colspan="5">预付货款☐　货到付汇☐　凭报关单付汇☐　付汇日期☐</td></tr>
<tr><td colspan="5">报关单号　报关日期　报关币种　金额　（略）
报关单号　报关日期　报关币种　金额
报关单号　报关日期　报关币种　金额
报关单号　报关日期　报关币种　金额
报关单号　报关日期　报关币种　金额
（若报关单填写不完，可另附纸）</td></tr>
<tr><td colspan="6">其他　　　付汇日期</td></tr>
<tr><td colspan="6">以下由付汇银行填写
申报号码☐☐☐☐☐☐☐☐☐☐☐☐☐☐☐☐☐☐☐☐☐☐☐☐☐☐☐☐☐☐☐☐☐☐☐☐
业务编号　　　审核日期：　　　（付汇银行签章）</td></tr>
</table>

（2）4 月 15 日，照相机运抵我国口岸，向海关申报应纳进口关税税额 107 100元，应纳增值税税额 153 153 元，见表 6-14、表 6-15。

表 6-14

中华人民共和国

海关__进口关税__专用缴款书

收入系统：　　　　填发日期：2020 年 4 月 15 日　　　　No：××××

收款单位	收入机关	中央金库			缴款单位（人）	名称	大地进出口公司
	科目	进口关税	预算级次	中央		账号	0200001909234216779
	收款国库	丽水区中心支库				开户银行	工商银行北蜂窝路支行

税号	货物名称	数量	单位	完税价格	价格税率	税款金额
	照相机	450	台	1 071 000	10%	107 100
金额人民币（大写）壹拾万零柒仟壹佰元整					合计（小写）	107 100

申请单位编号		报关编号	1235467	填制单位	收款国库（银行）
合同（批文）号		运输工具号		填制人	业务公章
交缴期限		提/装货单号		复核	
				单位盖章	

第一联（收据）国库收款签单后交缴款单位或缴纳人

表 6-15

海关进口增值税专用缴款书

收入系统：税务系统　　　　填发日期：2020 年 4 月 1 日　　　　No：××××

收款单位	收入机关	中央金库			缴款单位（个人）	名称	大地进出口公司
	科目	进口增值税	预算级次	中央		账号	0200001909234216779
	收款国库	丽水区中心支库				开户银行	工商银行北蜂窝路支行

税号	货物名称	数量	单位	完税价格	税率（%）	税款金额
	照相机	450	台	1 178 100	13%	153 153
金额人民币（大写）⊗壹拾伍万叁仟壹佰伍拾叁元					合计（小写）	153 153

申请单位编号		报关单编号		填制单位	收款国库(银行)
合同批文		运输工具			
缴款期限		提货单号			
备注　　照章征税　　15/4/2019				制单人： 复核人：	
国际代码：5					

第一联（收据）国库收款签单后交缴款单位或缴纳人

关税税额＝关税完税价格×关税税率＝1 071 000×10%＝107 100（元）

进口增值税＝（1 071 000＋107 100）×13%＝153 153（元）

账务处理如下。

借：在途物资——佳能照相机　　　　107 100

　　贷：应交税费——应交进口关税　　　　107 100

根据原始凭证，登记会计账簿，见表 6-16。

表 6-16

记账凭证

2020 年 4 月 5 日　　　　字第××号

摘要	会计科目	明细科目	借方金额										贷方金额										记账
			千	百	十	万	千	百	十	元	角	分	千	百	十	万	千	百	十	元	角	分	
计算进口关税 107 100 元	在途物资	佳能照相机			1	0	7	1	0	0	0	0											√
	应交税费	应交进口关税													1	0	7	1	0	0	0	0	√
合计				¥	1	0	7	1	0	0	0	0		¥	1	0	7	1	0	0	0	0	

会计主管：××　　记账：××　　审核：××　　制单：××

(3) 4 月 20 日，照相机入库完毕，结转其销售成本 1 071 000＋107 100＝1 178 100（元）。账务处理如下，见表 6-15。

借：库存商品——佳能照相机　　　　1 178 100

　　贷：在途物资——佳能照相机　　　　1 178 100

根据原始凭证，登记会计账簿，见表 6-17。

表 6-17

记账凭证

2020 年 4 月 20 日　　　　字第××号

摘要	会计科目	明细科目	借方金额										贷方金额										记账
			千	百	十	万	千	百	十	元	角	分	千	百	十	万	千	百	十	元	角	分	
结转 450 台佳能照相机成本 1 178 100 元	库存商品	佳能照相机		1	1	7	8	1	0	0	0	0											√
	在途物资	佳能照相机												1	1	7	8	1	0	0	0	0	√
合计			¥	1	1	7	8	1	0	0	0	0	¥	1	1	7	8	1	0	0	0	0	

会计主管：××　　记账：××　　审核：××　　制单：××

（4）4 月 25 日，支付进口日本照相机的进口关税和增值税。

借：应交税费——应交进口关税　　107 100

　　　　　　——应交增值税（进项税额）　　153 153

　贷：银行存款　　260 253

根据原始凭证，登记会计账簿，见表 6-18。

表 6-18

记 账 凭 证

2020 年 4 月 25 日　　字第××号

摘要	会计科目	明细科目	借方金额										贷方金额										记账
			千	百	十	万	千	百	十	元	角	分	千	百	十	万	千	百	十	元	角	分	
交纳进口关税、增值税260 253 元	应交税费	应交进口关税			1	0	7	1	0	0	0	0											√
	应交税费	应交增值税/进项税额			1	5	3	1	5	3	0	0											√
	银行存款														2	6	0	2	5	3	0	0	√
合计				¥	2	6	0	2	5	3	0	0		¥	2	6	0	2	5	3	0	0	

会计主管：××　　记账：××　　审核：××　　制单：××

表 6-19

中国工商银行

转账支票存根

IV V000068

科　　目：________

对方科目：________

出票日期：2020 年 4 月 25 日

收款人：××海关
金　额：¥260 253
用　途：支付税费

单位主管　周明　　会计　张洁

（5）4 月 26 日，接到业务部门转来增值税专用发票，列明照相机 450 台，每台 3 080 元，货款 1 386 000 元，增值税税额 180 180 元。收到商业大厦支付款项签发并承兑的商业汇票。账务处理如下，见表 6-20、表 6-21、表 6-22、表 6-23。

借：应收票据　　　　　　　　　　　　　　　　　　1 566 180

　　贷：主营业务收入——自营进口销售收入　　　　　　　　1 386 000

　　　　应交税费——应交增值税（销项税额）　　　　　　　180 180

根据原始凭证，登记会计账簿，见表 6-20。

表 6-20

记账凭证

2020 年 4 月 26 日　　　　　　　　字第××号

摘要	会计科目	明细科目	借方金额										贷方金额										记账
			千	百	十	万	千	百	十	元	角	分	千	百	十	万	千	百	十	元	角	分	
销售照相机 450 台，收到商品票据，货款 1 566 180 元	应收票据			1	5	6	6	1	8	0	0	0											√
	主营业务收入	自营进口销售收入												1	3	8	6	0	0	0	0	0	√
	应交税费	应交增值税/销项税额													1	8	0	1	8	0	0	0	√
合计			¥	1	5	6	6	1	8	0	0	0	¥	1	5	6	6	1	8	0	0	0	

会计主管：××　　　记账：××　　　审核：××　　　制单：××

同时结转成本：1 071 000＋107 100＝1 178 100（元）

借：主营业务成本　　　　　　　　　　　　　　　　1 178 100

　　贷：库存商品——佳能照相机　　　　　　　　　　　　1 178 100

根据原始凭证，登记会计账簿，见表 6-21。

表 6-21

记账凭证

2020 年 4 月 26 日　　　　　　　　字第××号

摘要	会计科目	明细科目	借方金额										贷方金额										记账
			千	百	十	万	千	百	十	元	角	分	千	百	十	万	千	百	十	元	角	分	
结转 450 台照相机成本 1 178 100 元	主营业务成本			1	1	7	8	1	0	0	0	0											√
	库存商品	佳能照相机												1	1	7	8	1	0	0	0	0	√
合计			¥	1	1	7	8	1	0	0	0	0	¥	1	1	7	8	1	0	0	0	0	

会计主管：××　　　记账：××　　　审核：××　　　制单：××

表 6-22

××增值税专用发票

国统一发票专用章 北京 国家税务总局监制

×××× 发票联 No：01092724

开票日期：2020 年 4 月 26 日

购货单位	名　　　称：大地进出口公司 纳税人识别号：110101400321230 地 址 、电 话：××丽水区北蜂窝路 14 号 68790001 开户行及账号：××工商银行北蜂窝路支行 0200001909234216779					密码区	略
货物或应税劳务名称	规格型号	单位	数量	单价	金额	税率（%）	税额
材料		只	450	3 080	¥1 386 000	13%	¥180 180
价税合计（大写）	壹佰伍拾陆万陆仟壹佰捌拾元整						（小写）¥1 566 180
销货单位	名　　　称：商业大厦 纳税人识别号：750134134971563 地 址 、电 话：××东城区王府井大街 6 号 87651200 开户行及账号：中行王府井分理处 066180360010776					备注	商业大厦 750134134971563 发票专用章

收款人：张义　　复核：马小明　　开票人：刘沙　　销货单位：

表 6-23

银行承兑汇票

签发日期：2020 年 4 月 26 日　　第××号

承兑申请人	全　称	商业大厦			收款人	全　称	大地进出口公司										
	账　号	066180360010776				账　号	0200001909234216779										
	开户银行	中行	行号	518		开户银行	工商银行北蜂窝路支行	行号	010								
汇票金额		人民币（大写） 壹佰伍拾陆万陆仟壹佰捌拾元整						千	百	十	万	千	百	十	元	角	分
								¥	1	5	6	6	1	8	0	0	0
汇票到期日		2020 年 7 月 25 日															
备　注：1621620		承兑协议编号				交易合同号码											
		负责：				经办：											

2. 货到结算

采用货到结算时进口商品的采购成本已经核算完毕，商品销售时，可以同时结转成本，见表 6-24。

表 6-24 货到结算的账务处理

业务情景	财务处理
接到外运公司通知货到口岸后，即向国内用户结算	借：应收账款 　　贷：主营业务收入 　　　　应交税费——应交增值税
同时结转进口成本，包括国外进价、运保费和进口关税	借：主营业务成本 　　贷：在途物资——进口商品采购

3. 出库结算

进口商品的采购成本早已核算完毕，并已转入库存，故商品销售时可以同时结转成本。当接到进口商品销售的出库通知单后，按合同或协议的销售价格向用户结算，结算的分录同前，并同时结转内销成本。

6.3 自营进口商品销售的特殊业务核算

6.3.1 销售退回的账务处理

自营进口商品销售采取单到结算方式，商品验收时，发现商品的质量与合同规定不符，外贸企业根据商检部门出具的商品检验证明书，与外商进行交涉，退回商品，收回货款。

自营进口商品退回的核算实例

【例 6-3】承【例 6-2】经商检局的检验，大地进出口公司购进的照相机为不合格产品，经与日本佳能株式会社协商，对方同意退货。

(1) 5 月 5 日，购汇垫付退还日本佳能照相机国外运费 800 美元，当日美元卖出价 6.80 元。

借：应收账款——国外运费　　　　(800×6.80) 5 440
　　贷：银行存款——美元　　　　　　　　　5 440

(2) 5 月 15 日，450 台照相机作进货退出处理，向税务部门申请退还已支付的进口关税。

借：应收账款——照相机　　　　　　1 071 000
　　应交税费——应交进口关税　　　　107 100
　　贷：主营业务成本——自营进口销售成本　　1 178 100

（3）5月15日，同时编制销售退回账务处理，开出红字专用发票。

借：主营业务收入　　1 386 000

　　应交税费——应交增值税（销项税额）　　180 180

　　贷：应付账款　　1 566 180

（4）5月20日，收到退货款，即350×450+800=158 300（美元），当日银行汇率1美元=6.82人民币元。

借：银行存款——美元　　（158 300×6.82）1 079 606

　　贷：应收账款　　（158 300×6.80）1 076 440

　　　　财务费用——汇兑损益　　3 166

（5）5月25日，签发转账支票，退还商业大厦的货款。

借：应付账款——商业大厦　　1 566 180

　　贷：银行存款　　1 566 180

（6）月末，收到税务机关退还的进口关税107 100元和增值税税额153 153元。

借：银行存款　　260 253

　　贷：应交税费——应交进口关税　　107 100

　　　　　　　　——应交增值税（进项税额）　　153 153

6.3.2 索赔、理赔的核算

自营进口商品销售采取单到结算方式，当进口商品到达时，所有权已属于国内客户，由其检验商品。如果发生商品短缺、质量与合同规定不符，应区别情况进行处理。

（1）如果属于运输单位或属于保险公司负责赔偿的范围，由国内客户向运输单位或保险公司索赔。

（2）如果属于国外出口商的责任，应由外贸企业根据商检部门出具的商品检验证明书在合同规定的对外索赔期限内向出口商提出索赔，并向国内客户理赔。

索赔、理赔的核算实例

【例6-4】2020年3月11日，大地进出口公司从加拿大史蒂夫公司购进羽绒服 600 套，每套 120 美元（CIF 价格），货款共计 72 000 美元，佣金 1 000美元。当日银行汇率为 1 美元＝6.80 人民币元，缴纳进口关税 88 560 元，缴纳增值税 75 276 元。这批羽绒服采取单到结算方式，已卖给双井百货公司，每套1 200元，货款共计 720 000 元，增值税 93 600 元，款已收妥入账。4 月 11 日，商品到达港口，进出口公司检验时发现其中 25 套羽绒服质量不合格。

（1）4 月 11 日，收到大地进出口公司转来商检部门出具的商品检验证明书，25 套羽绒服系史蒂夫公司的责任。大地进出口公司向外商提出索赔，经协商后，外商同意赔偿 3 000 美元，予以冲减商品销售成本。

借：应收账款　　（3 000×6.80）20 400

　　贷：主营业务成本　　20 400

（2）4 月 12 日，同时作销货退回处理，开出红字专用发票，应退货款 18 450元，增值税 2 398.50 元。

借：主营业务收入　　18 450

　　应交税费——应交进口增值税（销项税额）　　2 398.50

　　贷：应付账款——双井百货公司　　20 848.50

（3）4 月 13 日，向税务机关申请退还 25 套羽绒服已交的进口关税额 3 690元。

借：应交税费——应交进口关税　　3 690

　　贷：主营业务成本　　3 690

（4）4 月 20 日，收到史蒂夫公司赔偿款 3 000 美元，当日美元汇率的买入价为 6.82 元，予以结汇。

借：银行存款——美元　　（3 000×6.80）20 400

　　财务费用——汇兑损益　　60

　　贷：应收账款——应收外汇账款　　（3 000×6.82）20 460

（5）4 月 30 日，收到税务机关退还 25 套羽绒服的进口关税 3 690 元，增值税 2 398.5 元，存入银行。

借：银行存款　　6 088.5

　　贷：应交税费——应交进口关税　　3 690

　　　　　　　　——应交增值税（进项税额转出）　　2 398.5

6.4 易货贸易的核算

易货贸易（Barter Transaction）是指在换货的基础上，把等值的出口货物和进口货物直接结合起来的贸易方式。

6.4.1 易货贸易的特点

（1）创造新的交易媒介——易货额度，以易货额度作为计算交易价值等价物进入流通领域。易货额度是易货交易中虚拟的易货结算单位，是用来记录交易往来的记账凭证和支付手段。

（2）现代易货交易不只是一对一的交易，而是发生在多个企业间的商品和服务的交换。利用计算机网络，它不仅解决了信息不对称的问题，而且还打破了地域限制，扩大了交易范围，在选择更多的情况下让货物或服务实现自己的应有价值并增值。

（3）现代易货交易是一种灵活的交易方式，它不仅可以在计算机网络上进行，也可以通过交易公司的传统交易系统来进行，从而为企业提供了多项选择。

6.4.2 易货贸易的账务处理

1. 易货贸易出口业务的核算

外贸企业经营易货贸易出口业务应根据易货贸易合同或协议的规定采购出口商品，将商品验收入库、出口商品出库发运，向银行办理交单收汇、支付国内外直接费用、向税务部门申请退税和取得收汇通知或结汇水单等业务的核算方法与自营出口销售业务基本相同，但其销售收入和销售成本是通过“其他业务收入”账户和“其他业务成本”账户核算的。

易货贸易出口的核算实例

【例 6-5】大地进出口公司与波兰卡锡兰公司签订易货贸易合同，合同规定我方出口 3 500 辆森达牌自行车，每辆 50 美元（CIF 价格），货款 175 000 美元；我方进口钢材 300 吨，每吨 300 美元（CIF 价格），货款 90 000 美元。采取对开信用证结算方式。

（1）7 月 1 日，向北昌自行车厂购进森达牌自行车 3 500 辆，每辆 240 元，计货款 840 000 元，增值税 109 200 元，款项签发转账支票付讫，见表 6-25，表 6-26。

借：在途物资　　　　　　　　　　　　　　　　840 000

　　应交税费——应交增值税（进项税额）　　　109 200

　　贷：银行存款　　　　　　　　　　　　　　　　949 200

表 6-25

××增值税专用发票

发 票 联　　　　No：**01092745**

国家税务总局监制

××××　　　　开票日期：2020 年 7 月 1 日

购货单位	名　　称：大地进出口公司 纳税人识别号：110101400321230 地 址 、电 话：××市丽水区北蜂窝路 14 号 68790001 开户行及账号：××工商银行北蜂窝路支行 0200001909234216779					密码区	略
货物或应税劳务名称	规格型号	单位	数量	单价	金额	税率（%）	税额
森达自行车		辆	3 500	240	¥840 000	13%	¥109 200
价税合计（大写）	⊗玖拾肆万玖仟贰佰元整					（小写）	¥949 200
销货单位	名　　称：北昌自行车厂 纳税人识别号：780134134971563 地 址 、电 话：××市武良北路 45 号 开户行及账号：中行武良分理处 034180360010776					备注	北昌自行车厂 780134134971563 发票专用章

收款人：李娜　　　　复核：张晶　　　　开票人：苗妙　　　　销货单位：

表 6-26

中国工商银行 转账支票存根 IV V000074
科　　目：
对方科目：
出票日期：2020 年 7 月 1 日
收款人：北昌自行车厂
金　额：¥949 200
用　途：购买自行车
单位主管　周明　会计　张洁

（2）7 月 2 日，自行车已验收入库。

借：库存商品——库存出口商品　　　　　　　　840 000

　　贷：材料采购　　　　　　　　　　　　　　　840 000

（3）7 月 3 日，上项自行车已出库装船，作分录如下。

借：发出商品　　　　　　　　　　　　　　　　840 000

　　贷：库存商品——库存出口商品　　　　　　　840 000

（4）7 月 4 日，收到业务部门转来易货贸易销售自行车的发票副本和银行回单，开列森达牌自行车 3 500 辆，每辆 50 美元（CIF 价格），当日美元汇率买入价为 6.80 元。

借：应收账款——美元　　　（3 500×50×6.80）1 190 000

　　贷：其他业务收入——易货贸易　　　　　　　1 190 000

（5）7 月 4 日，同时结转易货贸易销售自行车的成本。

借：其他业务成本——易货贸易　　　　　　840 000

　　贷：发出商品　　　　　　　　　　　　　　840 000

（6）7 月 5 日，支付易货贸易国外运费 1 200 美元，保险费 150 美元，当日美元汇率卖出价为 6.82 元。

借：其他业务收入——易货贸易　[（1 200+150）×6.82] 9 207

　　贷：银行存款　　　　　　　　　　　　　　9 207

（7）7 月 10 日，向税务机关申报退税，增值税退税 10 920 元。

借：其他应收款——应收出口退税　　　　10 920

　　贷：应交税费——应交增值税——出口退税　　10 920

（8）7 月 20 日，收到银行转来结汇水单，175 000 美元收妥结汇，银行扣除 80 美元收汇手续费，其余部分已按当日买入价 6.80 元结汇。见表 6-27。

表 6-27　　中国工商银行　出口收汇核销专用联

填制日期：2020 年 7 月 20 日

客户名称：大地进出口公司

账　　号：××××

核销单号：××××

摘　　要	货币及金额
我行编号：××××　　汇入号：××× 汇入日期 2020/07/20　　金额 USD175 000 汇款人名 申报号码 汇款附言	USD175 000 制单 复核

借：银行存款　　　　　　　　　　　　1 189 456

　　财务费用　　　　　　　　　（80×6.80）544

　贷：应收账款　　　　　（175 000×6.80）1 190 000

2. 易货贸易进口业务的核算

外贸企业收到银行转来外商全套结算单据时，与易货贸易合同或协议核对无误后，据以支付货款，商品运达我国口岸后，申报进口关税、消费税和增值税，并按事先签订的合同将进口商品销售给国内客户，其核算方法与自营进口业务基本相同。其销售收入和销售成本也是通过“其他业务收入”账户和“其他业务成本”账户核算的。

易货贸易进口的核算实例

【例 6-6】 承【例 6-5】，收到易货贸易发来钢材的业务如下。

（1）7 月 21 日，接到银行转来波兰卡锡兰公司全套结算单据，开列钢材 300 吨，每吨 300 美元（CIF 价格），共计货款 90 000 美元，审核无误，购汇予以支付，当日美元汇率卖出价为 6.80 元，结算单据见表 6-28。

表 6-28 **贸易进口付汇核销单**

印单局代码：××××　　　　核销单编号：00120743

<table>
<tr><td colspan="3">单位代码</td><td colspan="2">单位名称：大地进出口公司</td><td colspan="2">所在地外汇局名称</td></tr>
<tr><td colspan="3">付汇银行名称</td><td colspan="2">汇款人国别　波兰</td><td colspan="2">交易编码 4782</td></tr>
<tr><td colspan="3">收款人是否在保税区：是□否□</td><td colspan="4">交易附言</td></tr>
<tr><td colspan="7">对外付汇币种　USD90 000　　对外付汇总额 USD90 000
其中：购汇金额　　现汇金额 0　　其他方式金额 0
人民币账号　　外汇账号</td></tr>
<tr><td colspan="7">付汇性质
□正常付汇　☑ 90 天以上信用证　□ 90 天以上托收　□异地付汇
□不在名录　□ 转口贸易
□90 天以上到货</td></tr>
<tr><td colspan="2">预计到货日期</td><td></td><td>进口批件号</td><td></td><td colspan="2">合同/发票号 DS1908E</td></tr>
<tr><td colspan="7">结算方式</td></tr>
<tr><td>信用证</td><td colspan="2">90 天以内□</td><td>90 天以上☑</td><td>承兑日期</td><td>付汇日期</td><td>期限　天</td></tr>
<tr><td>托　收</td><td colspan="2">90 天以内□</td><td>90 天以上□</td><td>承兑日期</td><td>付汇日期</td><td>期限　天</td></tr>
<tr><td rowspan="7">汇
款</td><td colspan="2">预付货款□</td><td>货到付汇□</td><td>凭报关单付汇□</td><td colspan="2">付汇日期□</td></tr>
<tr><td colspan="2">报关单号</td><td>报关日期</td><td>报关币种</td><td colspan="2">金额</td></tr>
<tr><td colspan="2">报关单号</td><td>报关日期</td><td>报关币种</td><td colspan="2">金额</td></tr>
<tr><td colspan="2">报关单号</td><td>报关日期</td><td>报关币种</td><td colspan="2">金额</td></tr>
<tr><td colspan="2">报关单号</td><td>报关日期</td><td>报关币种</td><td colspan="2">金额</td></tr>
<tr><td colspan="2">报关单号</td><td>报关日期</td><td>报关币种</td><td colspan="2">金额</td></tr>
<tr><td colspan="6">（若报关单填写不完，可另附纸）</td></tr>
<tr><td colspan="3">其他</td><td colspan="4">付汇日期</td></tr>
<tr><td colspan="7">以下由付汇银行填写</td></tr>
<tr><td colspan="7">申报号码□□□□□□□□□□□□□□□□□□□□□□□□□□□□□□□□□□□□
业务编号　　审核日期：　　（付汇银行签章）</td></tr>
</table>

借：在途物资——卡锡兰公司钢材　　612 000

　　贷：银行存款——美元　　(90 000×6.80) 612 000

(2) 7 月 28 日，钢材运达我国口岸，假设钢材进口关税税率为 10%，增值税税率为 13%，即申报应纳进口钢材增值税 [(612 000+61 200) ×13%] 87 516元。

进口关税=612 000×10%=61 200（元）

进口增值税= (612 000+61 200) ×13%=87 516（元）

借：在途物资——卡锡兰公司钢材　　61 200

　　贷：应交税费——应交进口关税　　61 200

同时，借：原材料——卡锡兰公司钢材 (612 000+61 200) 673 200

　　　　贷：在途物资——卡锡兰公司钢材　　673 200

(3) 7 月 28 日，钢材已全部售给北京第七建筑公司，收到业务部门转来增值税专用发票，列明钢材 300 吨，每吨 4 120 元，计货款 1 236 000 元，增值税额 160 680 元，款项已收到转账支票，存入银行。

借：银行存款　　1 396 680

　　贷：其他业务收入——易货贸易　　1 236 000

　　　　应交税费——应交增值税（销项税额）　　160 680

(4) 7 月 28 日，同时结转钢材销售成本 673 200 元 (612 000+61 200)。

借：其他业务成本——易货贸易　　673 200

　　贷：原材料——卡锡兰公司钢材　　673 200

(5) 8 月 2 日，以银行存款支付进口钢材关税和增值税。

借：应交税费——应交增值税（进项税额）　　87 516

　　　　　　——应交进口关税　　61 200

　　贷：银行存款　　148 716

6.5 代理进口销售的核算

代理进口销售是指涉外企业受国内客户委托代为办理进口货物的一种业务。

6.5.1 代理进口业务销售收入的确认

外贸企业经营代理业务原则，如图 6-2 所示。

外贸企业经营代理业务原则

- 不垫付进口商品资金
- 不负担进口商品的国内外直接费用
- 不承担进口业务盈亏
- 根据进口商品金额CIF价格，按规定的代理手续费率向委托单位收取代理手续费

图 6-2 外贸企业经营代理业务原则

根据这些原则，委托单位必须预付采购进口商品的资金，外贸企业只有在向委托单位收妥款项后，才能与进口商签订进口合同；委托单位必须提供出口货源，负担代理业务所发生的国内外直接费用和进口商品所发生的各项税收，并承担进口业务的盈亏。

外贸企业代理进口业务，应以开出进口结算单，向国内委托办理货款的结算的时间确认销售收入的实现。

6.5.2 代理进口业务的核算

代理进口业务的账务处理，见表 6-29。

表 6-29　　代理进口业务的账务处理

业务情景	账务处理
收到委托单位的预付货款时	借：银行存款 　贷：预收账款
收到银行转来国外全套结算单据时	借：预付账款 　贷：银行存款
根据代理出口商品金额 CIF 价格的一定比例，开具收取代理手续费的发票	借：预收账款 　贷：其他业务收入

代理业务进口的核算实例

【例 6-7】 新世纪进出口公司受理春风经销公司代理进口韩国服装，以 FOB 价格成交。

(1) 10月6日，收到春风经销公司预付服装价款1 260 000元。

借：银行存款　　1 260 000

　　贷：预收账款——春风经销公司　　1 260 000

(2) 10月10日，购汇支付韩国城丽衣舍公司服装的国外运费2 200美元，保险费400美元，当日卖出汇率为6.78元。

借：预收账款　　［(2 200+400)×6.78］17 628

　　贷：银行存款——美元　　17 628

(3) 10月20日，收到银行转来韩国城丽衣舍公司全部结算单据，服装1 200件，每件85美元，货款共计102 000美元，明佣1 500美元。扣除佣金后付款，当日银行卖出价为6.75元。

借：预收账款——服装［(102 000−1 500)×6.75］678 375

　　贷：银行存款——美元　　678 375

(4) 10月20日，按代理服装货款CIF价格的3%向春风经贸公司收取代理手续费2 500美元，当日汇率为6.75元。

借：预收账款　　(2 500×6.75) 16 875

　　贷：其他业务收入　　16 875

(5) 10月24日，韩国服装运达我国口岸，向海关申报应纳进口关税税额52 000元，增值税税额121 750元。

借：预收账款　　173 750

　　贷：应交税费——应交进口关税　　52 000

　　　　　　　——应交增值税（进项税额）　　121 750

(6) 10月30日，按代理服装手续费收入16 875元的13%计提应交增值税。

借：其他应收款　　2 193.75

　　贷：应交税费——应交增值税（销项税额）　　2 193.75

(7) 10月30日，缴纳代理进口服装的关税、消费税和增值税。

借：应交税费——应交进口关税　　52 000

　　　　　　——应交增值税（销项税额）　　123 943.75

　　贷：银行存款　　175 943.75

(8) 10月30日，签发转账支票退还预收春风经贸公司代理进口服装余款371 178.25元。

借：预收账款　　371 178.25

　　贷：银行存款　　371 178.25

第7章
进出口货物纳税的核算

根据《海关法》和《进出口关税条例》的规定，进出口货物除国家另有规定外，均应征收关税。除了征收关税外，还要征收增值税，某些商品还要征收消费税。本章主要介绍进口关税、出口关税、进口增值税、进出口消费税的核算。

7.1 进出口关税的核算

7.1.1 关税概述

关税（Traiff）是指进出口商品在经过一国关境时，由政府设置的海关向进出口国所征收的税种。关税是国际通行税种，是各国根据本国经济和政治的需要，用法律形式确定，由海关对进出口货物征收的一种流转税。

（1）根据应税货物的不同流向分类，关税分为以下几种，见表 7-1。

表 7-1　根据应税货物不同流向分类

种　类	含　义
进口关税	海关对输入本国的货物和物品征收的关税。一般是在货物和物品进入关境时征收。如果海关设有保税仓库，进口货物不是直接进入国内市场，则需待货物由保税仓库转出并投入国内市场时征收进口税
出口关税	海关对输出本国的货物和物品征收的关税
过境关税	海关对运经本国关境，销往第三国的外国货物征收的关税

（2）根据征收的目的分类，关税分为以下几种，见表 7-2。

表 7-2　根据征收目的分类

种　类	含　义
财政关税	以增加财政收入为主要目的而征收的关税
保护关税	以保护本国产业发展为主要目的而征收的关税

（3）根据征税标准分类，关税分为以下几种，见表 7-3。

表 7-3　根据征税标准分类

种　类	含　义
从价关税	以货物的价格为计税标准而计算征收的一种关税
从量关税	是以货物的计量单位为计税标准计算征收的一种关税

续上表

种　类	含　义
复合关税	对同一种进口货物采用从价与从量两种标准计算征收的一种关税。征税时，或以从价税为主，加征从量税；或以从量税为主，加征从价税
选择关税	对同一种货物，同时规定从价税和从量税两种税率，征税时选择其中的一种进行课征的一种关税
滑动关税	对某种进口货物规定其价格的上、下限，按国内货价涨落情况，分别采用几种高低不同税率的一种关税
配额关税	对某种进口商品同时涉及配额内税率和配额外税率，进口商品在配额以内的适用低税率，在配额以外的适用高税率征收的关税

（4）根据税率制定的标准分类，关税分为以下几种，见表7-4。

表7-4　　根据税率制定的标准分类

种　类	含　义
自主关税	由一国政府独立自主地制定的关税，包括关税率及有关关税的各种法规、条例。实行自主关税的国家，可同时对缔有贸易协定、在自愿对等基础上相互减让关税的国家实行协定关税
协定关税	一个国家与另一个国家之间通过协商相互给予对方优惠待遇的关税制度。如果一方遭受对方的胁迫，非自愿地给予对方以优惠待遇又不能享受对方给予对等的优惠，就是片面的协定关税，这构成一国对另一国的特权

7.1.2　关税税率

关税税率是指根据《海关进出口税则》规定的对课征对象征税时计算税额的比例。

关税税则分为单式税则和复式税则两种，大多数国家实行复式税则。

各国复式税则不同，有二、三、四、五栏不等，设有普通税率、最惠国税率、协定税率、特惠税率等，一般是普通税率最高，特惠税率最低。

我国进口关税设置最惠国税率、协定税率、特惠税率、普通税率、关税配额税率等几种形式，见表7-5。

表7-5　　我国进口关税的设置

种　类	含　义
最惠国税率	某国来自其最惠国的进口产品享受的关税税率。根据最惠国待遇原则，最惠国税率一般不得高于现在或将来来自第三国同类产品所享受的关税税率。所谓最惠国待遇原则，是指缔结经济贸易条约协定的一项法律原则，又称无歧视待遇原则，指缔约一方在贸易、航海、关税、公民的法律地位等方面给予缔约国第一方的优惠待遇

续上表

种　　类	含　　义
协定税率	一国根据其与别国签订的贸易条约或协定而制定的关税税率。协定税率是相对于国定税率而言的
特惠税率	我国海关税税则中的一栏税率，对原产于与中华人民共和国签订含有特殊关税优惠条款的贸易协定的国家或者地区的进口货物，适用特惠税率
普通税率	原产于以上所列外的国家或者地区的进口货物，以及原产地不明的进口货物，适用普通税率
关税配额税率	对实行关税配额管理的进口货物，关税配额内的，适用关税额税率；关税配额外的，按不同情况分别适用于最惠国税率、协定税率、特惠税率或普通税率

2019 年 4 月 8 日，国务院关税税则委员会发布关于调整进境物品进口税有关问题的通知。其中，烟、酒贵重首饰及珠宝玉石；高档化妆品等物品进口税率调降 50%。

将进境物品进口税税目 1、2 的税率分别调降为 13%、20%。将税目 1“药品”注释修改为“对国家规定减按 3%征收进口环节增值税的进口药品，按照货物税率征税”，自 2019 年 4 月 9 日起实施。

进口货物增值税税率自 2019 年 4 月 1 日起由 16%、10%调整为 13%、9%；进口罕见病药品自 3 月 1 日起减按 3%征收进口环节增值税。为使增值税改革红利直接惠及普通群众，此次重点下调日用消费品的行邮税税率，对食品等归入税目 1 的物品税率由 15%降至 13%；对纺织品等归入税目 2 的物品税率由 25%降至 20%。

经国务院批准，国务院关税税则委员会近日印发通知，自 2020 年 1 月 1 日起，调整部分商品进口关税。自 2020 年 1 月 1 日起，我国将对 850 余项商品实施低于最惠国税率的进口暂定税率。

7.1.3　关税的核算方法

关税有从价、从量、复合和滑准四种计税方法，见表 7-6。

表 7-6　　关税的核算方法

方　法	含　　义
从价税	从价税为从量税的对称。是以课税对象的价值或价格形式为标准，按一定比例计算征收的各种税。是依税收的计税标准进行的归类

续上表

方　法	含　　义
从量税	是以课税对象的重量、容积、面积、长度等计量单位为标准，按固定单位税额计征的各种税，是依税收的计税标准进行的分类。例如我国的盐税，按盐的重量（吨）和单位税额征收
复合税	也称复税制、复合税制。“单一税制”的对称。指一个国家同时征收两种以上的税种的税收制度，是依税制的总体设计类型对税收进行的分类。复合税可以分为两种：一种是以从量税为主加征从价税；另一种是以从价税为主加征从量税
滑准税	又称滑动税，是对进口税则中的同一种商品按其市场价格标准分别制订不同价格档次的税率而征收的一种进口关税。其高档商品价格的税率低或不征税，低档商品价格的税率高

1. 从价计征关税应纳税额的计算

应纳关税税额＝应税进（出）口货物数量×单位完税价格×适用税率

从价计征关税的核算实例

【例 7-1】 2019 年 1 月，大地进出口公司进口小轿车 300 辆，每辆货价 75 000元。该批小轿车运抵我国上海港口起卸前的包装、运输、保险和其他劳务费用共计 150 000 元；小轿车关税税率为 110%。计算该批小轿车应纳关税税额。

（1）该批小轿车的完税价格 ＝75 000×300＋150 000＝22 650 000（元）

（2）应纳进口关税税额＝22 650 000×110%＝24 915 000（元）

2. 从量计征关税应纳税额的计算

应纳关税税额＝应税进（出）口货物数量×适用单位税额

应纳税额＝应税进（出）口货物数量×单位完税价格× 适用税率

需要特别指出的是，进口货物数量的单位应与单位关税税额的单位一致。

从量计征关税的核算实例

【例 7-2】 绿地进出口公司进口原油 1 000 吨，假设原油的关税税率为 85 元/吨。即：

应纳进口关税税额＝应税进出（口）货物数量×关税税额

＝1 000×85＝85 000（元）

3. 复合计征应纳关税税额的计算

应纳进口关税税额＝应税进口货物数量×关税单位税额＋应税进口货物数量×单位完税价格×适用税率

从价部分的关税额＝进口货物完税价格×进口关税税率

从量部分的关税额＝进口货物数量×单位关税税额

复合计征关税的核算实例

【例 7-3】盈科外贸公司进口卷烟 1 000 标准条，共计 200 000 人民币元。假设关税比例税率为 30%，定额关税为 0.005 元/支，1 标准条有 200 支。

从价部分的进口关税税额＝200 000×30%＝60 000（元）

从量部分的进口关税税额＝1 000×200×0.005＝1 000（元）

即当期应缴纳进口关税税额＝60 000＋1 000＝61 000（元）

4. 滑准税应纳税额的计算

滑准税，又称滑动税，是对进口税则中的同一种商品按其市场价格标准分别制订不同价格档次的税率而征收的一种进口关税。其高档商品价格的税率低或不征税，低档商品价格的税率高。

应纳税额＝应税进出口货物完税价格×滑准税税率

7.1.4 关税完税价格的确定

对于经海关批准的暂时进境的货物，应当按照《海关审定进出口货物完税价格办法》的规定，估定完税价格。

根据我国现行《海关法》规定，进口货物的完税价格包括货价、货物运抵我国境内输入地点起卸前的运输费用、保险费及相关费用。我国境内输入地点是指入境海关地，包括内陆河、江口岸，一般为第一口岸。

1. 进口货物关税完税价格的确定

进口货物完税价格由海关以进口货物的成交价格为基础审核确定。一般包括货价、货物运抵中华人民共和国海关境内输入地点起卸前的运费和保险费。通常以 CIF 价格为基础。若货物在交易的过程中，卖方付给我方正常的折扣，则应在成交价格中扣除。

进口货物以到岸价格（CIF）、到岸价格加佣金价格（CIFC）、到岸价格加战争险价格（CIPW）成交的，经海关审定后，可作为完税价格。见表 7-7。

表 7-7　　进口货物完税价格的确定

种类	定　义	计算公式
CIF 价格	以我国口岸到岸价格（CIF）成交的，则成交价格就是关税完税价格	关税完税价格＝CIF
CFR 价格	进口货物采用 CFR 价格成交，应加保险费组成完税价格	完税价格＝CFR÷（1－保险费率）
FOB 价格	进口货物采用 FOB 价格成交，应加保险费和运费组成完税价格	完税价格＝（FOB＋运费）÷（1－保险费率） ＝FOB＋运杂费＋保险费

（1）以 CIF 成交的进口货物的计算。

以 CIF 成交的进口货物核算实例

【例 7-4】大地进出口公司从德国进口小汽车 200 辆，其成交价格为 CIF 天津新港 490 000 000 美元，假设小汽车进口关税税率为 20%，当日外汇汇率 1 美元＝6.80 人民币元。

小汽车进口关税税额＝490 000 000×6.80×20%＝666 400 000（元）

表 7-8

海关进口关税专用缴款书

收入系统：税务系统　　　　填发日期：2020 年 1 月 6 日　　　　号码：××××

收款单位	收入机关	中央金库			缴款单位（个人）	名　称	大地进出口公司
	科　目	进口关税	预算级次	中央		账　号	07422568789
	收款国库	丽水区中心支库				开户银行	工商银行北蜂窝路支行
税号		货物名称	数量	单位	完税价格	税率（%）	税款金额
		小汽车	200	辆	3 332 000 000	20%	666 400 000
金额人民币（大写）		陆亿陆仟陆佰肆拾万元整			合计（小写）	666 400 000	
申请单位编号			报关单编号		填制单位	收款国库（银行）	
合同批文			运输工具				
缴款期限			提货单号	工商银行北蜂窝路支行 2020-01-06 转讫 03			
备注　照章征税　6/1/2020 国际代码：××××					制单人： 复核人： 中华人民共和国丽水海关 业务讫 管理专用章		

第一联（收据）国库收款签单后交缴款单位或缴纳人

（2）以 FOB 和 CFR 成交进口货物的计算。

以 FOB 和 CFR 条件成交的进口货物，在计算税款时应先把进口货物的申报价格折算成 CIF 价，然后再按上述程序计算税款。

以 FOB 价格成交的进口货物核算实例

【例 7-5】大地进出口公司从国外进口一批中厚钢板共计 200 000 吨，成交价格为 FOB 2.5 英镑/吨。已知单位运费为 0.5 英镑，保险费率为 0.25%，已知海关填发税款缴款书之日的外汇牌价：

1 英镑＝11.268 3 人民币元（买入价）

1 英镑＝11.885 7 人民币元（卖出价）

①根据填发税款缴款书当日的外汇牌价，将货款折算为人民币。

外汇买卖中间价＝（11.268 3＋11.885 7）÷2＝11.577（元）

进口货物完税价格＝（FOB 价格＋运费）÷（1－保险费率）＝（2.5＋0.5）÷(1－0.25%）＝3.007 5（元）

②计算关税税款：根据税则归类，中厚钢板是日本原产货物适用于最惠国税率，最惠国税率为 10%。

则：该批货物进口关税税款＝3.007 5×200 000×11.577×10%＝696 356.55（元）

表 7-9

海关进口关税专用缴款书

收入系统：税务系统　　　填发日期：2020 年 1 月 6 日　号码：029820050185054065-I02

收款单位	收入机关	中央金库			缴款单位（个人）	名称	大地进出口公司
	科目	进口关税	预算级次	中央		账号	07422568789
	收款国库	丽水区中心支库				开户银行	工商银行北蜂窝路支行

税号	货物名称	数量	单位	完税价格	税率（%）	税款金额
122436	中厚钢板	200 000	吨	6 963 565.5	10%	696 356.55

金额人民币（大写）	陆拾玖万陆仟叁佰伍拾陆元伍角伍分		合计（小写）	696 356.55
申请单位编号		报关单编号	填制单位	收款国库（银行）
合同批文		运输工具		
缴款期限		提货单号		
备注	照章征税	6/1/2019	制单人：	
			复核人：	
国际代码：××××				

工商银行北蜂窝路支行 2020-01-06 转讫 03

中华人民共和国丽水海关 业务讫 管理专用章

第一联（收据）国库收款签单后交缴款单位或缴纳人

2. 出口关税完税价格的确定

出口货物的完税价格由海关以该货物的成交价格为基础确定，并应当包括货物运至中华人民共和国境内输出地点装载前的运输及其相关费用、保险费。

（1）以货物的成交价格确定关税完税价格。

出口关税完税价格的确定，见表 7-10。

表 7-10　出口关税计价基础

价格基础	计算公式
以 FOB 价格为基础	关税完税价格＝FOB 价格÷（1＋出口关税税率）
以 CIF 价格为基础	关税完税价格＝（CIF 价－保险费－运费）÷（1＋出口关税税率）
以 CFR 价格为基础	关税完税价格＝（CFR－运费）÷（1＋出口关税税率）

需要注意的是，下列税收、费用不计入出口货物的完税价格。

①出口关税。

②在货物价款中单独列明的货物运至中华人民共和国境内输出地点装载后的运输及其相关费用、保险费（即出口货物的运保费最多算至离境口岸时止）。

③在货物价款中单独列明由卖方承担的佣金。

（2）出口货物海关估定方法。

出口货物的成交价格不能确定的，海关经了解有关情况，并与纳税义务人进行价格磋商后，依次以下列价格审查确定该货物的完税价格。

①同时或者大约同时向同一国家或者地区出口的相同货物的成交价格。

②同时或者大约同时向同一国家或者地区出口的类似货物的成交价格。

③根据境内生产相同或者类似货物的成本、利润和一般费用（包括直接费用和间接费用）、境内发生的运输及其相关费用、保险费计算所得的价格。

④按照合理方法估定的价格。

3. 关税账户的设置

进出口企业自营出口应缴纳的关税。由于关税是价内税，所以，企业进口货物应纳的关税应直接计入采购成本。按完税价格和适用税率计算出应纳进口关税税额后，借记“材料采购”科目，贷记“应交税费——应交进口关税”科目；实际缴纳进口关税时，借记“应交税费——应交进口关税”科目，贷记“银行存款”科目。进口关税核算按进口货物的形式可分为自营进出口关税、代理进出口关税、易货贸易出口的核算。

4. 自营业务进出口关税的核算

自营进口关税和自营出口关税核算实例如下。

（1）自营进口关税的核算。

自营进口关税核算实例

【例 7-6】 2020 年 1 月 8 日，大地进出口公司从国外自营进口商品一批，该商品的到岸价格为人民币 300 000 元，进口商品的关税税率为 30%，则该公司关税的计算及会计处理如下。

①计算应纳关税税额和商品采购成本

应纳关税税额＝300 000×30%＝90 000（元）

商品采购成本＝300 000＋90 000＝390 000（元）

②支付购进商品采购成本，账务处理如下。

借：在途物资　　　　　　　　　　300 000

　　贷：银行存款　　　　　　　　　　300 000

根据原始凭证，登记会计账簿，见表 7-11。

表 7-11

记账凭证

2020 年 1 月 8 日　　　　字第××号

摘要	会计科目	明细科目	借方金额										贷方金额										记账
			千	百	十	万	千	百	十	元	角	分	千	百	十	万	千	百	十	元	角	分	
支付进口商品货款300 000元	在途物资				3	0	0	0	0	0	0	0											√
	银行存款														3	0	0	0	0	0	0	0	√
合计				¥	3	0	0	0	0	0	0	0		¥	3	0	0	0	0	0	0	0	

会计主管：××　　记账：××　　审核：××　　制单：××

③实际缴纳关税时，账务处理如下。

借：应交税费——应交进口关税　　　　　　90 000

　　贷：银行存款　　　　　　　　　　　　90 000

根据原始凭证，登记会计账簿，见表 7-12。

表 7-12

记账凭证

2020 年 1 月 8 日　　　　字第××号

摘要	会计科目	明细科目	借方金额										贷方金额										记账
			千	百	十	万	千	百	十	元	角	分	千	百	十	万	千	百	十	元	角	分	
支付关税 90 000 元	应交税费	应交进口关税				9	0	0	0	0	0	0											√
	银行存款															9	0	0	0	0	0	0	√
合计					¥	9	0	0	0	0	0	0			¥	9	0	0	0	0	0	0	

会计主管：××　　记账：××　　审核：××　　制单：××

④1 月 10 日商品验收入库时，账务处理如下。

借：库存商品　　390 000

　　贷：在途物资　　390 000

根据原始凭证，登记会计账簿，见表 7-13。

表 7-13

记账凭证

2020 年 1 月 10 日　　　　字第××号

摘要	会计科目	明细科目	借方金额										贷方金额										记账
			千	百	十	万	千	百	十	元	角	分	千	百	十	万	千	百	十	元	角	分	
商品验收入库	库存商品				3	9	0	0	0	0	0	0											√
	在途物资														3	9	0	0	0	0	0	0	√
合计				¥	3	9	0	0	0	0	0	0		¥	3	9	0	0	0	0	0	0	

会计主管：××　　记账：××　　审核：××　　制单：××

（2）自营出口关税的核算。

自营出口关税核算实例

【例 7-7】大地进出口公司出口钨丝一批，FOB 价格 120 000 美元，出口关税税率为 20%，收到海关填发的税款交纳凭证，见表 7-14。当日美元汇率的中间价为 6.85 元，计算应交纳的出口关税税额。

钨丝出口关税完税价格＝120 000÷（1＋20％）×6.85＝685 000（元）

应纳出口关税税额＝685 000×20％＝137 000（元）

表 7-14

海关出口关税专用缴款书

收入系统：税务系统　　填发日期：2020 年 1 月 1 日　　号码：×××××

<table>
<tr><td rowspan="3">收款单位</td><td>收入机关</td><td colspan="3">中央金库</td><td rowspan="3">缴款单位（个人）</td><td>名　称</td><td colspan="2">大地进出口公司</td></tr>
<tr><td>科　目</td><td>进口关税</td><td>预算级次</td><td>中央</td><td>账　号</td><td colspan="2">0200001909234216779</td></tr>
<tr><td>收款国库</td><td colspan="3">丽水区中心支库</td><td>开户银行</td><td colspan="2">工商银行北峰窝路支行</td></tr>
<tr><td colspan="2">税号</td><td>货物名称</td><td>数量</td><td>单位</td><td>完税价格</td><td>税率（％）</td><td colspan="2">税款金额</td></tr>
<tr><td colspan="2">1232</td><td>钨丝</td><td></td><td></td><td>685 000</td><td>20％</td><td colspan="2">137 000</td></tr>
<tr><td colspan="2"></td><td></td><td></td><td></td><td></td><td></td><td colspan="2"></td></tr>
<tr><td colspan="2">金额人民币（大写）</td><td colspan="7">⊗壹拾叁万柒仟元整</td></tr>
<tr><td colspan="2">申请单位编号</td><td></td><td>报关单编号</td><td colspan="2"></td><td>填制单位</td><td colspan="2">收款国库（银行）</td></tr>
<tr><td colspan="2">合同批文</td><td></td><td>运输工具</td><td colspan="2"></td><td></td><td colspan="2"></td></tr>
<tr><td colspan="2">缴款期限</td><td></td><td>提货单号</td><td colspan="2"></td><td></td><td colspan="2"></td></tr>
<tr><td colspan="9">备注　　照章征税　　1/1/2019　　制单人：
复核人：
国际代码：××××</td></tr>
</table>

第一联（收据）国库收款签单后交缴款单位或缴纳人

借：税金及附加　　137 000

　　贷：应交税费——应交出口关税　　137 000

（3）易货贸易进口业务。

易货贸易进口业务所计算的关税，通过“应交税费——应交进口关税”“其他业务成本”等账户反映。账务处理如图 7-1 所示。

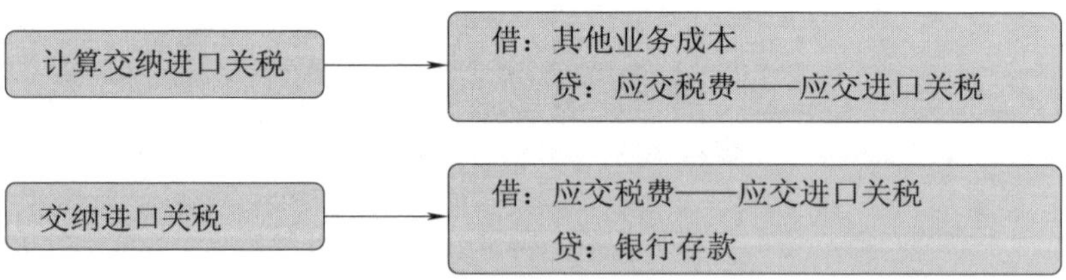

图 7-1　易货贸易进口业务处理

5. 代理业务进出口关税的计算

代理业务对受托方来说，一般不垫付货款，大多以收取手续费形式为委托方提供代理服务。因此，关税均由委托单位负担，受托单位即使向海关缴纳了关税，也只是代垫或代付，日后仍要从委托方收回。

代理进出口业务所计缴的关税，在会计核算上也是通过设置“应交税费”账户来反映的，其对应账户是“应付账款”“应收账款”“银行存款”等。

代理进口关税核算实例

【例 7-8】天源公司委托大地进出口公司进口商品一批，进口货款1 750 000元已汇入大地进出口公司账户。该进口商品CIF价格为210 000美元，进口关税税率为20%，当日的外汇牌价为1美元=6.80人民币元。按货款的2%收取手续费。现该批商品已运达，向委托单位办理结算。

（1）计算该批商品成本。

①计算关税完税价格

关税完税价格=210 000×6.80=1 428 000（元）

②计算进口关税

进口关税=1 428 000×20%=285 600（元）

③计算代理手续费

代理手续费=1 428 000×2%=28 560（元）

（2）根据上述计算资料，编制大地进出口公司接受委托单位货款及向委托单位收取关税和手续费等会计分录。

①收到委托单位划来进口货款时，账务处理如下。

借：银行存款　　1 750 000

　　贷：应付账款——天源公司　　1 750 000

②对外付汇进口商品时，账务处理如下。

借：应付账款　　1 428 000

　　贷：银行存款　　1 428 000

③支付进口关税时，账务处理如下。

借：应付账款——天源公司　　285 600

　　贷：应交税费——应交进口关税　　285 600

借：应交税费——应交进口关税　　285 600

　　贷：银行存款　　285 600

④将进口商品交付委托单位并收取手续费时，账务处理如下。

借：应收账款——天源公司　　28 560

　　贷：其他业务收入——手续费（210 000×6.80×2%）　　28 560

⑤将委托单位剩余的进口货款退回时。退回款为 7 840 元（1 750 000－285 600－1 428 000－28 560）。账务处理如下。

借：应付账款——天源公司　　7 840

　　贷：银行存款　　7 840

代理出口关税核算实例

【例 7-9】大地进出口公司代理甲工厂出口一批商品。FOB 价折合人民币为 150 000 元，出口关税税率为 20%，手续费为 8 800 元。

（1）计算应交出口关税如下。

150 000÷（1＋20%）×20%＝25 000（元）

（2）计算出口关税时，账务处理如下。

借：应付账款——甲工厂　　25 000

　　贷：应交税费——应交出口关税　　25 000

（3）缴纳出口关税时，账务处理如下。

借：应交税费——应交出口关税　　25 000

　　贷：银行存款　　25 000

（4）应收手续费时，账务处理如下。

借：应收账款——甲工厂　　8 800

　　贷：其他业务收入——手续费　　8 800

（5）收到委托单位付来的税款及手续费时。

借：银行存款（25 000＋8 800）　　33 800

　　贷：应收账款——甲工厂　　33 800

7.1.5　关税的减免

根据《中华人民共和国海关法》（以下简称《海关法》）和《中华人民共和国进出口关税条例》（以下简称《关税条例》）的有关规定，关税的减免主要包括：法定减免、特定减免税和临时减免税。除法定减免税之外的其他减免税均由国务院决定。

1. 法定减免

法定减免是指在《海关法》《关税条例》和关税税则中统一规定的减免税，如图 7-2 所示。

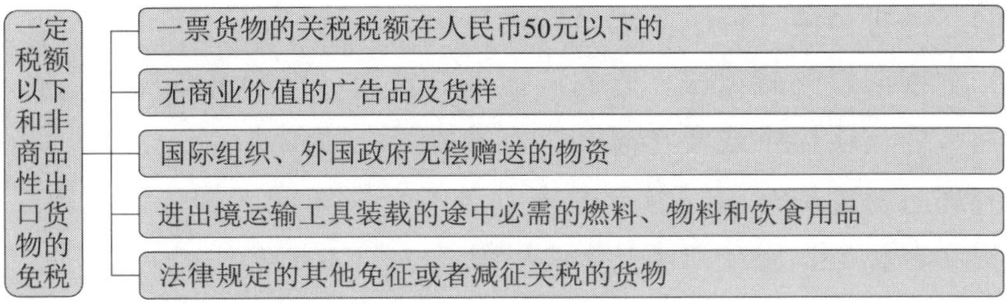

图 7-2　关税法定减免

2. 特定减免税

特定减免税也称政策性减免税。在法定减免税之外，国家按照国际通行规则和我国实际情况，制定发布的有关进出口货物减免关税的政策，称为特定或政策性减免税。特定减免税货物一般有地区、企业和用途的限制，海关需要进行后续管理，也需要减免税统计，如图 7-3 所示。

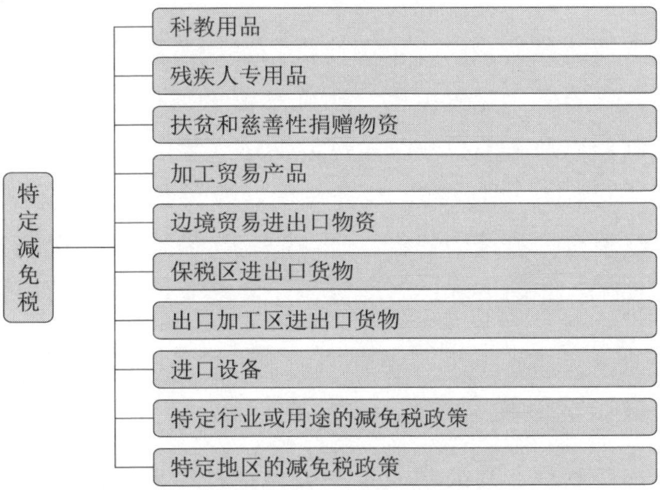

图 7-3　特定减免税范围

3. 临时减免税

临时减免税规定如下：

（1）经海关核准暂时进境（或暂时出境）并保证 6 个月内复运出境（或复运进境）的展览品、施工机械、工程车辆、供安装用的仪器和工具、电视或电影摄制器械、盛装货物的容器、剧团服装道具，在货物收发货人向海关缴纳相当于税款的保证金或提供担保后，准予暂时免纳关税。

（2）为制造外销产品而进口的原料、辅料、零件、部件、配套件和包装物料的免税。这项免税既可直接按实际加工出口的成品数量免征进口税，也可先征料、件进口税，待成品出口后退税。

(3) 货物遇损的减免税。下列遇损进口货物可以酌情减税或免税：

①在境外运输途中或者在起卸时，遭受损坏或损失的。

②起卸后海关放行前，因不可抗力而遭受损坏或者损失的（海关查验时已经破损或者腐烂，经证明不是因仓储管理人员不慎造成的）。

(4) 中华人民共和国缔结或者参加的国际条约规定减征、免征关税的货物、物品。

7.2 增值税的核算

《中华人民共和国增值税法（征求意见稿）》与现行《中华人民共和国增值税暂行条例》主要变化有：起征点为季销售额30万元、明确购买方为扣缴义务人、修改了“境内”发生交易的概念、进口货物组成计税价格变化、纳税期限变化以方便纳税人、修改了不能抵扣进项税的项目和不征收增值税的范围、扩大了教育服务业免税范围、明确了留抵退税的法定地位、提出了增值税的缴存机制，以及新旧税收政策过渡期达5年的规定。

2019年3月21日，财政部、税务总局、海关总署公布第39号公告《关于深化增值税改革有关政策的公告》（下称2019年第39号公告），从2019年4月1日起，将制造业等行业16%增值税率降至13%、交通运输和建筑等行业10%增值税率降至9%。

7.2.1 进口增值税

外贸企业进口商品，其采购成本一般包括进口商品的国外进价（一律以到岸价格为基础）和应缴纳的关税。进口商品增值税的会计核算与国内购进商品基本相同，主要区别有两点。

一是外汇与人民币的折合，因为进口商品要使用外汇，企业记账要以人民币作为本位币。

二是进口商品确定进项税额时的依据不是增值税专用发票而是海关出具的代征增值税完税凭证。

7.2.2 增值税税率和征收率

增值税税率有13%、9%、6%、0%，见表7-15。

表 7-15　　　　最新增值税税目税率表

<table>
<tr><th>纳税人</th><th colspan="2">范　　围</th><th>税率</th></tr>
<tr><td>小规模纳税人</td><td colspan="2">包括原增值税纳税人和“营改增”纳税人
从事货物销售，提供增值税加工、修理修配劳务，以及“营改增”各项应税服务</td><td>征收率
3%</td></tr>
<tr><td rowspan="24">一般纳税人</td><td colspan="2">销售或者进口货物（另有列举的货物除外）；提供加工、修理修配劳务</td><td>13%</td></tr>
<tr><td colspan="2">粮食、食用植物油、鲜奶</td><td rowspan="6">9%</td></tr>
<tr><td colspan="2">自来水、暖气、冷气、热气、煤气、石油液化气、天然气、沼气，居民用煤炭制品</td></tr>
<tr><td colspan="2">图书、报纸、杂志</td></tr>
<tr><td colspan="2">饲料、化肥、农药、农机（整机）、农膜</td></tr>
<tr><td colspan="2">国务院规定的其他货物</td></tr>
<tr><td colspan="2">农产品（指各种动、植物初级产品）；音像制品；电子出版物；二甲醚</td></tr>
<tr><td colspan="2">出口货物</td><td>0%</td></tr>
<tr><td>交通运输业</td><td>陆路（含铁路）运输、水路运输、航空运输和管道运输服务</td><td>9%</td></tr>
<tr><td>邮政业</td><td>邮政普遍服务、邮政特殊服务、其他邮政服务</td><td>9%</td></tr>
<tr><td>现代服务业</td><td>研发和技术服务、信息技术服务、文化创意服务、物流辅助服务、鉴证咨询服务、广播影视服务</td><td>6%</td></tr>
<tr><td>电信服务</td><td>基础电信、增值电信服务</td><td rowspan="6">9%</td></tr>
<tr><td>建筑</td><td>工程服务、安装服务、修缮服务、装饰服务、其他建筑服务</td></tr>
<tr><td>金融服务</td><td>贷款服务、直接收费金融服务、保险服务、金融商品转让</td></tr>
<tr><td>销售不动产</td><td>包括建筑物、构筑物等</td></tr>
<tr><td colspan="2">转让土地使用权</td></tr>
<tr><td colspan="2">不动产租赁服务</td></tr>
<tr><td>生活服务</td><td>文化体育服务、教育医疗服务、旅游娱乐服务、餐饮住宿服务、居民日常服务、其他生活服务</td><td>6%</td></tr>
<tr><td colspan="2">有形动产租赁服务</td><td>13%</td></tr>
<tr><td colspan="2">财政部和国家税务总局规定的应税服务</td><td>0%</td></tr>
<tr><td colspan="2">境内单位和个人提供的往返中国香港、澳门、台湾的交通运输服务</td><td>0%</td></tr>
<tr><td colspan="2">境内单位和个人在香港、澳门、台湾提供的交通运输服务</td><td>0%</td></tr>
<tr><td colspan="2">境内单位和个人提供的国际运输服务、向境外单位提供的研发服务和设计服务</td><td>0%</td></tr>
<tr><td colspan="2">境内单位和个人提供的规定的涉外应税服务</td><td>免税</td></tr>
</table>

企业进口货物，按照海关提供的完税凭证上注明的增值税税额，借记“应交税费——应交增值税（进项税额）”科目；按进口货物应计入采购成本的金额，借记“原材料——材料采购”等科目；按应付或实际支付的金额，贷记“应付账款或银行存款”等科目。

能抵扣进项税额的范围如图 7-4 所示。

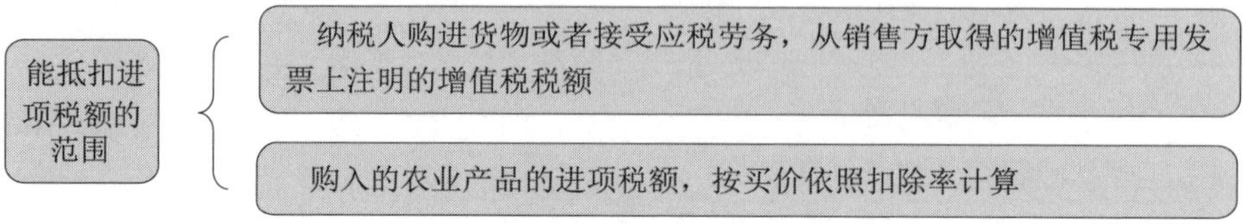

图 7-4　能抵扣进项税额的范围

不能抵扣进项税额的范围见表 7-16。

表 7-16　　不能抵扣进项税额的范围

序号	含　义
1	用于非增值税应税项目、免征增值税项目、集体福利或者个人消费的购进货物或者应税劳务
2	非正常损失的购进货物及相关的应税劳务
3	非正常损失的在产品、产成品所耗用的购进货物或者应税劳务
4	纳税人“自用”的应征“消费税”的摩托车、汽车、游艇，其进项税额不得抵扣
5	上述第 1 项至第 4 项规定的货物的运输费用和销售免税货物的运输费用，不能计算抵扣进项税额

7.2.3　增值税会计科目的设置

出口企业（仅指增值税一般纳税人）应在“应交税费”科目下设置“应交增值税”明细科目，在“应交增值税”明细科目下设置“进项税额”“已交税金”“减免税金”“出口抵减内销产品应纳税额”“销项税额”“出口退税”“进项税额转出”等科目。具体内容见表 7-17。

表 7-17　　应交增值税（免抵退税）会计科目的设置

明细科目	具体内容
进项税额	记录出口企业购进货物或接受应税劳务而支付的准予从销项税额中抵扣的增值税

续上表

明细科目	具体内容
已交税金	核算出口企业当月上交本月的增值税额
减免税款	反映出口企业按规定直接减免的增值税税额
出口抵减内销产品应纳税额	反映出口企业销售出口货物后，向税务机关办理免抵退税申报
转出未交增值税	月终转出应交未交的增值税
销项税额	记录出口企业销售货物或提供应税劳务收取的增值税额
出口退税	出口货物退回的增值税额
进项税额转出	记录出口企业原材料、产品、产成品等发生非正常损失，以及《增值税暂行条例》规定的免税货物和出口货物免税等不应从销项税额中抵扣、应按规定转出的进项税额
转出多交增值税	核算出口企业月终转出多交的增值税
未交增值税	月度终了，将本月应交未交增值税自"应交税费——应交增值税"明细科目转入本科目，借：未交增值税，贷：应交税费——应交增值税

应交税费下有 11 个二级科目，应交增值税有 10 个三级科目。增值税会计核算有一个典型的特征，就是一些会计科目分专栏核算。借方专栏永远只能在借方，不放到贷方核算；贷方专栏只能在贷方，不能放到借方专栏核算。遇到退货、退回或其他情况，所购货物应冲销调账的，用红字登记。具体借方、贷方专栏如图 7-5 所示。

借方　　应交增值税账户	贷方
进项税额	销项税额
已交税金	出口退税
减免税款	进项税额转出
出口抵减内销产品应纳税额	转出多交增值税
销项税额抵减	
转出未交增值税	

图 7-5　应交增值税明细科目借贷方向

除了以上明细科目，企业还用到未交增值税科目，如图 7-6 所示。

借方	未交增值税账户 贷方
进项税额	销项税额
已交税金	出口退税
减免税款	进项税额转出
出口抵减内销产品应纳税额	转出多交增值税
销项税额抵减	
转出未交增值税	

7.2.4 应纳增值税计算

进口增值税完税价格计算公式如下。

进口环节增值税完税价格＝关税完税价格＋关税＋特别关税＋进口环节消费税

组成计税价格＝关税完税价格 ＋ 关税 ＋ 消费税

应交进口增值税＝组成计税价格×增值税税率

1. 进口增值税业务的核算

进口增值税的核算实例

【例 7-10】 大地进出口公司进口化妆品 100 箱，每箱 FOB 价格为人民币 1 600元，每箱运费为人民币 150 元，保险费率为 1%，假设该批化妆品进口关税为 65%，消费税税率 40%，增值税税率 13%。计算该批货物应纳关税税额、消费税税额、增值税税额。

(1) 每箱进口关税完税价格＝（FOB 价 ＋ 运费）÷（1 － 保险费率）

＝（1 600 ＋ 150）÷（1－1%）＝1 767.68（元）

（2）应纳关税税额＝应纳进口货物数量 ×单位完税价格 ×适用税率

＝100 ×1 767.68 ×65％＝114 899.20（元）

（3）组成消费税计税价格＝［关税完税价格×（1＋适用关税税率）］÷（1－适用消费税税率）

＝［1 767.68×（1＋65％）］÷（1－40％）

＝4 861.12（元）

（4）应纳消费税额＝组成计税价格×适用消费税税率×进口数量

＝4 861.12×40％ ×100

＝194 444.80（元）

（5）组成增值税计税价格＝关税完税价格＋关税＋消费税

＝（1 600＋150）×100＋114 899.2＋194 444.80

＝484 344（元）

（6）应纳增值税额＝组成增值税计税价格×适用税率

＝484 344×13％

＝62 964.72（元）

【例 7-11】大地进出口公司 2020 年 4 月 20 日进口服装一批，到岸价格 78 000元，关税税率为 50％，另外支付国内运杂费 3 400 元，其中运费发票金额3 270 元，保险费、装卸费等 400 元，款项均以银行存款支付。进口关税缴款书见表 7-18。

组成计税价格＝78 000＋78 000 ×50％＝117 000（元）

应纳进口环节增值税＝117 000 ×13％＝15 210（元）

（1）购进商品成本＝117 000＋400＋［3 270÷（1＋9％）］＝120 400（元）

运费的进项税额＝3 270÷（1＋9％）×9％＝270（元）

借：在途物资——服装　　120 400

　　应交税费——应交增值税（进项税额）

　　　　（15 210＋270）15 480

　　贷：银行存款　　135 880

表 7-18

海关进口增值税专用缴款书

收入系统：税务系统　　　填发日期：2020 年 4 月 20 日　　　号码：××××

收款单位	收入机关	中央金库			缴款单位（个人）	名称	大地进出口公司
	科目	进口关税	预算级次	中央		账号	0200001909234216779
	收款国库	丽水区中心支库				开户银行	工商银行北蜂窝路支行

税号	货物名称	数量	单位	完税价格	税率（%）	税款金额
6853	服装		件	117 000	13%	15 210

金额人民币（大写）	壹万伍仟贰佰壹拾元整		合计（小写）	15 210
申请单位编号	××××	报关单编号	××××	填制单位	收款国库（银行）
合同批文	××××	运输工具			
缴款期限		提货单号	××××		

备注　　照章征税　　20/4/2020　　制单人：　复核人：

国际代码：××××

第一联（收据）国库收款签单后交缴款单位或缴纳人

（2）商品验收入库结转采购成本时，账务处理如下。

借：库存商品——服装　　120 400

　　贷：在途物资　　120 400

2. 进口货物销售的核算

进口货物增值税核算实例

【例 7-12】 大地进出口公司 2020 年 4 月 20 日进口一批彩电，进货成本 380 000 元，增值税 49 400 元。转口销售 72 000 美元，以 FOB 价格成交。退税率假定为 10%，当日市场汇率 1 美元＝6.80 人民币元。

（1）确认出口销售收入时，账务处理如下。

借：应收账款——应收外汇账款　　（72 000×6.80）489 600

　　贷：主营业务收入——自营出口销售收入　　489 600

（2）结转成本时，账务处理如下。

借：主营业务成本——自营出口销售成本　　　　380 000

　　贷：库存商品　　　　　　　　　　　　　　　380 000

(3) 确认应退税款时，账务处理如下。

应退税款＝380 000×10％＝38 000（元）

应计入成本的税额＝49 400－38 000＝11 400（元）

借：其他应收款——应收出口退税　　　　　　38 000

　　贷：应交税费——应交增值税（出口退税）　　38 000

同时，借：主营业务成本——自营出口销售成本　　11 400

　　　　贷：应交税费——应交增值税（进项税额转出）11 400

3. 增值税结转和上缴的会计处理

企业应纳增值税的计算公式如下。

应纳增值税＝销项税额＋出口退税＋进项税额转出＋转出多交增值税－进项税额－已交税金－减免税款－出口抵减内销商品应纳税额－转出未交增值税

增值税结转和上缴的核算实例

【例 7-13】假如大地进出口公司本月中旬已上交增值税 69 800.34 元，账务处理如下。

借：应交税费——应交增值税（已交税金）　　　69 800.34

　　贷：银行存款　　　　　　　　　　　　　　　69 800.34

【例 7-14】承【例 7-13】，若大地进出口公司月末应纳增值税 120 000 元，已足额上交。

借：应交税费——应交增值税（已交税金）　　　120 000

　　贷：银行存款　　　　　　　　　　　　　　　120 000

【例 7-15】承【例 7-13】，若大地进出口公司月末暂不能上交应纳增值税 120 000 元，则转入“应交增值税——未交增值税”账户的贷方，账务处理如下。

借：应交税费——应交增值税（转出未交增值税）　120 000

　　贷：应交增值税——未交增值税　　　　　　　120 000

【例 7-16】承上例，若大地进出口公司上缴上月转入“应交税费——未交增值税”账户贷方的 120 000 元时。

借：应交税费——未交增值税　　　　　　　　120 000

　　贷：银行存款　　　　　　　　　　　　　　　　120 000

【例 7-17】承【例 7-13】，若月中，大地进出口公司上交的增值税为 140 000元，应纳增值税为 11 346.08 元，应转入“应交增值税——未交增值税”账户的借方。

借：应交税费——未交增值税　　　　　　　　11 346.08

　　贷：应交税费——应交增值税（转出多交增值税）11 346.08

7.3 进口消费税的核算

消费税是对我国境内从事生产、委托加工应当缴纳消费税的消费品的单位和个人，就其销售额或销售数量在特定环节征收的一种税。

2019 年 12 月 3 日，《中华人民共和国消费税法（征求意见稿）》（以下简称“征求意见稿”）公布正式步入立法进程。《征求意见稿》保持了现行税制框架和税负水平总体不变，根据征收环节变化，统一调整纳税人范围表述；结合改革成果，补充和完善税目税率表。

申报进入中华人民共和国海关境内的应税消费品均应缴纳消费税。进口货物的收货人或办理报关手续的单位和个人，为进口货物消费税的纳税义务人。

7.3.1 消费税税率

消费税税率见表 7-19。

表 7-19　　　　消费税税目税率表

税　　目	税　　率
一、烟	
1. 卷烟	
（1）甲类卷烟	56%加 0.003 元/支
（2）乙类卷烟	36%加 0.003 元/支
（3）批发环节	11%加 0.005 元/支
2. 雪茄烟	36%
3. 烟丝	30%

续上表

税　　目	税　　率
二、酒	
1. 白酒	20%加0.5元/500克（或者500毫升）
2. 黄酒	240元/吨
3. 啤酒	
（1）甲类啤酒	250元/吨
（2）乙类啤酒	220元/吨
4. 其他酒	10%
三、化妆品	30%
四、贵重首饰及珠宝玉石	
1. 金银首饰、铂金首饰和钻石及钻石饰品	5%
2. 其他贵重首饰和珠宝玉石	10%
五、鞭炮、焰火	15%
六、成品油	
1. 汽油	1.52元/升
2. 柴油	1.2元/升
3. 航空煤油	1.20元/升
4. 石脑油	1.52元/升
5. 溶剂油	1.52元/升
6. 润滑油	1.52元/升
7. 燃料油	1.20元/升
七、摩托车	
气缸容量在250毫升以上的	10%
八、小汽车	
1. 乘用车	
（1）气缸容量（排气量，下同）在1.0升（含1.0升）以下的	1%
（2）气缸容量在1.0升以上至1.5升（含1.5升）的	3%
（3）气缸容量在1.5升以上至2.0升（含2.0升）的	5%
（4）气缸容量在2.0升以上至2.5升（含2.5升）的	9%

续上表

税　　目	税　　率
（5）气缸容量在 2.5 升以上至 3.0 升（含 3.0 升）的	12%
（6）气缸容量在 3.0 升以上至 4.0 升（含 4.0 升）的	25%
（7）气缸容量在 4.0 升以上的	40%
2. 中轻型商用客车	5%
九、高尔夫球及球具	10%
十、高档手表	20%
十一、游艇	10%
十二、木制一次性筷子	5%
十三、实木地板	5%
十四、电池	4%
十五、涂料	4%

7.3.2　应纳消费税的计算

进口的应税消费品，按照组成计税价格计算纳税。

1. 从价定率

我国消费税采用价内税，即计税价格组成中包括消费税税额。实行从价定率办法计算组成计税价格的计算公式如下：

组成计税价格 =（关税完税价格＋关税 ）÷（1－消费税比例税率）

从价定率征收消费税实例

【例 7-18】大地进出口公司为增值税一般纳税人。2019 年 2 月，进口 220 辆小汽车，每辆小汽车关税完税价格为 120 000 元。小汽车关税税率为 110%，消费税税率为 5%。

（1）关税税额＝120 000×220×110%＝29 040 000（元）

（2）组成计税价格＝（120 000×220＋29 040 000）÷（1－5%）＝58 357 894.74（元）

（3）应纳消费税税额＝58 357 894.74×5%＝2 917 894.74（元）

2. 从量定额

以海关核定的应税消费品进口数量为计税依据，计算公式为实行复合计税办法计算纳税的组成计税价格，计算公式如下：

组成计税价格=（关税完税价格+关税+消费税定额×进口数量）÷（1－消费税比例税率）

从量定额征收实例

【例 7-19】大地进出口公司 2019 年 2 月进口甲类卷烟 200 箱（每箱有 250 条，每条 200 支），每箱关税完税价格 60 000 元，关税税率为 25%，消费税税率为 56%加 0.003 元/支。计算该公司当月应缴纳的进口增值税税额和进口消费税税额。

（1）每标准箱有 50 000 支卷烟，即 0.003×50 000=150（元/箱）

（2）组成计税价格=（60 000+60 000×25%+150）÷（1－56%）×200

=34 159 090.91（元）

（3）应纳进口增值税税额=34 159 090.91×13%=4 440 681.82（元）

（4）应纳进口消费税税额=34 159 090.91×56%+200×150

=19 129 090.91+30 000

=19 159 090.91（元）

3. 消费税会计科目的设置

（1）缴纳消费税的企业，应在“应交税费”科目下增设“应交消费税”明细科目进行会计核算。

（2）企业生产的需要缴纳消费税的商品，在销售时应当按照应交消费税税额，借记“税金及附加”科目，贷记“应交税费——应交消费税”科目。实际缴纳消费税时，借记“应交税费——应交消费税”科目，贷记“银行存款”科目。发生销货退回及退税时，作相反的会计分录。

企业出口应税消费品如按规定不予免税或者退税的，应视同国内销售。

进口消费税核算实例

【例 7-20】大地进出口公司 2020 年 1 月从国外进口一批烟丝，海关核定的关税完税价格为 123 000 元（关税税率为 40%，消费税税率为 30%），已取得海关开具的完税凭证。2 月，公司将其中的一部分烟丝在国内销售，取得不含税销售收入 318 000 元。假定该公司没有发生其他增值税业务。

（1）组成计税价格＝（123 000＋123 000×40%）÷（1－30%）＝246 000（元）

（2）进口消费税税额＝246 000×30%＝73 800（元）

（3）进口增值税税额＝（246 000＋73 800）×13%＝41 574（元）

（4）销售进口应税消费品应纳增值税税额＝318 000×13%－41 574
＝－234（元）

第8章 出口退(免)税的核算

为了增强本国产品在国际市场的竞争力，以退还出口产品在国内已纳税款的方法，使本国产品以不含税的价格加利润进入国际市场，提升产品竞争力。因此，我国制定一系列办法，如《出口货物退（免）税管理办法》中关税、增值税、消费税有关出口优惠的规定。本章介绍生产企业及外贸企业出口退税的申请程序及核算原则。

8.1 出口退（免）税概述

出口货物退（免）税是指在国际贸易中，对报关出口的货物退还在国内生产环节和流转环节已缴纳的增值税和消费税，或免征应缴纳的增值税和消费税。

根据《出口货物退（免）税管理办法》规定：

（1）生产企业出口货物适用“免、抵、退税”办法。“免”是指免除生产企业出口货物的销项税额；“抵”是指用生产企业出口货物的进项税抵顶其内销货物的应纳税额；“退”是指未抵顶完的出口货物的进项税，按规定予以退还。

（2）有出口经营权的企业出口和委托外贸企业代理出口货物，除另有规定外，可在货物报关出口后，按月向税务机关申请出口货物的退（免）税业务，由税务机关批准退还或免征增值税和消费税。

8.1.1 出口退税的税率和条件

1. 出口退税的税率

出口货物增值税退税率采用与增值税征税率不同的税率体系，且没有征税率的规定。出口应税消费品退税率采用与消费税征税率相同的税率体系，即同一应税消费口的消费税征税率与退税率相同。

根据 2019 年第 39 号公告规定：

（1）增值税一般纳税人（以下称纳税人）发生增值税应税销售行为或者进口货物，原适用 16%税率的，税率调整为 13%；原适用 10%税率的，税率调整为 9%。

(2) 纳税人购进农产品，原适用10%扣除率的，扣除率调整为9%。纳税人购进用于生产或者委托加工13%税率货物的农产品，按照10%的扣除率计算进项税额。

(3) 原适用16%税率且出口退税率为16%的出口货物劳务，出口退税率调整为13%；原适用10%税率且出口退税率为10%的出口货物、跨境应税行为，出口退税率调整为9%。

(4) 适用13%税率的境外旅客购物离境退税物品，退税率为11%；适用9%税率的境外旅客购物离境退税物品，退税率为8%。综上所述，出口退税率为13%、10%、9%、6%、0%五档。

2. 退（免）税应具备的条件

(1) 必须是属于增值税、消费税征税范围的货物。

根据《中华人民共和国增值税暂行条例》和《中华人民共和国消费税暂行条例》规定，退税，是对已征税的出口货物退还其已征的增值税、消费税税额，不征税的出口货物则不能退还上述税额。

(2) 必须是报关离境的货物。

所谓报关离境，即出口，就是货物输出海关，这是区别货物是否应退（免）税的主要标准之一。凡是报关不离境的货物，不论出口企业以外汇结算还是以人民币结算，也不论企业在财务上和其他管理上作何处理，均不能视为出口货物予以退（免）税。

(3) 必须是在财务上作销售处理的货物。

现行外贸企业财务会计制度规定：出口商品销售陆运以取得承运货物收据或铁路联运运单，海运以取得出口货物的装船提单，空运以取得空运单并向银行办理交单后作为销售收入的实现。出口货物销售价格一律以离岸价（FOB）折算人民币入账。出口货物只有在财务上作销售处理后，才能办理退税。

(4) 必须是出口收汇并已核销的货物。

出口退税与出口收汇核销挂钩可以有效地防止出口企业高报出口价格骗取退税，有助于提高出口收汇率，有助于强化出口收汇核销制度。

出口货物只有在同时具备上述四个条件的情况下，才能向税务部门申报办理退税。否则，不予办理退税。

8.1.2 出口退（免）税的适用范围

出口退（免）税适用范围见表8-1。

表8-1　　出口货物退（免）税的适用范围

基本政策	适用的企业类型	适用的货物范围
免税并退税	①生产企业自营出口或委托外贸企业代理出口的自产货物 ②有出口经营权的外贸企业收购后直接出口或委托其他外贸企业代理出口的货物	①对外承包工程公司运出境外用于对外承包项目的货物 ②对外承接修理修配业务的企业用于对外修理修配的货物 ③外轮供应公司、远洋运输供应公司销售给外轮、远洋国轮而收取外汇的货物 ④企业在国内采购并运往境外作为在国外投资的货物 （注意：生产企业出口的四类产品，视同自产产品退免税）
免税但不退税	①属于生产企业的小规模纳税人自营出口或委托外贸企业代理出口的自产货物 ②外贸企业从小规模纳税人购进并持普通发票的货物 ③外贸企业直接购进国家规定的免税货物（包括免税农产品）出口	①来料加工复出口的货物 ②避孕药品和用具、古旧图书 ③有出口卷烟权的企业出口国家卷烟计划内的卷烟，在生产环节免征增值税、消费税，出口环节不办理退税。其他非计划内出口的卷烟照章征收增值税和消费税，出口一律不退税 ④军品以及军队系统企业出口军需工厂生产或军需部门拨调的货物
不免税也不退税	①计划外出口的原油 ②援外出口货物（对利用中国政府的援外优惠和合作项目基金方式下出口的货物，实行出口退税政策） ③国家禁止出口的货物，包括天然牛黄、麝香、铜及铜基合金等	

"免、抵、退"含义如下：

免税

免税就是免征国内环节的增值税，实务中就是开具零税率的出口发票

抵税

抵税是指生产企业出口自产货物所耗用的原材料、燃料、动力等所含应予退还的进项税额，抵顶内销货物的应纳税额

退税

对出口货物在国内环节缴纳的增值税实行退还。适用于外贸企业增值税一般纳税人

8.1.3　出口退（免）税所需证件

出口退（免）税要办理的证件如下：

（1）营业执照。

（2）对外贸易经营者备案登记表或外商投资企业登记证书。

（3）海关收发货人登记证书或报关单位注册登记证书。

（4）银行账户。

（5）外汇收支名录（外汇收支名录在国家外汇管理局办理，开通国际收支申报时间为7日。不申报外汇收支名录对企业分类评级有影响）。

（6）电子口岸卡（是在中国电子口岸中唯一代表企业身份的IC卡）。

（7）检验检疫备案登记表。登录 http：//www.eciq.cn/，选择业务清单，具体操作按照提示办理。

企业要自理报检的，应在工商注册地检验检疫机构办理备案手续。

（8）出口退税资格认定。出口企业在办理对外贸易经营者备案登记或签订首份委托出口协议之日起30日内，到主管税务机关办理出口退（免）税资格认定。

8.1.4 办理出口退（免）税所需主要凭证

外贸企业退税申报应报送的主要原始凭证如下：

1. 外贸企业申报退税时，必须报送下列三种申报表

（1）《外贸企业出口退税明细申报表》，见表 8-2。

表 8-2　外贸企业出口退税明细申报表

企业代码：

企业名称（章）：

纳税人识别号：　　所属期：

申报批次：　　金额单位：元至角分

序号	关联号	出口发票号	报关单号	出口日期	商品代码	商品名称	计量单位	美元离岸价	出口数量	出口进货金额	退税率（%）	应退增值税税额	应退消费税税额	代理证明号	进料加工手册号	备注
合计																

企业填表人：　　企业负责人：　　财务负责人：　　制表日期：

（2）《外贸企业出口退税进货明细申报表》，见表 8-3。

表 8-3　出口退税进货明细申报表

税务登记代码：

企业名称（章）：　　所属期：　年　月　　业务性质：

申报批次：　　金额单位：元至角分

序号	关联号	税种	进货凭证号	开票日期	商品代码	商品名称	计量单位	数量	计税金额	征税税率（%）	征税税额	退税率（%）	应退税额	专用税票号	单证不齐标志	信息不齐标志	备注

企业填表人：　　财务负责人：　　企业负责人：　　填表日期：年　月　日　第　页

（3）《外贸企业出口退税汇总申报表》，见表 8-4。

2. 另外还应附以下证明材料

（1）总量核查监测（略）。

（2）出口货物报关单（出口退税专用），见表 8-5。

表 8-4　　外贸企业出口退税汇总申报表

（适用于增值税一般纳税人）　　NO：

申报年月：　年　月　　申报批次：

纳税人识别号：　　纳税人编码：　　海关代码：

纳税人名称：　　申报日期：　年　月　日　　金额单位：元至角分

<table>
<tr><td colspan="4">出口企业申报</td><td colspan="2"></td></tr>
<tr><td>出口退税出口明细申报表</td><td>份，</td><td>记录</td><td>条</td><td rowspan="3">授权人声明：
（如果你已委托代理申报人，请填写下列资料）</td><td rowspan="3">机审情况
本次机审通过退增值税额　元</td></tr>
<tr><td>出口发票</td><td>张，</td><td>出口额</td><td>美元</td></tr>
<tr><td>出口报关单</td><td>张，</td><td></td><td></td></tr>
<tr><td>代理出口货物证明</td><td>张，</td><td></td><td></td><td rowspan="9">为代理出口货物退税申报事宜，现授权______为本纳税人的代理申报人，任何与本申报表有关的往来文件都可寄与此人。</td><td rowspan="12">其中：上期结转疑点退增值税　元
本期申报数据退增值税　元
本次机审通过退消费税额　元
其中：上期结转疑点退消费税　元
本期申报数据退消费税　元
结余疑点数据退增值税　元</td></tr>
<tr><td>收汇核销单</td><td>张，</td><td>收汇额</td><td>美元</td></tr>
<tr><td>远期收汇证明</td><td>张，</td><td>其他凭证</td><td>张</td></tr>
<tr><td>出口退税进货明细申报表</td><td>份，</td><td>记录</td><td>条</td></tr>
<tr><td>增值税专用发票</td><td>张，</td><td>其中非税控专用发票</td><td>张</td></tr>
<tr><td>普通发票</td><td>张，</td><td>专用税票</td><td>张</td></tr>
<tr><td>其他凭证</td><td>张，</td><td>总进货金额</td><td>元</td></tr>
<tr><td>总进货税额</td><td>元，</td><td></td><td></td></tr>
<tr><td>其中：增值税</td><td>元，</td><td>消费税</td><td>元</td></tr>
<tr><td>本月申报退税额</td><td>元，</td><td></td><td></td><td>授权人签字（盖章）</td></tr>
<tr><td>其中：增值税</td><td>元，</td><td>消费税</td><td>元</td><td>年　月　日</td></tr>
<tr><td>进料应抵扣税额</td><td>元，</td><td></td><td></td><td>初审情况</td></tr>
</table>

<table>
<tr><td colspan="2">出口企业申报</td><td colspan="2"></td></tr>
<tr><td>申请开具单证</td><td></td><td rowspan="12">经核，申报表与所附送的退税凭证内容一致，申报计税金额及出口数量与电子数据一致。

其他意见：

初审人：
年 月 日</td><td rowspan="12">结余疑点数据退消费税 元

审核人：
年 月 日

科（处）长：
年 月 日

税务机关审批意见

同意办理。

（公章）

负责人：
年 月 日

备注</td></tr>
<tr><td>代理出口货物证明</td><td>份， 记录 条</td></tr>
<tr><td>代理进口货物证明</td><td>份， 记录 条</td></tr>
<tr><td>进料加工免税证明</td><td>份， 记录 条</td></tr>
<tr><td>来料加工免税证明</td><td>份， 记录 条</td></tr>
<tr><td>出口货物转内销证明</td><td>份， 记录 条</td></tr>
<tr><td>补办报关单证明</td><td>份， 记录 条</td></tr>
<tr><td>补办收汇核销单证明</td><td>份， 记录 条</td></tr>
<tr><td>补办代理出口证明</td><td>份， 记录 条</td></tr>
<tr><td>内销抵扣专用发票</td><td>张， 其他非退税专用发票 张</td></tr>
<tr><td colspan="2">申报人申明</td></tr>
<tr><td colspan="2">此表各栏目填报内容是真实、合法的，与实际出口货物情况相符。此次申报的出口业务不属于违背正常出口经营程序的出口业务。否则，本企业愿承担由此产生的相关责任。
企业填表人：
财务负责人： （公章）
企业负责人： 年 月 日</td></tr>
</table>

受理人： 受理日期： 年 月 日

本表一式两份，税务机关和申请认定者各执一份。

表 8-5　　　　中华人民共和国海关出口货物报关单　　　　**出口退税专用**

预录入编号：　　　　　　　　　　　　　　　　海关编号：

出口口岸	备案号	出口日期	申报日期
经营单位	运输方式	运输工具名称	提运单号
收货单位	贸易方式	征免性质	结汇方式
许可证号	运抵国（地区）	指运港	境内货源地

批准文号	成交方式	运费	保费	杂费
合同协议号	件数	包装种类	毛重（千克）	净重（千克）

集装箱号	随附单据	生产厂家

标记唛码及备注

项号	商品编号	商品名称、规格型号	数量及单位	最终目的国（地区）	单价	总价	币制	征免

税费征收情况

录入员　　录入单位	兹声明以上申报无讹并承担法律责任	海关审单批注及放行日期（盖章） 审单　　　审价
报关员 单位地址 邮编　　电话	申报单位（签章） 填制日期	征税　　　统计 查验　　　放行

（3）增值税专用发票（税款抵扣联）（略）。

（4）出口发票（略）。

（5）代理出口货物证明（委托出口的业务提供）（略）。

（6）税收（出口货物专用）缴款书（消费税）（出口应纳消费税货物时提供）（略）。

（7）出口货物销售明细账（略）。

（8）税务机关要求提供的其他资料。

8.1.5 出口企业货物退（免）税的计算方法

现行的出口退税制度，对出口货物根据纳税人和出口贸易方式的不同实行不同的退税方法，其退税额的计算方式也不相同，见表 8-6。

表 8-6　　不同退（免）税方法及计算公式

方　法	定　义	公　式
退（免）税方法	对出口货物流通所经过的国内最后环节产生的增值额免征增值税，对所购出口货物中所含的进项税额予以退税。此方法主要适用于专业外贸公司收购出口增值税的应税货物	应退税额＝出口货物的购进金额×退税率
“免、抵、退”税方法	对出口货物流通所经过的国内最后环节免征增值税，对出口货物中所含的进项税额准予抵减国内销售所发生的增值税应纳税额，对不足以抵减的部分予以退税。此方法主要适用于生产企业自营或委托出口的自产货物	当期应纳税额＝当期内销货物销项税额－（当期进项税额－当期免抵退税不得免征和抵扣税额） 免抵退税额＝出口货物离岸价×外汇人民币牌价×出口货物退税率－免抵退税额抵减额
委托生产企业加工收回出口货物的退税办法	出口企业委托生产企业加工收回后报关出口的货物，凭购买加工货物的原材料等发票和缴费发票按规定办理退税。若原材料等属于进料加工贸易已减征进口环节增值税的，应按原料的退税率和加工费的退税率分别计算应退税款，加工费的退税率按出口产品的退税率确定	
对属于从小规模纳税人购进并持普通发票	可特准退（免）税的出境货物，则依普通发票所列的含增值税的销售额计算确定进项税额的退（免）税	进项税额＝普通发票所列（含增值税）销售额÷［（1＋征收率）×退税率］

8.2 增值税出口免、抵、退税的核算

生产企业出口货物以货物离岸价为出口退免税的计税依据。

8.2.1 生产企业出口货物免、抵、退税的计算

免、抵、退税计算步骤（税法上叫作免抵退税额，会计上叫作出口退税）如下。

第一步剔税：计算不得免征和抵扣税额
当期免抵退税不得免征和抵扣税额＝出口货物离岸价格×外汇人民币牌价×（出口货物适用税率－出口退税率）

第二步抵税：计算当期应纳增值税额
当期应纳税额＝内销商品销项税额－（全部进项税额-第一步计算的数额）-上期留抵税额（小于0进入下一步）

第三步，计算免抵退税额
免抵退税额＝出口货物离岸价×外汇人民币牌价×出口货物的退税率

第四步，计算确定应退税额（第二步与第三步相比，哪个数小退哪个）
注意：第二步大于第三步的情况下，2－3＝下期留抵税额

第五步，确定免抵税额
免抵税额＝免抵退税额-应退税额

生产企业"免、抵、退"税核算案例

【例 8-1】 东兴服装出口有限公司为自营出口生产企业，是增值税一般纳税人，出口货物的征税率为 13%，退税率为 9%。2020 年 3 月购进原材料一批，取得的增值税专用发票注明的价款 200 万元，增值税 26 万元，货物已入库。上期期末留抵税额 3.1 万元。当月内销货物销售额 180 万元，销项税额 23.4 万元。如果本月出口销售额折合人民币 80 万元。

计算步骤如下：

当期免抵退税不得免征和抵扣税额＝80×（13%－9%）＝3.2（万元）

应纳增值税税额＝23.4－（200×13%－3.2）－3.1＝－2.5（万元）

出口货物免抵退税额＝80×9%＝7.2（万元）

当期期末留抵税额 2.5 万元小于当期免抵退税额 7.2 万元，故当期应退

税额等于应纳增值税额 2.5 万元。
当期应纳增值税额是－2.5 万元，说明免抵税额是 4.7 万元（－2.5＋7.2）元；期末留抵税额为 0，不交城建等附加税。

全程演示会计分录如下。

（1）采购原材料时

借：原材料　　2 000 000
　　应交税费——应交增值税（进项税额）
　　　　260 000
　　贷：银行存款　　2 260 000

（2）内销销售货物

借：银行存款　　2 034 000
　　贷：主营业务收入——内销商品1 800 000
　　　　应交税费——应交增值税（销项税额）　　234 000

（3）对外销售商品，并取得出口退税款

①实现销售时：
借：应收账款（应收外汇账款）800 000
　　贷：主营业务收入——外销　　800 000
②不得抵扣进项税额（当期免抵退税不得免征和抵扣税额）
借：主营业务成本——一般贸易出口
　　　　32 000
　　贷：应交税费——应交增值税（进项税额转出）　　32 000
借：应收出口退税款　　25 000
　　贷：应交税费——应交增值税（出口退税）　　25 000
③收到出口退税款时：
借：银行存款　　25 000
　　贷：应收出口退税款　　25 000

用 T 形账户演示如下所示：

借方　应交税费——应交增值税　贷方

借方		贷方	
期初留抵税额	31 000	销项税额	234 000
进项税额	260 000	进项税额转出	32 000
		出口退税	25 000
期末留抵税额	0		

【例 8-2】 景鑫自营出口生产企业是增值税一般纳税人，出口货物的征税率为 13％，退税率为 9％。2020 年 3 月购进原材料一批，取得的增值税专用发票注明价款 220 万元，增值税 28.6 万元，当期期末增值税留抵税额 4 万元。当月内销货物销售额 480 万元，销项税额 62.4 万元。本月出口货物销售

额折合人民币240万元。

计算步骤如下：

当期免抵退税不得免征和抵扣税额＝240×（13％－9％）＝9.6（万元）

应纳增值税税额＝480×13％－（28.6－9.6）－4＝39.4（万元）

出口货物免、抵、退税额＝240×9％＝21.6（万元）

不申请退税	申请退税
当期免抵税额为21.6万元，应纳税额39.4万元，不涉及退税。这种情况在实务中不申请退税，原因是申请退税要多交附加税，进行零申报即可。第一步不用转出9.6万元。	如果申请退税，除了要交39.4万元外，还要交以21.6万元为基数计算的附加税等。 当期进项税额小于销项税额，最好不要做单项收齐，不申报出口退税

编制会计分录如下：

①实现销售时：

借：应收账款——应收外汇账款　　2 400 000

　　贷：主营业务收入——外销商品　　2 400 000

②不得抵扣进项税额（当期免抵退税不得免征和抵扣税额）

借：主营业务成本——一般贸易出口　　96 000

　　贷：应交税费——应交增值税（进项税额转出）　　96 000

③收到主管税务机关通知单后

借：应交税费——应交增值税（出口抵减内销产品应纳增值税）

216 000

　　贷：应交税费——应交增值税（出口退税）　　216 000

④期末将应交增值税39.4万元转入“应交税费——未交增值税”明细科目中：

借：应交税费——应交增值税（转出未交增值税）　　394 000

　　贷：应交税费——未交增值税　　394 000

⑤次月缴纳时：

借：应交税费——未交增值税　　394 000

　　贷：银行存款　　394 000

用T形账户演示如下所示：

应交税费——应交增值税

借方		贷方	
期初留抵税额	40 000	销项税额	624 000
进项税额	286 000	进项税额转出	96 000
出口抵内销产品应纳增值税	260 000	出口退税	216 000
			394 000
转出未交增值税	394 000		

8.2.2 外贸企业出口应退增值税的计算

外贸企业出口货物以出口货物的平均价（工厂出厂价）为计税依据。当货物报关出口作销售处理时，外贸企业依据购进出口货物增值税专用发票注明的进项税额和适用的退税率计算出口退税额，计算公式如下。

应退税额＝出口货物的购进金额×退税率

＝出口货物的进项税额－出口货物不予退税的税额

出口货物不预退税的税额＝出口货物的购进金额×（增值税法定税率－适用退税率）

外贸企业出口退税的核算实例

【例 8-3】 2020 年 1 月 10 日，广州市佛岗贸易有限公司从本市顺德公司购进 NG-2046 腌制设备和 WE-2305 淘洗设备。取得增值税专用发票上分别注明 NG-2046 腌制设备为 10 台，价款 140 000 元，进项税额 18 200 元；WE-2305 淘洗设备 2 台，价款 90 000 元，进项税额 11 700 元。

（1）商品已入仓，货款已付，发票当月已认证。

账务处理如下：

借：库存商品——腌制设备　　140 000

　　　　　　——淘洗设备　　90 000

　　应交税费——应交增值税（进项税额）　　29 900

　　贷：银行存款　　259 900

根据原始凭证，登记会计账簿，见表 8-7。

表 8-7

记 账 凭 证

2020 年 1 月 10 日　　字第××号

摘要	会计科目	明细科目	借方金额										贷方金额										记账
			千	百	十	万	千	百	十	元	角	分	千	百	十	万	千	百	十	元	角	分	
商品验收入库，共计 259 900 元	库存商品	腌制设备			1	4	0	0	0	0	0	0											√
	库存商品	淘洗设备				9	0	0	0	0	0	0											√
	应交税费	应交增值税/进项税额				2	9	9	0	0	0	0											√
	银行存款														2	5	9	9	0	0	0	0	√
合计				¥	2	5	9	9	0	0	0	0		¥	2	5	9	9	0	0	0	0	

会计主管：××　　记账：××　　审核：××　　制单：××

（2）当月将 NG-2046 腌制设备和 WE-2305 淘洗设备全部销售给德国贝勒公司。出口发票上分别注明 NG-2046 腌制设备 10 台价款 51 000 美元，WE-2305 淘洗设备 2 台，价款 24 000 美元。申请退税的单证齐全。退税率 8%。1 月 20 日，美元兑人民币汇率 7.087 1。

账务处理如下：

借：应收账款 ［（51 000+24 000）×7.087 1）］531 532.50

　　贷：主营业务收入——一般贸易出口　　531 532.50

根据原始凭证，登记会计账簿，见表 8-8。

表 8-8

记 账 凭 证

2020 年 1 月 20 日　　字第××号

摘要	会计科目	明细科目	借方金额										贷方金额										记账
			千	百	十	万	千	百	十	元	角	分	千	百	十	万	千	百	十	元	角	分	
出口销售设备款共计 531 532.50 元	应收账款				5	3	1	5	3	2	5	0											√
	主营业务收入	一般贸易出口													5	3	1	5	3	2	5	0	√
合计				¥	5	3	1	5	3	2	5	0		¥	5	3	1	5	3	2	5	0	

会计主管：××　　记账：××　　审核：××　　制单：××

发票上不含税金额乘以退税率就是退税款。退税款的计算如下：

NG-2046 腌制设备退税款＝140 000×8%＝11 200（元）

WE-2305 淘洗设备退税款＝90 000×8%＝72 00（元）

账务处理如下：

借：其他应收款——应收出口退税——增值税额

（230 000×8%）18 400

　　贷：应交税费——应交增值税——出口退税

（11 200＋7 200）18 400

根据原始凭证，登记会计账簿，见表 8-9。

表 8-9

记 账 凭 证

2020 年 1 月 25 日　　字第××号

摘要	会计科目	明细科目	借方金额										贷方金额										记账
			千	百	十	万	千	百	十	元	角	分	千	百	十	万	千	百	十	元	角	分	
申请退税款，共计18 400元	其他应收款	应收出口退税/增值税额				1	8	4	0	0	0	0											√
	应缴税额	应交增值税/出口退税														1	8	4	0	0	0	0	√
合计					¥	1	8	4	0	0	0	0			¥	1	8	4	0	0	0	0	

会计主管：××　　记账：××　　审核：××　　制单：××

用 T 形账户演示如下：

借方	应交增值税	贷方
29 900		18 400
11 500		

借：主营业务成本　　11 500

　　贷：应交税费——应交增值税（进项税额转出）　　11 500

根据原始凭证，登记会计账簿，见表 8-10。

表 8-10

记账凭证

2020 年 1 月 25 日　　　　字第××号

摘要	会计科目	明细科目	借方金额										贷方金额										记账
			千	百	十	万	千	百	十	元	角	分	千	百	十	万	千	百	十	元	角	分	
进项税额转出计入成本共计11 500 元	主营业务成本					1	1	5	0	0	0	0											√
	应交税费	应交增值税/进项税额转出														1	1	5	0	0	0	0	√
合计					¥	1	1	5	0	0	0	0			¥	1	1	5	0	0	0	0	

会计主管：××　　记账：××　　审核：××　　制单：××

8.2.3 应退税额与期末留抵税额的关系

应退税额的计算见表 8-11。

表 8-11　应退税额的计算

类型	税法规定	账务处理
当期期末留抵税额≤当期免抵退税额	①当期应退税额＝当期期末留抵税额 ②当期免抵税额＝当期免抵退税额－当期应退税额	借：其他应收款——应收出口退税款（金额等于当期期末留抵税额） 应交税费——应交增值税（出口抵减内销产品应纳税额）（金额等于免抵税额） 贷：应交税费——应交增值税（出口退税）（金额等于免抵退税额）
若期末无留抵税额	①应退税额＝0 ②免抵税额＝当期免抵退税额	借：应交税费——应交增值税（出口抵减内销产品应纳税额）（金额等于免抵税额） 贷：应交税费——应交增值税（出口退税）（金额等于免抵退税额）

续上表

类型	税法规定	账务处理
如果当期期末留抵税额＞当期免抵退税额	①当期应退税额＝当期免抵退税额 ②当期免抵税额＝0 ③当期期末留抵税额与当期免抵退税额之间的差额留待下期继续抵扣	借：其他应收款——应收出口退税款（金额相当于当期免抵退税额） 应交税费——应交增值税（出口抵减内销产品应纳税额，因为此时免抵税额为0） 贷：应交税费——应交增值税（出口退税）（金额相当于免抵退税额）

税法上“免抵税额”等于会计术语“出口转内销抵减税额”。

有留抵税额才能申请退税。下面根据业务情形，分别介绍退税额与期末留抵税额的关系。

1. 理论退税额＜期末留抵税额

假设当期全部进项税额110万元，生产产品当期全部销售，内销440万元，单证齐全申报退税的出口销售额折算成人民币260万元，出口货物的征税率为13%，退税率为9%。

（1）计算期末留抵税额。

当期进项税额＝110－440×13%＝52.8（万元）

征税与退税之差转出＝260×（13%－9%）＝10.4（万元）

即期末留抵税额＝52.8－10.4＝42.4（万元）

（2）计算理论退税额。

退税额＝260×9%＝23.4（万元）

（3）计算免抵税额。

由于理论退税额23.4万元＜期末留抵42.4万元，所以没有免抵税额。余下增值税留抵税额19万元（42.4－23.4），留在下期参与增值税计算。

注：这19万元是参与增值税税负的计算，也是参与附加税的计税依据。

（4）计算实际应退税额。

理论退税额＜期末留抵税额，本业务是退23.4万元。

2. 理论退税额＝期末留抵税额

假设当期全部进项税额91万元，生产产品当期全部销售，内销440万元，单证齐全申报退税的出口销售额折算成人民币260万元，出口货物的征税率为13%，退税率为9%。

（1）计算期末留抵税额。

当期进项税额=91－440×13%=33.8（万元）

征退税之差转出=260×（13%－9%）=10.4（万元）

即期末留抵税额=33.8－10.4=23.4（万元）

（2）计算理论退税额。

当期进项税额=260×9%=23.4（万元）

（3）计算免抵税额。

因为理论退税额23.4万元=期末留抵23.4万元，所以免抵税额为0。

（4）计算实际应退税额。

因为期末留抵税额=理论退税额，所以本业务应退税额为23.4万元。

3. 理论退税额>期末留抵税额

假设当期全部进项税额80万元，生产产品当期全部销售，内销440万元，单证齐全申报退税的出口销售额折算成人民币260万元，出口货物的征税率为13%，退税率为9%。

（1）计算期末留抵税额。

当期进项税额=80－440×13%=22.80（万元）

征退税之差转出=260×（13%－9%）=10.4（万元）

即期末留抵税额=22.80－10.4=12.4（万元）

（2）计算理论退税额。

退税额=260×9%=23.4（万元）

（3）计算免抵税额。

由于理论退税额23.4万元>期末留抵12.4万元，所以免抵税额=23.4－12.4=11（万元）

注：这11万元是参与增值税税负的计算，也参与附加税的计税依据。

（4）计算实际应退税额。

理论退税额与留抵税额比较，哪个小退哪个，本业务是退12.4万元。

4. 政策解析

根据《财政部 税务总局 海关总署关于深化增值税改革有关政策的公告》（财政部 税务总局 海关总署公告2019年第39号）规定，自2019年4月1日起，试行增值税期末留抵税额退税（以下称留抵退税）制度。

可以办理增值税期末留抵税额退税的条件见表 8-12。

表 8-12 办理增值税期末留抵税额退税的条件

时限	条　　件
2019 年 4 月 税款所属期起	连续六个月（如按季纳税的，则连续两个季度）增量留抵税额均大于零，且第六个月增量留抵税额不低于 50 万元
	（※增量留抵税额，是指与 2019 年 3 月底相比新增加的期末留抵税额。）
申请退税前 36 个月	未发生骗取留抵退税
	未发生骗取出口退税
	未发生虚开增值税专用发票
	未因偷税被税务机关处罚两次及以上
自 2019 年 4 月 1 日起	未享受即征即退、先征后返（退）政策
	纳税信用等级为 A 级或者 B 级

允许退还的增量留抵税额计算公式：

允许退还的增量留抵税额＝增量留抵税额×进项构成比例×60%

其中，进项构成比例＝2019 年 4 月至申请退税前一税款所属期内已抵扣的增值税专用发票（含税控机动车销售统一发票）、海关进口增值税专用缴款书、解缴税款完税凭证注明的增值税额÷同期全部已抵扣进项税额

8.2.4 其他特殊业务的核算

其他特殊业务包括佣金和出口货物发生销售退回的账务处理。

1. 佣金的账务处理

佣金的核算实例

【例 8-4】某货物征税率为 13%，出口退税率为 9%。以到岸价格成交，成交价为 10 000 元，其中运费、保险费、佣金总计为 1 000 元（即离岸价格为9 000元）。

借：应收账款——应收出口退税　　　　10 000

　　贷：主营业务收入　　　　10 000

同时：进项税额转出＝10 000×（13%－9%）＝400（元）

借：主营业务成本——应收出口退税　　400

　　贷：应交税费——应交增值税（进项税额转出）　　400

冲减运费、保险费、佣金 1 000 元（与内销不同）。

借：主营业务收入　　1 000

　　贷：银行存款　　1 000

借：主营业务成本　　400

　　贷：应交税费——应交增值税（进项税额转出）　　400

2. 出口货物发生销售退回

出口货物发生销售退回的账务处理见表 8-13。

表 8-13　　出口货物发生的销售退回的账务处理

发生退回的形式	账务处理
未确认收入的已发出产品的退回	借：库存商品 　　贷：发出商品
已确认收入的销售产品退回	业务部门在收到对方提运单并由储运部门办理接货及验收、入库等手续后，财会部门应凭退货通知单按原出口金额作如下会计分录 借：主营业务收入 　　贷：应收账款
已确认收入的销售产品退回	（1）已退货物的原运输、保险、佣金，以及退货费用的处理，由对方承担的，作如下处理 借：银行存款 　　贷：主营业务收入——一般贸易出口（原运保佣部分） （2）由我方承担的，先作如下处理 借：待处理财产损溢 　　贷：主营业务收入——一般贸易出口（原运保佣部分） 　　　　银行存款（退货发生的一切国内外费用） （3）批准后 借：营业外支出 　　贷：待处理财产损溢

8.2.5 换汇成本指标

换汇成本是指某出口商品换回一单位外汇需多少元本币。换言之，即用多少元人民币的“出口总成本”可换回单位外币的“净收入外汇”。

换汇成本越低，出口的经济效益越好，计算公式为：

出口商品换汇成本＝出口商品总成本（人民币）÷出口销售外汇净收入（美元）

需要注意的是，公式分子是人民币，分母是美元。如果分子不是人民币，要换成人民币，分母不是美元时换成美元，按人民币外汇中间价。

出口外汇净收入指的是扣除运费和保险费后的FOB价格。

出口商品总成本＝出口商品购进价（不含增值税）×（1＋征退税率之差）

【例8-5】某商品国内进价为人民币80 000元，增值税10 400元，出口外汇净收入（FOB价）18 000美元，该商品的退税率为8%，则汇换成本计算如下：

出口商品总成本＝80 000×（1＋13%－8%）＝84 000（元）

换汇成本＝84 000÷18 000＝4.666 7

正常的换汇成本范围为5～8，换汇成本高于上限需要写换汇成本说明。通常，如果一张报关单上有多项不同商品均共用一个HS编码（HS编码即海关编码，为“编码协调制度”的简称），则会造成换汇成本高的情况。这时只要根据出口退税审核系统换汇成本计算公式，计算每一项商品的换汇成本即可。

出口退税审核系统换汇成本计算公式如下：

出口退税明细申报表中同一关联号项下同一商品代码下每笔出口的换汇成本＝［计税金额＋计税金额×（征税率－退税率）－应退消费税］÷美元出口额

如果换汇成本低于5，说明该笔货物盈利水平很好，虽然申报时退税系统会自动显示，把这个当做疑点之一，但税务局那里是可以通过的。只有高于8时，需要向税务局解释，因为高于8会导致退税款也高，有骗税的嫌疑。

换汇成本过高或过低的原因：

（1）销售价格方面：为了开拓国际市场，销售时定价不高，或者产品是新产品，正在试销，所以定价不高的目的是为占领国际市场。

（2）国内采购方面：国内原材料价格上涨，导致采购金额升高，等等。

8.2.6 退税延期备案怎么办理

根据《国家税务总局关于出口退（免）税申报有关问题的公告》（国家税

务总局公告2018年第16号）第六条规定：

出口企业或其他单位在出口退（免）税申报期限截止之日前，申报出口退（免）税的出口报关单、代理出口货物证明、委托出口货物证明、增值税进货凭证仍没有电子信息或凭证的内容与电子信息比对不符的，应在出口退（免）税申报期限截止之日前，向主管税务机关报送《出口退（免）税凭证无相关电子信息申报表》（见表8-14）。相关退（免）税申报凭证及资料留存企业备查，不再报送。

无相关电子信息备案，其实就相当于延期备案。外贸企业申报退税是有期限的，期限的起讫时间为：报关单出口日期之日开始起算，到第二年的4月15日。超过期限而未做延期相关电子信息备案就不能再申请退税。

每年的4月15日就是出口退税申报清算截止日，例外情况有：①因发函尚未退税的。凡函调涉及的报关单对应的所有商品进项发票均应该做延期申报备案，而非只是该报关单涉及函调的商品。②增值税专用发票稽核比对未通过。③报关单信息丢失。④新办企业尚在办理中（从申请备案到首笔业务尚未申报的）。

表8-14　　出口退（免）税凭证无相关电子信息申报表

统一社会信用代码/纳税人识别号：

纳税人名称：

序号	关联号	出口报关单/代理出口货物证明号码/委托出口货物证明号码	是否无出口报关单或代理出口货物证明电子信息	对应进货凭证号码	出口（开具）日期	备注
	1	2	3	4	5	6
兹声明，本企业已取得以上凭证的原始单证，以上申报无讹并愿意承担一切法律责任。 经办人： （印　章） 年　月　日						

8.2.7 贸易外汇总量核查指标计算公式及正常值区间

自 2012 年 8 月 1 日起，国家外汇管理局、海关总署、国家税务总局决定在全国实施货物贸易外汇管理制度改革。取消出口收汇核销单，企业不再办理出口收汇核销手续，只需进行网上申报。对企业的贸易外汇管理方式由现场逐笔核销改变为非现场总量核查。对存在异常的企业进行重点监测，必要时实施现场核查。

总量核查监测范围包括所有企业涉及国际外汇收支的业务。

总量核查指标包括总量差额、总量差额率、资金货物比率、贸易信贷报告余额比率。计算公式如下：

总量差额	=（Σ调整后进口额＋Σ调整后收汇额）－（Σ调整后付汇额＋Σ调整后出口额）
总量差额率	=总量差额÷（Σ调整后进口额＋Σ调整后收汇额＋Σ调整后付汇额＋Σ调整后出口额）×100%
资金货物比	=（Σ调整后收汇额＋Σ调整后付汇额）÷（Σ调整后出口额＋Σ调整后进口额）×100%
贸易信贷报告余额比率	=（预收货款余额＋预付货款余额＋延期收款余额＋延期付款余额）÷（Σ进口额＋Σ收汇额＋Σ付汇额＋Σ出口额）×100%

其中“Σ”的计算范围为核查月向前倒推 12 个月，上述指标正常值区间如下：

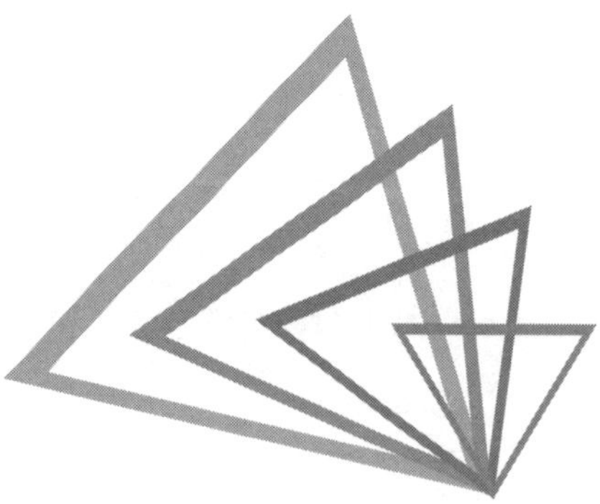

总量差额指标
正常值区间：-50万元～+50万元

总量差额率指标
正常值区间：-30%～+30%

资金货物比指标
正常值区间：50%～150%

贸易信贷报告余额比率指标
正常值区间：0%～25%

需要注意的是，总量差额率是指银行申报贸易项下收付汇资金除以货物报关金额。总量差额就是以上两者的差。差额率超过±30%或者差额超过±50万美元，就会被涂上红色或者绿色，当两者都超的话，就有可能被国家外汇管理局要求进行现场核查。

红色昭示企业收汇多而出口货物少，表明有预收货款，但却没有及时发货，多收少出；或者是进口货物少，而付出的款项多，即少进多付，有很多的预付款；绿色昭示企业收汇少而出口货物多，有些已出口但是尚未收回货款，或者是进口货物多，而付出的款项少即多进少付。

具体来说，存在下列情况之一的企业，外汇管理局可实施现场核查：

（1）任一总量核查指标与本地区指标阈值偏离程度50%以上；

（2）任一总量核查指标连续四个核查期超过本地区指标阈值；

（3）预收货款余额比率、预付货款余额比率、延期收款余额比率或延期付款余额比率大于25%；

（4）来料加工工缴费率大于30%；

（5）转口贸易收支差额占支出比率大于20%；

（6）单笔退汇金额超过等值50万美元且退汇笔数大于12次；

（7）国家外汇管理局认定的需要现场核查的其他情况。

国家外汇管理局可根据非现场核查情况，参考地区、行业、经济类型等特点对上述比例、金额或频次进行调整。平时工作中要求，出口的货物要收汇，进口的货物要付汇。有预收、预付、延期收款、延期付款的按照时限进行报告。记录号每笔货物对应的物流跟资金流情况。

政策文件

海关总署 外管联合发布公告2019年第93号《关于取消报关单收、付汇证明联和海关核销联的公告》，从2019年6月1日起，全面取消报关单收、付汇证明联和办理加工贸易核销的海关核销联。企业办理货物贸易外汇收付和加工贸易核销业务，按规定须提交纸质报关单的，可通过中国电子口岸自行以普通A4纸打印报关单并加盖企业公章。

8.3 消费税出口退税的核算

企业出口应税消费品，与出口货物一样，按照税法规定，享受退（免）税优惠。

8.3.1 出口应税消费品退（免）税分类

出口应税消费品退（免）消费税分为以下三种，如图 8-1 所示。

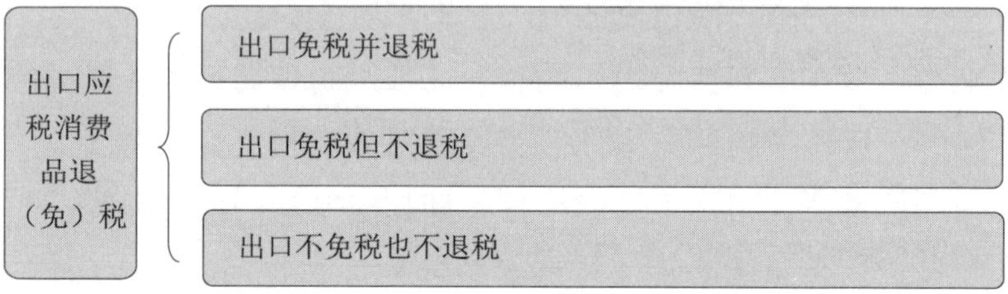

图 8-1 出口应税消费品退（免）税

对外贸企业出口消费税应税货物，凡属从价定率计征消费税的货物，应依照外贸企业从工厂购进货物时征收消费税的价格计算。凡属从量定额计征消费税的货物，应依照货物购进和报关出口的数量计算。

对其他生产企业委托出口的消费税应税货物，则实行“先征后退”的办法。外贸企业出口应税消费品，按规定计算（退）消费税。

8.3.2 出口应税消费品退税的企业范围

出口应税消费品退税的企业范围如图 8-2 所示。

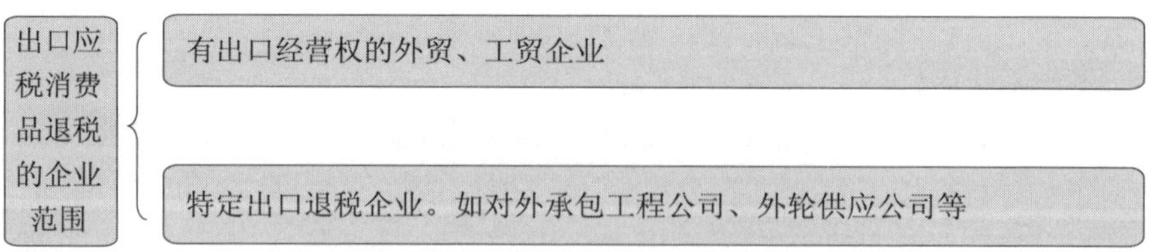

图 8-2 消费品退税范围

8.3.3 出口应税消费品退税的条件

出口应税消费品退税的条件见表 8-15。

表 8-15　　退税的条件

条件	是否给予退税	退税凭证
具备出口条件	给予退税的消费品	属于消费税征税范围的消费品
		取得《税收（出口产品专用）缴款书》《增值税专用发票（税款抵扣联）》《出口货物报关单（出口退税联）》《出口收汇单证》
		必须报关离境
		在财务上作出口销售处理
不具备出口条件	给予退税的消费品	如：对外承包工程公司运出境外用于对外承包项目的消费品，外轮供应公司、远洋运输供应公司销售给外轮、远洋外轮的消费品等

需要注意的是，有些消费品虽具备出口条件，但不给予退税优惠，如禁止出口货物等。

8.3.4　出口应税消费品的计算

1. 退税率的规定

按照《中华人民共和国消费税暂行条例》的规定，纳税人出口应税消费品，免征消费税。由于消费税基本上是在应税消费品的生产销售环节征收，所以一般来讲，实行本环节免税，即可做到出口商品不含消费税，但对外贸收购出口仍实行退税办法，退税率与消费税的税率相同。

2. 应退消费税的计算

应退消费税分为以下几种，见表 8-16。

表 8-16　　消费税计税依据及计算公式

计税依据	定　　义	计算公式
从价定率计算退税额	从价定率计征消费税的应税消费品，应依照外贸企业委托从工厂购进货物时，计算征收消费税的价格	应退消费税税款＝出口货物的销售额（出口数额）×税率
从量征收计算退税额	从量定额计征消费税的应税消费品，应按货物购进和报关出口的数量计算应退消费税税款	应退消费税税款＝出口数量×单位税额
复合征收计算退税额	复合计征消费税的应税消费品，应按货物购进和报关出口的数量以及外贸企业从工厂购进货物时征收消费税的价格计算应退消费税税款	应退消费税税额＝出口货物的工厂销售额×税率＋出口数量×单位税额

第一，生产企业直接出口应税消费品或通过外贸企业出口应税消费品，按规定直接予以免税，可不计算应交消费税。

第二，通过外贸企业出口应征消费品时，如按规定实行先税后退方法的，按下列方法进行会计处理。见表 8-17。

表 8-17　　出口消费品不同情形的会计处理

企业类型	账务处理
生产企业直接出口	生产企业直接出口应税消费品或通过外贸企业出口应税消费品，按规定直接予以免税的，可不计算应交消费税
委托外贸企业代理出口应税消费品的生产企业	按应交消费税税额借记“应收账款”科目，贷记“应交税费——应交消费税”科目
	实际缴纳消费税时，借记“应交税费——应交消费税”科目，贷记“银行存款”科目
	应税消费品出口收到外贸企业退回的税金，借记“银行存款”科目，贷记“应收账款”科目。发生退关、退货而补缴已退的消费税，作相反的会计分录
代理出口应税消费品的外贸企业	收到税务部门退回生产企业缴纳的消费税，借记“银行存款”科目，贷记“应付账款”科目
	将此项税金退还生产企业时，借记“应付账款”科目，贷记“银行存款”科目
	发生退关、退货而补缴已退的消费税，借记“应收账款——应收生产企业消费税”科目，贷记“银行存款”科目。收到生产企业退还的税款，作相反的会计分录
生产企业委托外贸企业代理出口产品	在计算消费税时做“应收账款”处理的，其所获得的消费税退税款，应冲抵“应收账款”，不并入利润，征收企业所得税

自营出口应税消费品退税实例

【**例 8-6**】大地进出口公司为自营出口贸易公司，2020 年 4 月从甲机床厂购进一批汽车轮胎，机床厂开来的增值税专用发票所列金额 2 000 000 元，税额 260 000 元，并取得相应的出口货物增值税专用发票及消费税专用缴款书。

货物全部报关出口后，外销收入折算人民币为5 700 000元（假设退税率为9%，消费税税率为10%），账务处理如下。

（1）应退增值税税款＝增值税发票所列不含税金额×退税率

＝2 000 000×9%＝180 000（元）

（2）不予退税税款＝增值税发票不含税金额×征退税率之差

＝2 000 000×（13%－9%）＝80 000（元）

（3）应退消费税税款＝不含税金额×消费税税率

＝2 000 000×10%＝200 000（元）

（4）货物入库时。

借：库存商品——汽车轮胎　2 000 000

　　应交税费——应交增值税（进项税额）　260 000

　　贷：银行存款　2 260 000

（5）货物报关出口后，账务处理如下。

借：应收账款——甲机床厂　5 700 000

　　贷：主营业务收入——自营出口销售收入　5 700 000

同时结转出口销售成本，账务处理如下。

借：主营业务成本——自营出口销售成本　2 000 000

　　贷：库存商品　2 000 000

（6）计算增值税应退税款时，账务处理如下。

借：其他应收款　180 000

　　贷：应交税费——应交增值税（出口退税）　180 000

（7）计算消费税税款，同时冲减出口销售成本，账务处理如下。

借：其他应收款　200 000

　　贷：主营业务成本——自营出口销售成本　200 000

（8）将不予退税部分转入产品销售成本，账务处理如下。

借：主营业务成本——自营出口销售成本　80 000

　　贷：应交税费——应交增值税（进项税额转出）　80 000

（9）收到退税款后，根据收入退税书，账务处理如下。

借：银行存款　380 000

　　贷：其他应收款——应收出口退税（增值税）　180 000

　　　　　　　　——应收出口退税（消费税）　200 000

委托出口应税货物消费税的核算实例

【例 8-7】长宇第一汽车制造厂委托科达外贸企业代理出口一批应纳消费税的汽车，按规定缴纳了消费税 43 200 元。应税汽车出口后，税务机关按规定办理了出口退税，该厂已收到这笔款项。后来，由于某种原因，一部分应税汽车被外方退货，该厂又按规定补缴了 13 000 元的消费税税款。

（1）按照规定计算应纳消费税时，账务处理如下。

借：应收账款　　43 200

　　贷：应交税费——应交消费税　　43 200

（2）实际缴纳消费税时，账务处理如下。

借：应交税费——应交消费税　　43 200

　　贷：银行存款　　43 200

（3）外贸企业代理出口应税汽车之后，收到税务机关退回的消费税税款时，账务处理如下。

借：银行存款　　43 200

　　贷：应付账款　　43 200

（4）外贸企业将全部出口退税款付给汽车制造厂时，账务处理如下。

借：应付账款　　43 200

　　贷：银行存款　　43 200

（5）国外退货后，外贸企业补交已退的消费税税款时，账务处理如下。

借：应收账款——应收长宇第一汽车制造厂消费税　　13 000

　　贷：银行存款　　13 000

（6）外贸企业收到汽车制造厂付给的消费税时，账务处理如下。

借：银行存款　　13 000

　　贷：应收账款——应收长宇第一汽车制造厂消费税　　13 000

代理出口消费税的核算实例

【例 8-8】某外贸企业代理出口一批先征后退的应税消费品，收到税务机关退还给生产企业的消费税 100 000 元。

（1）代理出口应税消费品的外贸企业将应税消费品出口后，收到税务部门退回生产企业缴纳的消费税时，账务处理如下。

借：银行存款　　　　　　　　　　　　　　　　100 000

　　贷：应付账款　　　　　　　　　　　　　　　　100 000

（2）外贸企业将此项税金退还生产企业时，账务处理如下。

借：应付账款　　　　　　　　　　　　　　　　100 000

　　贷：银行存款　　　　　　　　　　　　　　　　100 000

（3）发生退关、退货而补缴已退的消费税时，账务处理如下。

借：应收账款——应收生产企业消费税　　　　　100 000

　　贷：银行存款　　　　　　　　　　　　　　　　100 000

（4）外贸企业收到生产企业退回来的出口退税款时，账务处理如下。

借：银行存款　　　　　　　　　　　　　　　　100 000

　　贷：应收账款——应收生产企业消费税　　　　　100 000

3. 企业出口应税消费品不予免税或者退税的，应视同国内销售

不予免税或者退税的核算实例

【例 8-9】大地进出口公司出口一批按规定不予免税或退税的应税消费品，应视同国内销售，缴纳消费税 100 000 元。

（1）计提消费税时，账务处理如下。

借：税金及附加　　　　　　　　　　　　　　　100 000

　　贷：应交税费——应交消费税　　　　　　　　　100 000

（2）缴纳消费税时，账务处理如下。

借：应交税费——应交消费税　　　　　　　　　100 000

　　贷：银行存款　　　　　　　　　　　　　　　　100 000

4. 消费税税收优惠政策

（1）生产企业自营出口和委托外贸企业代理出口的应税消费品，可以按照其实际出口数量和金额免征消费税。

（2）来料加工复出口的应税消费品，可以免征消费税。

（3）国家特准可以退还或者免征消费税的消费品主要有：对外承包工程公司运出中国境外，用于对外承包项目的；企业在国内采购以后运出境外，

作为境外投资的；利用中国政府的援外优惠贷款和援外合资合作项目基金方式出口的；对外补偿贸易、易货贸易、小额贸易出口的；外轮供应公司、远洋运输供应公司销售给外轮和远洋国轮，并收取外汇的；对外承接修理、修配业务的企业用于所承接的修理、修配业务的。

（4）外商投资企业以来料加工、进料加工贸易方式进口的应税消费品，可以免征进口环节的消费税。

（5）子午线轮胎可以免征消费税，翻新轮胎不征收消费税。

（6）边境居民通过互市贸易进口规定范围以内的生活用品，每人每日价值人民币 8000 元以下的部分，可以免征进口环节的消费税。

（7）外国政府、国际组织无偿赠送的进口物资，可以免征进口环节的消费税。

（8）成品油生产企业在生产成品油过程中作为燃料、动力和原料消耗的自产成品油，用外购和委托加工回收的已税汽油生产的乙醇汽油，利用废弃动植物油脂生产的纯生物柴油，可以免征消费税。

第9章 技术进出口业务的核算

技术进出口是指从我国境外向境内，或者从我境内向境外，通过贸易、投资或者经济技术合作的方式转移技术的行为，包括专利权转让、专利申请权转让、专利实施许可、技术秘密转让、技术服务和其他方式的技术转移。

9.1 技术进出口概述

《中华人民共和国技术进出口管理条例》规定了技术进出口应当符合国家的产业政策、科技政策和社会发展政策，有利于促进我国科技进步和对外经济技术合作的发展，有利于维护我国经济技术权益等一系列问题。

9.1.1 技术进出口业务的主要方式

技术进出口业务的方式很多，主要有技术许可、特许专营、咨询服务、承包工程、合作经营以及含有工业产权或专有技术转让的设备专卖，见表 9-1。

表 9-1　技术进出口业务的主要方式

方式	内　　容
技术许可	技术转让交易中使用最广泛和最普遍的一种贸易方式。专利所有人、商标所有人或专有技术所有人作为许可方向被许可方授予某项权利，允许其按许可方拥有的技术实施、制造、销售该技术项下的产品，并由被许可方支付一定数额的报酬
特许专营	由一家已经取得成功经验的企业，将其商标、商号名称、服务标志、专利、专有技术以及经营管理的方法或经验转让给另一家企业的一项技术转让合同，后者有权使用前者的商标、商号名称、专利、服务标志、专有技术及经营管理经验，但需支付一定数目的特许费
咨询服务	技术提供方受另一方委托，通过签订技术服务合同，为委托方提供技术劳务，完成某项服务任务，并由委托方支付一定技术服务费的活动。咨询费一般可以按工作量计算，也可采用技术课题包干定价。一般所付的咨询费相当于总投资的 5%左右，技术服务的范围和内容相当广泛，包括产品开发、成果推广、技术改造、工程建设、科技管理等多个方面和多种多样的形式

续上表

方式	内　　容
承包工程	又称“交钥匙”工程，是指借方为建成整个工厂与自成体系的整个车间向受方提供全部设备、技术、经营管理方法，包括工程项目的设计、施工、设备的提供与安装、受方人员的培训、试车，直接把一座能够开工生产的工厂或车间交给受方。承包工程与技术直接关联，大部分是新工艺、新技术，包含的内容复杂，包括工程设计、土建施工、提供机器设备、质量管理等全过程，是一种综合性的贸易活动
合作经营	两个或两个以上的法人或自然人通过订立合作经营合同，在合同有效期内合同当事人一方或各方提供有关技术、设计方案或制造某种设备，在合作过程中实现技术转让的一种合作方式

9.1.2　税收的管辖权

由于各国对税收的管辖权有属地主义和属人主义两种，属地主义是指对一国境内取得的所得征税，不管其取得者是本国居民还是外国居民，同时对本国居民取得的所得不再征税。属人主义是指对本国居民取得的来自国内外的所得都要纳税。国际技术贸易是一种跨国界的经济活动，各国对跨国所得平行行使征税权，以致一笔使用费收入两次纳税，就会造成双重征税问题。

为避免双重征税，通常采用的方法有免税法、抵免法和饶让法，见表 9-2。

表 9-2　　避免双重征税的方法

方式	内　　容
免税法	也称豁免法，是指居住国一方对本国居民来源于来源地国的已在来源地国纳税的跨国所得，在一定条件下放弃居民税收管辖权
抵免法	是目前大多数国家采用避免国际重复征税的方法。采用抵免法，就是居住国按照居民纳税人的境内外所得或一般财产价值的全额为基数计算其应纳税额，但对居民纳税人已在来源地国缴纳的所得税或财产税额，允许从居住国应纳的税额中扣除
饶让法	处于资本输入国地位的来源国，为使其减免税优惠能发挥实际效用，往往在与资本输出国签订的双重征税协定中要求对方实行税收饶让抵免，即居住国对其居民因来源地国实行减免税优惠而未实际缴纳的那部分税额，应视同已经缴纳同样给予抵免

9.1.3 技术进出口与一般货物进出口的区别

技术进出口作为一种跨境行为和一种贸易行为与一般货物进出口又有明显区别，其具体表现在以下方面，见表 9-3。

表 9-3　技术进出口与一般货物进出口的区别

项目	区　别
交易的标的不同	技术是一种特殊的商品，即无形的知识或称“知识产品”；而货物进出口指的是有形的物质产品，可以计量
受法律调整和政府管制程度不同	许多国家在有关技术进出口的法律中规定，凡重要的技术引进决议必须呈报政府主管部门审查、批准或登记后才能生效，而一般货物进出口合同没有这样的要求
转让权限不同	技术进出口转让的只是技术的使用权，而货物进出口的标的一经售出，卖方便失去了对商品的所有权

9.2 技术进口的核算

企业购进技术发生的成本包括购买价款、相关税费以及直接归属于使该项资产达到预定用途所发生的其他支出。

9.2.1 支付技术使用费的方式

在国际技术贸易中采用的使用费支付方式主要有总付、提成支付和入门费加提成费支付三种。

1. 总付

总付是指技术转让方与技术受让方谈妥一笔固定的金额，由技术受让方一次或分期付清。

因此，总付的主要特点是技术受让方承担了引进技术的全部风险，而技术转让方收益有较确定的保证。鉴于这种情况，使用一次总付方式支付技术转让费，一般适用于以下几种情况：①当技术可以立即全部转移，而且技术受让方能够很快予以吸收。②转让非尖端技术或专有技术，技术受让方不需要技术转让方不断提供技术支持。③技术受让方有较充足的资金，并打算尽快摆脱对技术转让方的依赖。

2. 提成支付

提成支付方式是指技术受让方利用引进技术开始生产之后，以经济上的使用或效果（产量、销售额、利润等）作为函数、予以确定，按期连续支付。

这种支付方式的特点是：双方在签订技术转让合同时，只规定提成的比例和提成的基础，不固定合同期间技术受让方应支付的技术使用费总额，只有当技术受让方利用技术转让方技术取得实际经济效益时，才根据合同规定计算提成费，按期支付给技术转让方。

这种支付方式，技术转让方也承担了较大的风险。因此较为适用于：①技术受让方与技术转让方愿意长期合作的；②技术十分成熟且具有独特的优势，收益前景十分明朗；③技术受让方转化能力强的情况。

3. 入门费加提成费支付

这种方式指的是技术受让方先向技术转让方支付一笔约定的金额（总付金额中的小部分），这笔金额称为入门费或初付费，之后再按照双方约定的办法支付提成费。入门费在合同生效后就要立即支付；提成部分要在项目投产后在合同约定的年限内支付。

例如，甲委托乙为自己开发一项技术，甲由于技术取得收益，双方约定甲支付给乙的报酬分为两部分，一部分是甲的入门费，另一部分是甲按照收益给乙一定的提成，此时就属于提成支付附加预付入门费。

这种支付兼顾了技术受让方和技术转让方双方的利益。一般采取这种技术转让费支付方式的原因有：①技术有一定的难度，技术受让方吸收转化具有一定的风险，需要技术转让方给予长期的技术支持。②在考察期间，在一定程度上可能泄露技术秘密，为弥补技术转让方可能的损失，采取支付入门费的方式。③技术受让方吸收消化技术能力较差，不适用于第二种支付方式的情况下，技术转让方一般要求较高的入门费。

1. 总付一次付清

总付一次付清的核算实例

【例 9-1】 2020 年 1 月 20 日，大地进出口公司以 5 000 000 美元从美国 Q 公司购入一项专利权，对方负担预提所得税及增值税，美元中间价为 6.80 元，增值税税率为 6%，预提 15%的所得税。账务处理如下。

（1）预提应交所得税及增值税，账务处理如下。

借：应交税费——应交增值税（进口增值税）

（5 000 000×6.80×6%）2 040 000

——应交预提所得税

（5 000 000×6.80×15%）5 100 000

贷：银行存款　7 140 000

（2）按合同金额计入无形资产成本，账务处理如下。

借：无形资产——专利权　（5 000 000×6.80）34 000 000

贷：应付账款——Q 公司　34 000 000

同时结转代扣税金，账务处理如下。

借：应付账款——Q 公司——美元　7 140 000

贷：应交税费——应交增值税（进口增值税）　2 040 000

——应交预提所得税　5 100 000

（3）支付扣税后的净价款，账务处理如下。

支付扣税后的净价款＝34 000 000－7 140 000＝26 860 000（元）

借：应付账款——Q 公司　26 860 000

贷：银行存款——美元　26 860 000

2. 总付分次付清

对于分期支付无形资产价款的会计分录可以设置“未完引进技术”会计科目。

总付分次付清的核算实例

【例 9-2】 承【例 9-1】，假如购买专利权的价款 5 000 000 元分四次付清，每年支付1 250 000美元，合同规定该项专利权可使用10年。账务处理如下。

（1）第一次付款时，代缴增值税和预提所得税。

借：应交税费——应交增值税（进口增值税）

（1 250 000×6.80×6%）510 000

——应交预提所得税

（1 250 000×6.80×15%）1 275 000

贷：银行存款 1 785 000

（2）合同规定的第一次应付价款计入“未完引进技术”科目

借：未完引进技术 （1 250 000×6.80）8 500 000

贷：长期应付款——美元 8 500 000

（3）结转代扣税金

借：长期应付款——美元 1 785 000

贷：应交税费——应交增值税 510 000

——应交预提所得税 1 275 000

（4）支付进口技术款

支付进口技术款=1 250 000×6.80=8 500 000（元）

借：长期应付款 8 500 000

贷：银行存款——美元 8 500 000

（5）以后各次付款的分录同第一次，最后一次付款时，结转未完引进技术的资产价值

借：无形资产——专利权 （5 000 000×6.80）34 000 000

贷：未完引进技术 34 000 000

3. 提成支付方式下的会计核算

提成支付核算实例

【例9-3】大地进出口公司从美国卡达公司购买商标使用权，合同规定每年按年销售收入的15%支付卡达公司使用费，使用期5年。假定第一年卡达公司销售收入2 500 000美元，第二年销售收入3 000 000美元，这两年的使用费按期支付。对方负担预提所得税，美元中间价为6.80元，该企业有美元现汇账户，无须购汇。增值税税率为6%，预提10%的所得税。账务处理如下。

（1）第一年年底付款，代缴增值税和预提所得税。

借：应交税费——应交增值税

（2 500 000×15%×6.80×6%）153 000

——应交预提所得税

（2 500 000×6.80×15%×10%）255 000

贷：银行存款 408 000

（2）合同规定的第一次应付价款计入“未完引进技术”科目。

借：未完引进技术 （2 500 000×15%×6.80）2 550 000

贷：应付账款——美元 2 550 000

（3）结转代扣税金。

借：应付账款——美元 408 000

贷：应交税费——应交增值税 153 000

——应交预提所得税 255 000

（4）第二年年底付款，代交增值税和预提所得税。

借：应交税费——应交增值税（3 000 000×15%×6.80×6%）

183 600

——应交预提所得税

（3 000 000×6.80×15%×10%）306 000

贷：银行存款 489 600

（5）合同规定的第二次应付价款计入“未完引进技术”科目。

借：未完引进技术 （3 000 000×15%×6.80）3 060 000

贷：应付账款——美元 3 060 000

（6）结转代扣税金。

借：应付账款——美元 489 600

贷：应交税费——应交增值税

（3 000 000×15%×6.80×6%）183 600

——应交预提所得税

（3 000 000×6.80×15%×10%）306 000

4. 入门费加提成费方式下的会计核算

入门费加提成费方式下的会计核算与提成支付方式下的会计核算类似，此处不再赘述。

9.2.2 以产品补偿引进国外技术的账务处理

技术出口国提供专利和非专利技术的所有权或使用权，进口国企业利用该技术生产的产品来偿还该技术的使用费，此类业务属于补偿贸易，带有融资性质。引进技术不需立即付汇。按照我国税法规定需缴纳营业税和预提所得税。账务处理见表 9-4。

表 9-4　以产品补偿引进国外技术的账务处理

业务情景	账务处理
引进技术按合同价值记账	借：无形资产——专利权使用费 　贷：长期应付款——应付国外专利权使用费
第一次向国外交货偿还技术使用费	借：长期应付款——应付国外专利权使用费 　贷：主营业务收入 　　同时，结转成本 借：主营业务成本 　贷：库存商品
代扣应缴增值税和预提所得税	借：长期应付款——应付国外专利权使用费 　贷：应交税费——应交增值税 　　　　　——应交预提所得税
缴纳增值税和预提所得税	借：应交税费——应交增值税 　　　　——应交预提所得税 　贷：银行存款
每月摊销无形资产	借：管理费用——无形资产摊销 　贷：累计摊销

9.3 技术出口的核算

我国企业为技术进口国设计软件、开发新产品、培训技术人员、设计产品、建筑设计等均属技术服务。

9.3.1 企业提供技术服务收入的确定

提供技术服务的交易结果必须同时满足下列条件，才能确认为收入，如

图 9-1 所示。

企业提供技术服务收入的确定

- 企业已将商品所有权上的主要风险和报酬转移给购货方
- 企业既没有保留通常与所有权相联系的继续管理权，也没有对已售出的商品实施控制
- 与交易相关的经济利益能够流入企业
- 相关的收入和成本能够可靠地计量

图 9-1　企业提供技术服务收入的确定

以上四条件必须同时满足，才能确认收入，任何一条件未满足，即使收到货款也不能确认为收入。这充分体现了会计核算的谨慎性原则。

企业提供技术服务收入时间的确认如图 9-2 所示。

企业提供技术服务收入时间的确认

- 在同一会计期间内开始并完成的劳务，应在劳务完成时确认收入，确认的金额为合同或协议总金额，确认方法可参照商品销售收入的确认原则
- 劳务的开始和完成分属不同的会计期间，且在资产负债表日能对该项交易的结果作出可靠估计的，应按完工百分比法确认收入

图 9-2　企业提供技术服务收入时间的确认

提供技术服务的核算实例

【例 9-4】2019 年 6 月，东兴外贸企业为南非卡帝斯公司设计工程项目，设计费为 2 000 000 美元，期限 9 个月，合同规定卡帝斯公司预付设计费 600 000 美元，余款在设计完成后支付。至 2019 年 12 月 31 日已发生成本 300 000 美元（假设为设计人员工资），预计完成该项目还将发生成本 1 200 000 美元。2019 年 12 月 31 日，经专业人员测评，设计工程已完成 60%。美元兑人民币中间价为 6.75 元。假设东兴外贸企业征收的预提所得税税率为 15%。

2019 年确认收入＝劳务总收入×劳务的完成程度－以前年度已确认的收入＝2 000 000×60%－0＝1 200 000（美元）

2019 年确认的成本＝劳务总成本×劳务的完成程度－以前年度已确认的成本＝（300 000＋1 200 000）×60％－0＝900 000（美元）

账务处理如下：

（1）收到预付款，已扣预提所得税。

借：银行存款——美元［600 000×（1－15％）×6.75］　　3 442 500

　　应交税费——应交预提所得税　（600 000×15％×6.75）　　607 500

　　贷：预收账款——东兴外贸企业　　4 050 000

（2）结转代缴预提所得税。

借：所得税费用　　607 500

　　贷：应交税费——应交预提所得税　　607 500

（3）结转劳务成本。

借：劳务成本　（900 000×6.75）6 075 000

　　贷：应付职工薪酬——应付工资　　6 075 000

（4）2017 年 12 月 31 日，资产负债表日确认收入。

借：应收账款——东兴外贸企业　（2 000 000×60％×6.75）8 100 000

　　贷：其他业务收入　　8 100 000

同时结转成本。

借：其他业务成本　　6 075 000

　　贷：劳务成本　　6 075 000

9.3.2 技术转让收入的账务处理

技术转让收入是指当事人履行技术转让合同后获得的价款，不包括销售或转让设备、仪器、零部件、原材料等非技术性收入。不属于与技术转让项目密不可分的技术咨询、技术服务、技术培训等收入，不得计入技术转让收入。

技术转让成本是指转让的无形资产的净值，即该无形资产的计税基础减除在资产使用期间按照规定计算的摊销扣除额后的余额。

相关税费是指技术转让过程中实际发生的有关税费，包括除企业所得税和允许抵扣的增值税以外的各项税金及其附加、合同签订费用、律师费等相关费用及其他支出。

享受技术转让所得减免企业所得税优惠的企业，应单独计算技术转让所得，并合理分摊企业的期间费用；没有单独计算的，不得享受技术转让所得企业所得税的优惠。

取得技术转让收入的核算实例

【例 9-5】东兴外贸企业将一项专利权转让给 Y 国 S 企业使用，合同规定使用期限为 5 年，使用费为 1 200 000 美元，分为 5 次收取，并当即结汇。专利权的账面价值为 1 000 000 元，已摊销 200 000 美元。Y 国不征收预提所得税，美元买入价为 6.75 元，账务处理如下。

（1）每次收取使用费时＝240 000×6.75＝1 620 000（元）

借：银行存款　　　　1 620 000

　　贷：其他业务收入　　　　1 620 000

（2）按 5 年摊销，每月摊销额＝1 000 000÷5÷12＝16 666.67（元）

借：其他业务成本——无形资产摊销　　　　16 666.67

　　贷：累计摊销　　　　16 666.67

第 10 章 外贸企业财务报表的编制

为了尽快与国际财务报告准则一致，财政部于 2019 年 4 月 30 日发布了《关于修订印发 2019 年度一般企业财务报表格式的通知》（财会〔2019〕16 号），公布两种财务报表格式：一种是适用于尚未执行新金融准则和新收入准则的企业；另一种是适用于已执行新金融准则或新收入准则的企业。

10.1　财务报表概述

财务报表是整个会计核算过程的最终结果，是企业提供财务信息的重要工具和进行财务分析的基础。

10.1.1　财务报表构成

编制财务报表，是会计核算的最终必需环节。企业必须按照会计准则和相关会计制度的规定，定期编制财务报表。企业财务报表基本体系如图 10-1 所示。

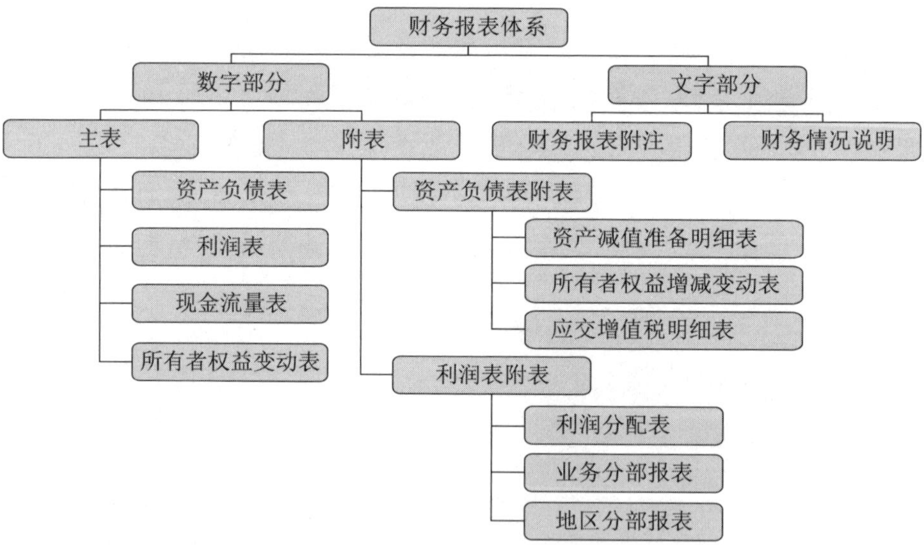

图 10-1　企业财务报表体系

1. 数字部分——财务报表

财务报表是财务会计报告体系的核心，一套完整的财务会计报告由下列内容组成。

（1）主表。

现行制度规定，企业财务报表的主表有资产负债表、利润表、现金流量表和成本报表。其中需要对外报送的主表有资产负债表、利润表和现金流量表，不需要对外报送的有成本报表。

（2）附表。

附表是指对主表的某一项或几项内容提供更为详细的报表。常见的附表有利润分配表、应收增值税明细表、分部报表和所有者权益增减变动表等。

2. 文字部分——文字报告

财务报表中的财务报表内容具有一定的固定性和规定性，因此使其所提供的会计信息量受到限制。为了满足会计信息使用者决策的要求，企业除了编制主表及其相关附表外，还要编制文字报告内容，即财务报表的附注和财务情况说明书，以便充分披露企业的会计信息。

（1）财务报表附注。

财务报表附注是企业财务会计报告的重要组成部分，其作用是对财务报表数字不能包含或不能披露的内容做进一步的解释和说明。财务报表附注通常随年度财务报表一起编制，至少应当包括以下内容，如图 10-2 所示。

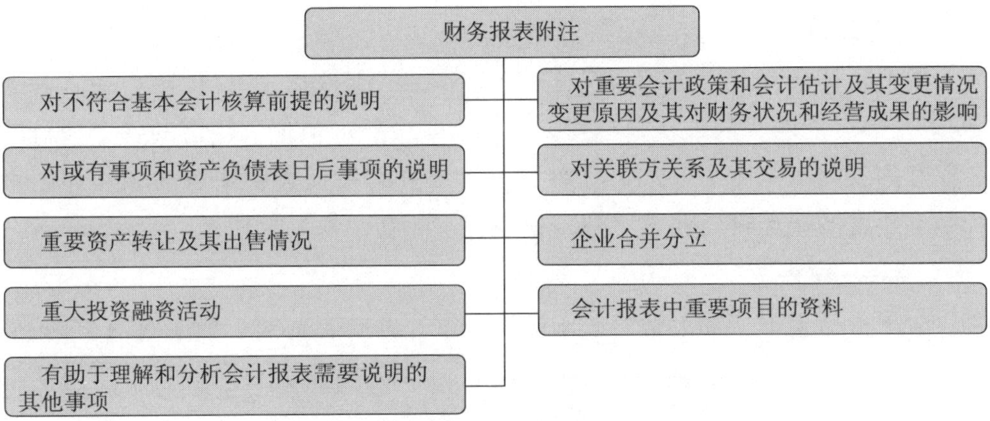

图 10-2　财务报表附注主要内容

企业的经营管理者在阅读和分析财务报表之前，应仔细阅读财务报表附注，这有助于加深对报表数字的形式及数字背后的因素的理解，有助于理解各企业的会计政策及其区别，加强各企业财务报表资料的可比性，有助于客观地评价不同企业的资金状况和经营成果，对其业绩做出科学的评价。

（2）财务情况说明书。

财务情况说明书是对财务报表总体内容所做的文字说明，也是对本企业财务状况、经营成果和现金流量的分析评价。

财务情况说明书一般应包括的内容主要包括以下几个方面，如图10-3所示。

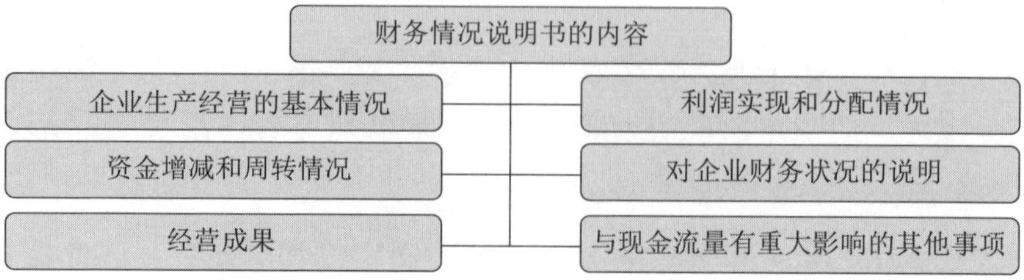

图10-3　财务情况说明书的主要内容

阅读财务报表和财务报表附注后，应仔细阅读财务情况说明书，可以更好地理解企业的经营情况，有助于客观地评价企业经营管理者的业绩。

10.1.2　资产负债表的编制方法

为便于各项指标的期末数与期初数比较，资产负债表设有“年初余额”和“期末余额”两个金额栏，相当于比较两个年度的资产负债表。

1. 年初余额

资产负债表中“年初余额”栏内各项数字应根据上年末资产负债表的“期末余额”栏内所列数字来填列。如果上年度资产负债表规定的各个项目的名称和内容与本年度不一致，应对上年年末资产负债表各项目的名称和数字按照本年度的规定进行调整，填入报表中“年初余额”栏内。

2. 期末余额

资产负债表中“期末数”栏主要有以下几种方式填写，如图10-4所示。

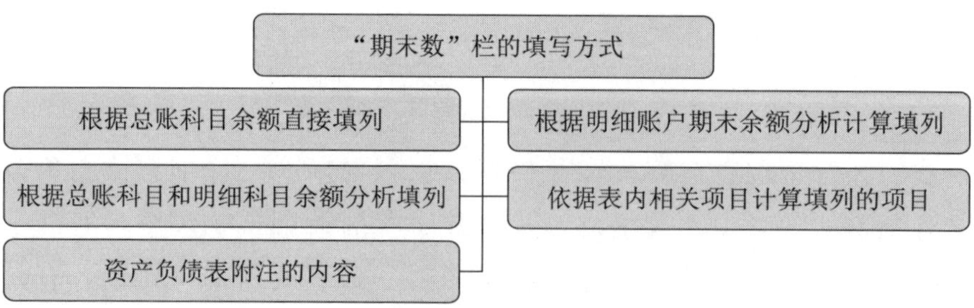

图10-4　资产负债表“期末数”栏的填写方式

（1）根据总账科目余额直接填列。

资产负债表中的大部分项目，都可根据总账科目的期末余额直接填列。如“应收票据”“短期借款”等账户。

资产负债表中大部分项目的“期末余额”可以根据有关总账账户的期末余额直接填列，如“交易性金融资产”“递延所得税资产”“短期借款”“交易性金融负债”“应付票据”“应付职工薪酬”“应交税费”“递延所得税负债”“预计负债”“实收资本”“资本公积”“盈余公积”等项目。这些项目中，“应交税费”等负债项目，如果其相应账户出现借方余额，应以“－”号填列。

（2）根据明细账户期末余额分析计算填列。

“应收账款”行项目，应根据“应收账款”科目的期末余额，减去“坏账准备”科目中相关坏账准备期末余额后的金额填列。

“应付票据”行项目，应根据“应付票据”科目的期末余额，减去坏账准备期末余额分析填列。

（3）根据总账科目和明细科目余额分析填列。

有些项目，既不能按总账科目余额直接或计算填列，也不能按明细科目余额直接或计算填列，而需要分析总账科目和明细科目余额后再计算填列。如“长期借款”项目，就是根据“长期借款”的期末余额减去“长期借款——一年内到期的长期借款”明细科目的余额后填列。资产负债表中的某些项目，需要根据若干个总账科目的期末余额计算填列。如“货币资金”项目，就是根据“库存现金”“银行存款”“其他货币资金”三个科目的余额相加得到的。

“其他应收款”行项目，应根据“应收利息”“应收股利”“其他应收款”科目的期末余额合计数，减去“坏账准备”科目中相关坏账准备期末余额后的金额填列。

“其他应付款”行项目，应根据“应付利息”“应付股利”“其他应付款”科目的期末余额合计数填列。

“固定资产”行项目，应根据“固定资产”科目的期末余额，减去“累计折旧”和“固定资产减值准备”科目的期末余额后的金额，以及“固定资产清理”科目的期末余额填列。

“在建工程”行项目，应根据“在建工程”“工程物资”科目的期末余额，减去“在建工程减值准备”“工程物资减值准备”科目的期末余额后的金额填列。

“长期应付款”行项目，应根据“长期应付款”科目的期末余额，减去相关的“未确认融资费用”科目的期末余额后的金额，以及“专项应付款”科目的期末余额填列。

（4）依据表内相关项目计算填列的项目。

流动负债、非流动负债、负债、所有者权益（或股东权益）、负债和所有者权益（或股东权益）等项目合计数。资产合计与负债和所有者权益（或股东权益）总计。检查报表项目间的钩稽关系。资产合计与负债和所有者权益（或股东权益）总计是否相等。

（5）资产负债表附注的内容。

资产负债表附注的内容，根据实际需要和有关备查账簿等的记录分析填列。如或有负债披露方面，按照备查账簿中记录的商业承兑汇票贴现情况，填列“已贴现的商业承兑汇票”项目。

资产负债表编制完毕，在报表下部，制表人、审核人、财务主管签章，并在表头编制单位处加盖单位公章。

大地进出口公司 2020 年 1 月资产负债表编制实例

【例 10-1】大地进出口公司 2020 年 1 月 31 日期末各账户余额，见表 10-1。

表 10-1 **科目余额表** 单位：元

总账科目	明细科目	期末余额	年初余额
库存现金		3 000	1 600
银行存款		12 458 000	11 650 000
其他货币资金	信用证	3 500 000	2 850 000
应收票据		800 000	0
应收利息		21 320	26 780
应收账款	应收外汇账款	2 800 000	7 850 000
	应收国内公司货款	3 245 800	3 925 000

续上表

总账科目	明细科目	期末余额	年初余额
	应收出口退税款	2 354 200	
其他应收款		28 900	26 700
坏账准备（应收账款）		8 900	10 900
合同资产		450 800	348 000
原材料		34 690	32 800
低值易耗品		8 680	9 678
库存商品		234 500	289 100
存货跌价准备		86 750	91 250
固定资产		2 450 000	2 150 000
累计折旧		64 850	69 800
固定资产减值准备		39 800	32 600
短期借款		105 000	105 000
应付票据		653 800	645 800
应付账款		2 785 000	2 785 000
合同负债		89 400	79 800
应交税费		67 825	65 400
其他应付款		125 780	115 650
长期借款		12 400 790	11 820 770
长期应付款		5 668 005	2 195 518
实收资本		5 894 000	5 894 000
资本公积		102 450	98 500
盈余公积		185 680	205 640
利润分配		119 860	124 530

以【例 10-1】为蓝本，编制企业资产负债表，明细如下。

（1）年初货币资金＝年初库存现金账户余额＋年初银行存款账户余额＋年初其他货币资金余额＝1 600＋11 650 000＋2 850 000＝14 501 600（元）

期末货币资金=期末库存现金账户余额+期末银行存款账户余额+期末其他货币资金余额=3 000+12 458 000+3 500 000=15 961 000（元）

（2）年初应收票据=年初应收票据账户余额=0（元）

期末应收票据=期末应收票据账户余额=800 000（元）

（3）年初应收账款=年初应收账款余额－年初坏账准备账户余额=7 850 000－10 900=7 839 100（元）

期末应收账款=期末应收账款账户余额－期末坏账准备账户余额=2 800 000+3 245 800+2 354 200－8 900=8 391 100（元）

（4）年初合同资产=348 000（元）

期末合同资产=期末合同资产账户余额=450 800（元）

（5）年初其他应收款=年初其他应收款账户余额－年初坏账准备账户余额=26 700+26 780=53 480（元）

期末其他应收款=期末其他应收款账户余额－期末坏账准备账户余额=28 900+21 320=50 220（元）

（6）年初存货=年初原材料账户余额+年初低值易耗品账户金额+年初库存商品账户余额－年初存货跌价准备账户余额=32 800+9 678+289 100－91 250=240 328（元）

期末存货=期末原材料账户余额+期末低值易耗品账户余额+期末库存商品账户余额－期末存货跌价准备账户余额=34 690+8 680+234 500－86 750=191 120（元）

（7）年初固定资产净值=本表内年初固定资产原价－本表内年初累计折旧－固定资产减值准备=2 150 000－69 800－32 600=2 047 600（元）

期末固定资产净值=本表内期末固定资产原价－本表内期末累计折旧－固定资产减值准备=2 450 000－64 850－39 800=2 345 350（元）

（8）年初短期借款=年初短期借款账户余额=105 000（元）

年末短期借款=年末短期借款账户余额=105 000（元）

（9）年初应付票据=年初应付票据账户余额=645 800（元）

年末应付票据=年末应付票据账户余额=653 800（元）

（10）年初应付账款=年初应付账款账户余额=2 785 000（元）

期末应付账款=期末应付账款账户余额=2 785 000（元）

（11）年初合同负债=年初合同负债账户余额=79 800（元）

期末合同负债=期末合同负债账户余额=89 400（元）

(12) 年初应交税费＝年初应交税费账户余额＝65 400（元）

年末应交税费＝年末应交税费账户余额＝67 825（元）

(13) 年初其他应付款＝年初其他应付款账户余额＝115 650（元）

期末其他应付款＝期末其他应付款账户余额＝125 780（元）

(14) 年初长期应付款＝年初长期应付款账户余额＝2 195 518（元）

期末长期应付款＝期末长期应付款账户余额＝5 668 005（元）

(15) 年初长期借款＝年初长期借款账户余额＝11 820 770（元）

期末长期借款＝期末长期借款账户余额＝12 400 790（元）

(16) 年初实收资本＝年初实收资本账户余额＝5 894 000（元）

期末实收资本＝期末实收资本账户余额＝5 894 000（元）

(17) 年初资本公积＝年初资本公积账户余额＝98 500（元）

年末资本公积＝年末资本公积账户余额＝102 450（元）

(18) 年初盈余公积＝年初盈余公积账户余额＝205 640（元）

期末盈余公积＝期末盈余公积账户余额＝185 680（元）

(19) 年初利润分配＝年初利润分配账户余额＝124 530（元）

期末利润分配＝期末利润分配账户余额＝119 860（元）

通过以上计算，编制资产负债表，见表 10-2。

表 10-2　　资产负债表

2020 年 1 月 31 日　　会企 01 表

编制单位：大地进出口公司　　单位：元

资产	期末余额	年初余额	负债和所有者权益（或股东权益）	期末余额	年初余额
流动资产：			流动负债：		
货币资金	15 961 000	14 501 600	短期借款	105 000	105 000
交易性金融资产			交易性金融负债		
应收票据	800 000	0	应付票据	645 800	653 800
应收账款	8 391 100	7 839 100	应付账款	2 785 000	2 785 000
预付账款	0	0	预收账款	0	0
合同资产	450 800	348 000	合同负债	89 400	79 800
其他应收款	50 220	53 480	应付职工薪酬		
存货	191 120	240 328	应交税费	67 825	65 400

续上表

资产	期末余额	年初余额	负债和所有者权益（或股东权益）	期末余额	年初余额
一年内到期的非流动资产			其他应付款	125 780	115 650
其他流动资产			一年内到期的非流动负债		
流动资产合计	25 844 240	22 982 508	其他流动负债		
非流动资产：			流动负债合计	3 818 805	3 804 650
固定资产	2 345 350	2 047 600	非流动负债：		
在建工程			长期借款	12 400 790	11 820 770
无形资产			长期应付款	5 668 005	2 195 518
开发支出			非流动负债合计	18 068 795	14 016 288
商誉			负债合计	21 887 600	17 820 938
长期待摊费用			所有者权益（或股东权益）：		
递延所得税资产			实收资本（或股本）	5 894 000	5 894 000
其他非流动资产			资本公积	102 450	985 000
非流动资产合计	2 345 350	2 047 600	减：库存股		
			盈余公积	185 680	205 640
			未分配利润	119 860	124 530
			所有者权益（或股东权益）合计	6 301 990	7 209 170
资产总计	28 189 590	25 030 108	负债和所有者权益（或股东权益）总计	28 189 590	25 030 108

10.2 利润表的编制

利润表又称损益表或收益表，是反映企业在某一会计期间的经营成果的财务报表。

10.2.1 利润表的结构

利润表的基本结构，总的说来就是净利润计算公式的表格化。利润表是根据“收入－费用＝利润”的会计等式来设计的，其内容可以分为收入和费用两大类。

利润表一般由表头、表身和补充资料三部分构成。

利润表的表头，主要填制编制单位、报表日期、货币计量单位等，由于利润表说明的是某一时期的经营成果，因而利润表的表头必须注明“某年某月份”，或“某会计年度”。

表身是利润表的主体部分，主要反映收入、费用和利润各项目的具体内容及其相互关系。为了使报表使用者通过比较不同期间利润的实现情况，判断企业经营成果的未来发展趋势，企业需要提供比较利润表。利润表还就各项目再分为“本期金额”和“上期金额”两栏分别填列。

利润表的具体格式，如图 10-5 所示。

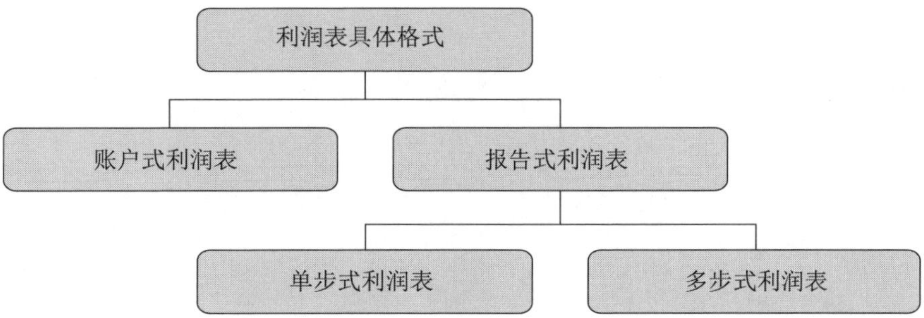

图 10-5　利润表具体格式

1. 账户式利润表

账户式利润表总体结构就像账户一样，左方列示费用支出，右方列示收入。若有右方差额，则体现为利润；若有左方差额，则体现为亏损。其格式见表 10-3。

表 10-3　　**账户式利润表**

费用支出	收入
…	…
…	…
合计：	合计：
差额（亏损）：	差额（收益）：

2. 报告式利润表

报告式利润表由于确定利润的思路不同又可分为单步式利润表和多步式利润表两种。我国采用多步式利润表格式。

(1) 单步式利润表。

在我国，单步式利润表主要用于那些业务比较简单的服务咨询行业和某些实行企业化管理的事业单位。其基本格式见表 10-4。

表 10-4　　单步式利润表

编制单位：　　　　年　月　　　　单位：元

项　　目	行次	本月数	本年累计数
一、营业收入			
其中：主营业务收入			
其他业务收入			
减：主营业务成本			
税金及附加			
销售费用			
管理费用			
研发费用			
财务费用			
……			
二、营业利润			
加：营业外收入			
减：营业外支出			
三、利润总额			
减：所得税			
四、净利润			

(2) 多步式利润表。

所谓多步式利润表，是将利润表的内容按照企业利润的构成要素，分三步计算企业的利润（或亏损），如图 10-6 所示。

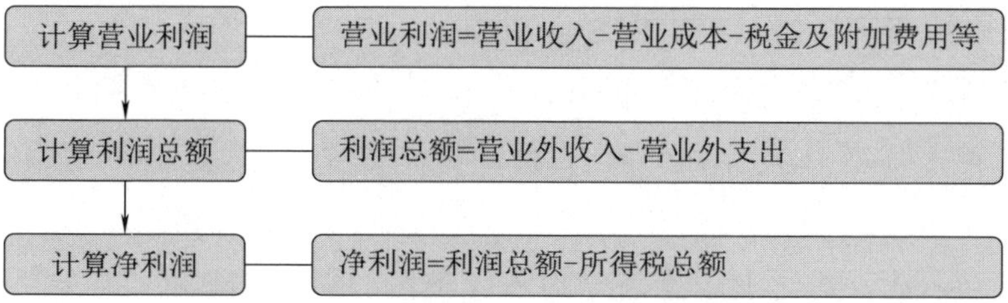

图 10-6 多步式利润表计算步骤图

10.2.2 利润表的编制

利润表中的栏目分为“本期金额”栏和“上期金额”栏。本表中的“上期金额”栏应根据上年该期利润表“本期金额”栏内所列数字填列。如果上年该期利润表规定的各个项目的名称和内容同本期不相一致，应对上年该期利润表各项目的名称和数字按本期的规定进行调整，填入“上期金额”栏。

利润表中的各个项目，都是根据有关收入和费用科目记录的本期实际发生数和累计发生数分别填列的。

“主营业务收入”“主营业务成本”应根据各有关账户发生额分析填列。“税金及附加”是指除增值税以外的税金及附加。

“营业成本”项目，应根据“主营业务成本”科目和“其他业务成本”的发生额分析填列。“税金及附加”项目，应根据“税金及附加”科目的发生额分析填列。“净利润”项目，反映企业报告期内实现的净利润，是根据利润总数减所得税而得。如为净亏损，以“—”号填列。

“销售费用”“管理费用”“财务费用”“研发费用”“投资收益”项目均应根据有关账户填列。

“营业外收入”项目，反映企业所取得的与其生产经营无直接关系的各种收入。本项目应根据“营业外收入”科目的发生额分析填列。“营业外支出”项目，反映企业所支付的与其生产经营无直接关系的各种支出。本项目应根据“营业外支出”科目的发生额分析填列。“利润总额”项目，反映企业在报告期内实现的利润总数。如为亏损额则用“—”号填列。“所得税费用”项目，反映企业在报告期内，按规定从本期损益中减去的所得税费用。本项目根据“所得税费用”科目的发生额分析填列。

“净利润”是“本年利润”扣除所得税后的利润，如有亏损，以“－”号填列。本表分“本月数”和“本年累计数”填列，在编制年度报表时，将“本月数”栏改为“上年度”栏。如果上年度利润表的项目名称和内容与本年度利润表不一致，应将上年度数字按本年度的口径进行调整。

大地进出口公司2020年1月利润表编制实例

【例10-2】大地进出口公司2020年1月31日有关科目的会计资料，见表10-5。

表10-5 **科目余额表** 单位：元

项目		本期数	上期数
主营业务收入	自营出口销售收入	14 520 000	18 654 200
	自营进口销售收入	4 568 000	6 458 000
其他业务收入		128 700	167 400
投资收益		218 500	206 400
营业外收入		45 970	42 620
主营业务成本	自营出口销售成本	4 946 500	6 789 500
	自营进口销售成本	3 789 000	6 342 000
税金及附加		82 380	84 630
其他业务成本		128 930	114 560
销售费用		46 900	54 900
管理费用		123 678	108 900
财务费用		84 000	79 050
汇兑损益（借方）		3 600	4 100
营业外支出		15 680	14 650
所得税		2 565 125.5	2 984 082.5

根据上述资料填制利润表，见表10-6。

表 10-6　　利润表　　会企 02 表

编制单位：大地进出口公司　　2020 年 1 月　　单位：元

项　　目	本期金额	上期金额
一、营业收入	19 216 700	25 279 600
减：营业成本	8 864 430	13 246 060
税金及附加	82 380	84 630
销售费用	46 900	54 900
管理费用	123 678	108 900
研发费用		
财务费用	87 600	83 150
其中：利息费用		
利息收入		
加：其他收益		
投资收益（损失以“—”号填列）	218 500	206 400
其中：对联营企业和合营企业的投资收益		
公允价值变动收益（损失以“—”号填列）		
信用减值损失（损失以“—”填列）		
资产减值损失		
资产处置损益		
二、营业利润（亏损以“—”号填列）	10 230 212	11 908 360
加：营业外收入	45 970	42 620
减：营业外支出	15 680	14 650
三、利润总额（亏损总额以“—”号填列）	10 260 502	11 936 330
减：所得税费用	2 565 125.5	2 984 082.5
四、净利润（净亏损以“—”号填列）	7 695 376.5	8 952 247.5
（一）持续经营净利润（净亏损以“—”号填列）		
（二）终止经营净利润（净亏损以“—”号填列）		
五、其他综合收益的税后净额		

续上表

项　　目	本期金额	上期金额
（一）不能重分类进损益的其他综合收益		
1. 重新计量设定受益计划变动额		
2. 权益法下不能进损益的其他综合收益		
3. 其他权益工具投资公允价值变动		
4. 企业自身信用风险公允价值变动		
（二）将重分类进损益的其他综合收益		
1. 权益法下可转损益的其他综合收益		
2. 其他债权投资公允价值变动		
3. 金融资产重分类计入其他综合收益的金额		
4. 其他债权投资信用减值准备		
5. 现金流量套期准备		
6. 外币财务报表折算差额		
……		
六、综合收益总额		
七、每股收益		
（一）基本每股收益		
（二）稀释每股收益		

（1）本期营业收入＝主营业务收入发生额（14 520 000＋4 568 000）＋其他业务收入发生额(128 700)＝19 216 700（元）

上期营业收入＝18 654 200＋6 458 000＋167 400＝25 279 600（元）

（2）本期营业成本＝主营业务成本发生额（4 946 500＋3 789 000）＋其他业务成本发生额（128 930）＝8 864 430（元）

上期营业成本＝6 789 500＋6 342 000＋114 560＝13 246 060（元）

（3）本期税金及附加＝税金及附加发生额＝82 380（元）

上期税金及附加＝84 630（元）

（4）本期销售费用＝销售费用发生额＝46 900（元）

上期销售费用＝54 900（元）

（5）本期管理费用＝管理费用发生额＝123 678（元）

上期管理费用＝108 900（元）

（6）本期财务费用＝财务费用发生额＝84 000＋3 600＝87 600（元）

上期财务费用＝79 050＋4 100＝83 150（元）

（7）本期投资收益＝投资收益发生额＝218 500（元）

上期投资收益＝206 400（元）

（8）本期营业利润＝营业收入（19 216 700）－营业成本（8 864 430）－税金及附加（82 380）－销售费用（46 900）－管理费用（123 678）－财务费（87 600）＋投资收益（218 500）＝10 230 212（元）

上期营业利润＝25 279 600－13 246 060－84 630－54 900－108 900－83 150＋206 400＝11 908 360（元）

（9）本期营业外收入＝营业外收入发生额＝45 970（元）

上期营业外收入＝42 620（元）

（10）本期营业外支出＝营业外支出发生额＝15 680（元）

上期营业外支出＝14 650（元）

（11）本期利润总额＝营业利润（10 230 212）＋营业外收入（45 970）－营业外支出（15 680）＝10 260 502（元）

上期利润总额＝11 908 360＋42 620－14 650＝11 936 330（元）

（12）本期所得税费用＝所得税费用发生额＝2 565 125.5（元）

上期所得税费用＝2 984 082.5（元）

（13）本期净利润＝利润总额（10 260 502）－所得税费用（2 565 125.5）＝7 695 376.5（元）

上期净利润＝11 936 330－2 984 082.50＝8 952 247.5（元）

10.3　现金流量表的编制

现金流量表披露了企业在一定期间内现金（包括现金等价物）的流入、流出，以及期初和期末现金结余的状况。现金流量表同资产负债表、利润表一起，构成公司的三大主要会计报表。

10.3.1 现金流量表各项目填列方法

在我国，企业经营活动产生的现金流量应当采用直接法填列。

1.“销售商品、提供劳务收到的现金”项目

本项目反映企业销售商品、提供劳务实际收到的现金（含销售收入和向购买者收取的增值税税额），企业销售材料和代购代销业务收到的现金，也在本项目反映。包括本期销售的商品、提供劳务收到的现金及前期销售和前期提供劳务本期收到的现金和本期预收的账款，不包括本期退回本期销售的商品和前期销售本期退回的商品支付的现金。

本项目可根据“库存现金”“银行存款”“应收账款”“主营业务收入”“其他业务收入”等账户的记录分析填列。

在填列本项目时，有两种方法：

（1）以本期实际发生的经济业务为依据逐项分析计算填列。

销售商品、提供劳务收到的现金＝主营业务收入＋其他业务收入＋应交税费（应交增值税——销项税额）＋应收账款减少额（－应收账款增加额）＋应收票据减少额（－应收票据增加额）＋本期预收账款增加额（－预收账款减少额）

注：上述公式中，如果本期有实际核销的坏账损失，应调减（因核销坏账损失减少了应收账款，但没有收回现金）。如果有收回前期已核销的坏账金额，应调增（因收回已核销的坏账，并没有增加或减少应收账款，但却收回了现金）。

以本期实际发生的现金业务编制实例

【例 10-3】某外贸企业本期发生下列有关业务：

①国内销售产品价款为 10 000 元，销项税额为 1 700 元，货款已收到；

②国外销售产品价款为 200 000 元，货款未收到；

③当期收到前期的应收账款 5 000 元（含税）；

④当期收到的预收账款 7 000 元（含税）；

⑤当期收到到期不带息的应收票据，到期值为 9 000 元（含税）；

⑥将未到期的应收票据向银行贴现，面值为 6 000 元，贴现利息 200 元，

贴现收入为 5 800 元；

销售商品、提供劳务收到的现金＝①11 700＋③5 000＋④7 000＋⑤9 000＋⑥5 800＝38 500（元）

（2）以本期资产负债表和利润表为依据分析计算填列。

销售商品、提供劳务收到的现金＝利润表中主营业务收入＋（应收票据期初余额－应收票据期末余额）＋（应收账款期初余额－应收账款期末余额）＋（预收账款期末余额－预收账款期初余额）－应收票据贴现利息支出－当期销售退回而支付的现金＋当前收回前期核销坏账损失（注：若国内销售含增值税金额）。

以本期资产负债表和利润表为依据编制实例

【例 10-4】某外贸企业利润表中主营业务收入为 5 340 000 元，资产负债表中应收票据期初余额 45 000 元，应收票据期末余额 48 000 元；应收账款期初余额 36 000 元，应收账款期末余额 32 000 元。

销售商品、提供劳务收到的现金＝5 340 000＋（45 000－48 000）＋（36 000－32 000）＝5 341 000（元）

2. “收到的税费返还”项目

本项目反映企业收到返还的各种税费。如收到返还的减免增值税退税、出口退税、减免消费税退税、减免所得税退税及收到的教育费附加返还等，按实际收到的金额填列。本项目可根据“库存现金”“银行存款”“应交税费”“税金及附加”等账户的记录分析填列。

收到的税费返还＝返还的税费（增值税＋消费税＋关税＋所得税＋教育费附加）

3. “收到其他与经营活动有关的现金”项目

本项目反映企业除了上述各项目外，收到的其他与经营活动有关的现金流入，包括罚款收入、经营租赁固定资产收到的现金（含租金及押金）、投资性房地产收到的租金收入、流动资产损失中由个人赔偿的现金收入、除税费返还外的其他政府补助收入及银行存款的利息收入等。

需要说明的是，其他与经营活动有关的现金数额较大时，应单列项目反映。

本项目可根据“库存现金”“银行存款”“营业外收入”“其他业务收入”等账户的记录填列。

收到其他与经营活动有关的现金＝除上述经营活动以外的其他经营活动有关的现金

4.“购买商品、接受劳务支付的现金”项目

本项目反映企业本年购买商品、接受劳务实际支付的现金（包括增值税进项税额）、本年支付以前年度购买商品、接受劳务的未付款项及本年预付款项，减去本年发生的购货退回收到的现金，企业购买材料和代购代销业务支付的现金，也在本项目反映。

本项目可根据“应付账款”“应付票据”“预付账款”“库存现金”“银行存款”“主营业务成本”“其他业务成本”“存货”等账户的记录分析填列。

在填列本项目时，有两种方法：

（1）以本期实际发生的经济业务为依据逐项分析计算填列。

购买商品、接受劳务支付的现金＝当期购买商品接受劳务支付的现金＋当期支付前期的应付账款＋当期支付前期的应付票据＋当期支付的预付账款－当前购货退回而收到的现金

注：上述公式为含增值税金额。

【例 10-5】某外贸企业本年发生下列有关业务：

①购买材料价款为 20 000 元，进项税额为 2 600 元，货款已支付；

②购买材料价款为 30 000 元，进项税额为 3 900 元，货款未支付；

③当期支付前期的应付账款 52 000 元（含税）；

④当期预付购料账款 35 000 元（含税）；

⑤当期支付到期不带息的应付票据，到期值为 68 500 元（含税）。

购买商品、接受劳务支付的现金＝（1）22 600＋（3）52 000＋（4）35 000＋（5）68 500＝178 100（元）

（2）以本期资产负债表和利润表为依据分析计算填列。

购买商品、接受劳务支付的现金＝利润表中主营业务成本＋（存货期末余额－存货期初余额）＋（应付票据期初余额－应付票据期末余额）＋（应付账款期初余额－应付账款期末余额）＋（预付账款期末余额－预付账款期初余额）－当期购货退回而收到的现金－摊销待摊费用时借记“制造费用”科目的金额－计提折旧费时借记“制造费用”科目的金额－分配工资及福利

费时借记“生产成本”及“制造费用”科目的金额等

注：上述公式为含增值税金额。

【例 10-6】B企业利润表中主营业务成本为2 650 000元。资产负债表中存货期初余额976 000元，期末余额784 000元；应付票据期初余额75 000元，应付票据期末余额89 000元；应付账款期初余额67 000元，应付账款期末余额54 000元。

补充资料：摊销待摊费用为生产车间固定资产修理费5 000元，计提车间折旧费7 000元，分配生产车间工资费用16 000元。为简便起见，本题目不考虑增值税。

购买商品、接受劳务支付的现金＝2 650 000＋（784 000－976 000）＋（75 000－89 000）＋（67 000－54 000）－5 000－7 000－16 000＝2 429 000（元）

5. “支付给职工以及为职工支付的现金”项目

本项目反映企业实际支付给职工以及为职工支付的现金，包括企业为获得职工提供的服务，本期实际给予各种形式的报酬以及其他相关支出，如本期实际支付给职工的工资、奖金、各种津贴、补贴、养老、失业等社会保险基金、补充养老保险、商业保险金、住房公积金、住房困难补助及福利费用等。但不含为离退休人员支付的各种费用和固定资产购建人员的工资。

本项目可根据“应付职工薪酬”“库存现金”“银行存款”等账户的记录分析填列。

支付给职工以及为职工支付的现金＝本期产品成本及费用中职工薪酬＋除在建工程人员的应付职工薪酬（期初余额－期末余额）

6. “支付的各项税费”项目

本项目反映企业按规定支付的各种税费，包括企业本期发生并支付的税费，以及本期支付以前各期发生的税费和本期预交的税费，包括支付的所得税、增值税、消费税、印花税、房产税、土地增值税、车船税、资源税及教育费附加等，不包括计入固定资产价值的耕地占用税和代扣代缴的个人所得税，也不包括本期返还的增值税、所得税。

本项目可根据“库存现金”“银行存款”“应交税费”等账户的记录分析填列。

支付的各项税费（不包括耕地占用税及返还的增值税、所得税）＝所得税费用＋支付的税金及附加＋增值税（已交税金）＋不包括增值税的应交税费（期初余额－期末余额）

7. “支付其他与经营活动有关的现金”项目

本项目反映企业除上述各项目外，支付的其他与经营活动有关的现金，包括罚款支出、差旅费、业务招待费、保险费支出、支付的离退休人员的各项费用等其他与经营活动有关的现金流出，金额较大的应当单独列示。

本项目可根据“库存现金”“银行存款”“管理费用”“销售费用”“营业外支出”等账户的记录分析填列。

支付其他与经营活动有关的现金＝“管理费用”中除职工薪酬、支付的税金和未支付现金的费用外的费用（即支付的其他费用）＋“制造费用”中除职工薪酬和未支付现金的费用外的费用（即支付的其他费用）＋“财务费用”中支付的结算手续费＋“其他应收款”中支付职工预支的差旅费＋“其他应付款”中支付的经营租赁的租金＋“营业外支出”中的罚款支出等

10.3.2 投资活动产生的现金流量的填列方法

现金流量表中的投资活动比通常所指的短期投资和长期投资范围要广，投资活动包括非现金等价物的短期投资和长期投资的购买与处置、固定资产的购建与处置、无形资产的购置与处置等。通过单独反映投资活动产生的现金流量，可以了解为获得未来收益和现金流量而导致资源转出的程度，以及以前资源转出带来的现金流入的信息。投资活动现金流入和现金流出的各项目的内容和填列方法如下。

1. “收回投资收到的现金”项目

本项目反映企业出售、转让或到期收回除现金等价物以外的交易性金融资产、债权投资、其他债权投资、长期股权投资等而收到的现金。不包括债权性投资收回的利息、收回的非现金资产，以及处置子公司及其他营业单位收到的现金净额。债权性投资收回的本金，在本项目反映，债权性投资收回的利息，不在本项目中反映，而在“取得投资收益收回的现金”项目中反映。处置子公司及其他营业单位收到的现金净额单设项目反映。

本项目可根据“交易性金融资产”“债权投资”“其他债权投资”“长期股权投资”“库存现金”“银行存款”等账户的记录分析填列。

收回投资所收到的现金（不包括长期债权投资收回的利息）＝短期投资收回的本金及收益（出售、到期收回）＋长期股权投资收回的本金及收益（出售、到期收回）＋长期债券投资收到的本金。

【例 10-7】某外贸企业本年处置短期股票投资，账面成本 38 000 元，实际售价为42 000 元；本年长期债券投资到期，面值 100 000 元，利率为 11%，3 年期，到期一次还本付息。

收回投资收到的现金＝42 000＋100 000＝142 000（元）

取得债券利息收入所收到的现金＝100 000×11%×3＝33 000（元）

2. “取得投资收益收到的现金”项目

本项目反映企业因股权性投资而分得的现金股利，因债权性投资而取得的现金利息收入。包括在现金等价物范围的债券性投资，其利息收入在本项目反映。股票股利由于不产生现金流量，不在本项目反映。

本项目可根据“应收股利”“应收利息”“投资收益”“库存现金”“银行存款”等账户的记录分析填列。

取得投资收益收到的现金＝长期股权投资及长期债券投资收到的现金股利及利息。

3. “处置固定资产、无形资产和其他长期资产所收回的现金净额”项目

本项目反映企业出售固定资产、无形资产和其他长期资产（如投资性房地产）所取得的现金，减去为处置这些资产而支付的有关税费后的净额。处置固定资产、无形资产和其他长期资产所收到的现金，与处置活动支付的现金，两者在时间上比较接近，以净额反映更能准确反映处置活动对现金流量的影响。由于自然灾害等原因所造成的固定资产等长期资产报废、毁损而收到的保险赔偿收入，在本项目中反映。如处置固定资产、无形资产及其他长期资产所收回的现金净额为负数，应作为投资活动产生的现金流量，在“支付其他与投资活动有关的现金”项目中反映。

本项目可根据“固定资产清理”“库存现金”“银行存款”“投资性房地产”“无形资产”“营业外收支”等账户的记录分析填列。

【例 10-8】某外贸企业出售固定资产一台，原值 190 000 元，已计提折旧 50 000元，售价为 160 000 元，支付清理费用为 540 元，均通过银行存款结算。

则：处置固定资产、无形资产及其他长期资产而收到的现金净额＝160 000－540＝159 460（元）

4. “处置子公司及其他营业单位收到的现金净额”项目

本项目反映企业处置子公司及其他营业单位所取得的现金减去子公司或其他营业单位持有的现金和现金等价物以及相关处置费用后的净额。

本项目可根据“长期股权投资”“应交税费”“库存现金”“银行存款”等账户的记录分析填列。

企业处置子公司及其他营业单位是整体交易，子公司及其他营业单位可能持有现金和现金等价物，这样，整体处置子公司或其他营业单位的现金流量，就应以处置价款中收到现金的部分，减去子公司或其他营业单位持有的现金和现金等价物以及相关处置费用后的净额反映。

处置子公司及其他营业单位收到的现金净额如为负数，应将该金额填列至“支付其他与投资活动有关的现金”项目中。

5. “收到其他与投资活动有关的现金”项目

本项目反映企业除了上述各项以外，收到的其他与投资活动有关的现金流入。其他现金流入价值较大时，应单列项目反映。如收到的属于买价中所包含的现金股利或已到付息期的利息等。

本项目可根据“应收股利”“应收利息”“库存现金”“银行存款”等账户的记录分析填列。

6. “购建固定资产、无形资产和其他长期资产所支付的现金”项目

本项目反映企业购买、建造固定资产、取得无形资产和其他长期资产（如投资性房地产）支付的现金，包括购买机器设备所支付的现金、建造工程支付的现金、支付在建工程人员的工资等现金支出。

不包括为购建固定资产、无形资产和其他长期资产而发生的借款利息资本化部分，以及融资租入固定资产所得支付的租赁费。为购建固定资产、无形资产和其他长期资产而发生的借款利息资本化部分，在“分配股利、利润或偿付利息支付的现金”项目反映。

本项目可根据“固定资产”“在建工程”“工程物资”“无形资产”“库存现金”“银行存款”等账户的记录分析填列。

购建固定资产、无形资产和其他长期资产所支付的现金＝按实际办理该项事项支付的现金（不包括固定资产借款利息资本化及融资租赁费）

【例 10-9】某外贸企业本期发生下列有关业务：

（1）购买固定资产价款为 50 000 元，进项税额为 6 500 元，款项已付；

（2）购买工程物资价款为 10 000 元，进项税额为 1 300 元，款项已付；

（3）支付工程人员工资 6 000 元；

（4）预付工程价款 80 000 元；

（5）交付使用前长期借款利息 78 900 元，本年已支付；

（6）支付申请专利权的注册费、律师费等 68 000 元。

购建固定资产、无形资产和其他长期资产支付的现金＝（1）56 500＋（2）11 300＋（3）6 000＋（4）80 000＋（6）68 000＝221 800（元）

注：交付使用前长期借款利息 78 900 元虽本年已支付，但不在本项目中反映，而在筹资活动产生的现金流量的“偿付利息所支付现金”中反映。

7. “投资支付的现金”项目

本项目反映企业进行权益性投资（不含取得子公司及其他营业单位）和债权性投资所支付的现金，包括除取得现金等价物以外的交易性金融资产、持有至到期投资、可供出售金融资产及为取得上述投资而支付的佣金、手续费等交易费用。

不包括购买股票和债券时，买价中所包含的已宣告发放但尚未领取的现金股利或已到付息期尚未领取的债券利息等，这些支出应在投资活动中“支付的其他与投资活动有关的现金”项目中反映。

本项目可根据“交易性金融资产”“长期股权投资”“持有至到期投资”“可供出售金融资产”“库存现金”“银行存款”等账户记录分析填列。

投资支付的现金＝本期短期股票投资＋本期短期债券投资＋本期长期股权投资＋本期长期债券投资＋为取得以上投资支付的手续费＋为取得以上投资支付的佣金

8. “取得子公司及其他营业单位支付的现金净额”项目

本项目反映企业购买子公司及其他营业单位购买出价中以现金支付的部分，减去子公司及其他营业单位持有的现金和现金等价物后的净额。

9. “支付的其他与投资活动有关的现金”项目

本项目反映企业除了上述各项以外，支付的与投资活动有关的现金流出。包括企业购买股票和债券时，实际支付价款中包含的已宣告但尚未领取的现金股利或已到付息期但尚未领取的债券利息等。其他流出如价值较大的，应单列项目反映。

本项目可根据“库存现金”“银行存款”“应收股利”“应收利息”等账户的记录分析填列。

10.3.3　筹资活动产生的现金流量的填列方法

筹资活动产生的现金流入和现金流出包括的各项目的内容和填列方法如下：

1. “吸收投资收到的现金”项目

本项目反映企业收到投资者投入的现金，包括以发行股票、债券等方式筹集资金实际收到的款项净额（即发行收入减去支付的佣金等发行费用后的净额）。以发行股票等方式筹集资金而由企业直接支付的审计费、咨询费以及发行债券支付的印刷费等发行费用，不能在本项目中扣除，在“支付其他与筹资活动有关的现金”项目中反映。

本项目可以根据“实收资本（或股本）”“资本公积”“库存现金”“银行存款”“其他应付款”等账户的记录分析填列。

吸收投资收到的现金＝发行股票债券收到的现金－支付的佣金等发行费用（不含审计费、咨询费、印刷费）

2. “取得借款收到的现金”项目

本项目反映企业举借各种短期借款、长期借款收到的现金以及发行债券实际收到的款项净额（发行收入减去直接支付的佣金等发行费用后的净额）。

本项目可根据“短期借款”“长期借款”“交易性金融负债”“应付债券”“库存现金”“银行存款”等账户的记录分析填列。

3. “收到其他与筹资活动有关的现金”项目

本项目反映企业除上述各项以外，收到的其他与筹资活动有关的现金流入，如接受现金捐赠等。

本项目可根据“库存现金”“银行存款”“营业外收入”等账户的记录分析填列。

4. “偿还债务支付的现金”项目

本项目反映企业以现金偿还债务的本金，包括偿还金融企业的借款本金、偿还债券本金等，企业偿还的借款利息、债券利息，在“分配股利、利润或偿付利息支付的现金”项目中反映，不包括在本项目内。

本项目可根据“短期借款”“长期借款”“库存现金”“银行存款”等账户的记录分析填列。

【例 10-10】某外贸企业本期发生有关经济业务：

（1）偿还短期借款，本金 90 000 元，利息 300 元；

（2）偿还长期借款，本金 500 000 元，利息 6 600 元；

（3）支付到期一次还本付息的应付债券，面值 100 000 元，3 年期，利率 11%。

偿还债务所支付的现金＝（1）90 000＋（2）500 000＋（3）100 000＝690 000（元）

偿付利息所支付的现金＝（1）300＋（2）6 600＋33 000＝39 900（元）

5. “分配股利、利润或偿付利息支付的现金”项目

本项目反映企业实际支付的现金股利、支付给其他投资单位的利润或用现金支付的借款利息、债券利息。

本项目可根据“应付股利”“财务费用”“长期借款”“应付债券”“库存现金”“银行存款”“在建工程”“制造费用”“研发支出”“应付利息”“利润分配”等账户的记录分析填列。

6. “支付其他与筹资活动有关的现金”项目

本项目反映的除了上述各项以外，企业支付的其他与筹资活动有关的现金流出。例如发行股票所支付的审计费、咨询费等费用。

本项目可根据“库存现金” “银行存款”及其他有关账户的记录分析填列。

10.3.4 “汇率变动对现金及现金等价物的影响”的编制方法

汇率变动对现金的影响指企业外币现金流量及境外子公司的现金流量折算成记账本位币时，所采用的是现金流量发生日的汇率或即期汇率的近似汇率，而现金流量表“现金及现金等价物净增加额”是按期末的即期汇率进行计算的，二者的差额即为汇率变动对现金的影响。

10.3.5 “现金及现金等价物净增加额”的编制方法

“现金及现金等价物净增加额”是将现金流量表中“经营活动产生的现金流量净额”“投资活动产生的现金流量净额”“筹资活动产生的现金流量净额”“汇率变动对现金及现金等价物的影响”四个项目相加得出的。

“期初现金及现金等价物余额”与企业期初的货币资金与现金等价物的合计余额相等。

10.3.6 “期末现金及现金等价物余额”的编制方法

本项目是将计算出来的“现金及现金等价物净增加额”加上期初现金及现金等价物金额求得。它应该与企业期末的货币资金与现金等价物的合计余额相等。

10.3.7 现金流量表附表的编制方法

现金流量表的附表编制就是对现金流量表的补充资料进行编制。其补充资料由三大项组成，即将净利润调节为经营活动现金流量，不涉及现金收支的投资和融资活动，现金及现金等价物净增加情况。

附表的各项目金额是相应会计账户的当期发生额或期末与期初余额的差额。它是现金流量表中不可或缺的一部分，其项目可以直接取相应会计账户的发生额或余额，具体内容见表 10-7。

表 10-7　　现金流量表附表填列方法

项　　目	填列方法
净利润	取利润分配表“净利润”项目

续上表

项　目	填列方法
计提的资产减值准备	取“管理费用”账户所属“计提的坏账准备”及“计提的存货跌价准备”“营业外支出”账户所属“计提的固定资产减值准备”“计提的在建工程减值准备”“计提的无形资产减值准备”“投资收益”账户所属“计提的短期投资跌价准备”“计提的长期投资减值准备”等明细账户的借方发生额
固定资产折旧	取“制造费用”“管理费用”“销售费用”“其他业务支出”等账户所属的“折旧费”明细账户借方发生额
无形资产摊销	取“管理费用”等账户所属“无形资产摊销”明细账户借方发生额
长期待摊费用摊销	取“制造费用”“销售费用”“管理费用”等账户所属“长期待摊费用摊销”明细账户借方发生额
处置固定资产、无形资产和其他长期资产的损失	取“营业外收入”“营业外支出”“其他业务收入”“其他业务支出”等账户所属“处置固定资产净收益”“处置固定资产净损失”“出售无形资产收益”“出售无形资产损失”等明细账户的借方发生额与贷方发生额的差额
固定资产报废损失	取“营业外支出”账户所属“固定资产盘亏”明细账户借方发生额与“营业外收入”账户所属“固定资产盘盈”贷方发生额的差额
财务费用	取“财务费用”账户所属“利息支出”明细账户借方发生额，不包括“利息收入”等其他明细账户发生额
投资损失	取“投资收益”账户借方发生额，但不包括“计提的短期投资跌价准备”“计提的长期投资减值准备”明细账户发生额
递延税款贷项	取“递延税款”账户期末、期初余额的差额
存货的减少	取得与经营活动有关的“原材料”“库存商品”“生产成本”等所有存货账户的期初、期末余额的差额
经营性应收项目的减少	取得与经营活动有关的“应收账款”“其他应收款”“预付账款”等账户的期初、期末余额的差额
经营性应付项目的增加	取得与经营活动有关的“应付账款”“预收账款”“应付工资”“应付福利费”“应交税金”“其他应交款”“其他应付款”等账户的期末、期初余额的差额
债务转为资本、1年内到期的可转换公司债券、融资租入固定资产	直接根据“实收资本”“应付债券——可转换公司债券”“长期应付款——应付融资租赁款”等账户分析填列
现金及现金等价物情况	根据现金及现金等价物的数据填列

现金流量表附表是对主表内容的必要补充，通过阅读企业现金流量表附表（补充资料）可了解到主表上不能包含的新内容：一是企业净利润与经营活动产生现金净流量之间的关系；二是不涉及现金收支的投资和融资活动；三是现金及现金等价物净增加情况。

现金流量表编制实例

【例 10-11】东兴外贸公司资料如下。

1. 2020 年 1 月利润表有关项目的明细资料

①管理费用的组成：职工薪酬 17 100 元，无形资产摊销 60 000 元，折旧费20 000元，支付其他费用 60 000 元。

②财务费用的组成：计提借款利息 11 500 元，支付应收票据（银行承兑汇票）贴现利息 30 000 元。

③资产减值损失的组成：计提坏账准备 900 元，计提固定资产减值准备 30 000元。上年期末坏账准备余额为 900 元。

④投资收益的组成：收到股息收入 30 000 元，与本金一起收回的交易性股票投资收益 500 元，自公允价值变动损益结转投资收益 1 000 元。

⑤营业外收入的组成：处置固定资产净收益 50 000 元（其所处置固定资产原价为 400 000 元，累计折旧为 150 000 元，收到处置收入 300 000 元）。假定不考虑与固定资产处置有关的税费。

⑥营业外支出的组成：报废固定资产净损失 19 700 元（其所报废固定资产原价为 200 000 元，累计折旧为 180 000 元，支付清理费用 500 元，收到残值收入800 元）。

⑦所得税费用的组成：当期所得税费用 92 800 元，税金及附加 2 000 元，递延所得税收益 2 500 元。

⑧净利润为 220 000 元。

⑨利润表中的销售费用 20 000 元至期末已经支付。主营业务收入 1 250 000 元；主营业务成本 750 000 元。

2. 资产负债表有关项目的明细资料。

⑩本期收回交易性股票投资本金 15 000 元、公允价值变动 1 000 元，同时实现投资收益 500 元。

⑪存货中生产成本、制造费用的组成：职工薪酬 324 900 元，折旧费 80 000元。

⑫应交税费的组成：本期增值税进项税额 42 466 元，增值税销项税额 212 500元，已交增值税 100 000 元，应交增值税期末数 226 731 元，应交增值税期末数中应由在建工程负担的部分为 100 000 元，应交增值税年初数 36 600元，由在建工程负担的部分为 0；应交所得税期末余额为 20 097 元，由在建工程负担的部分为 0，应交所得税年初余额为 0。

⑬应付职工薪酬的年初数 110 000 元，无应付在建工程人员的部分，本期支付在建工程人员职工薪酬 200 000 元。应付职工薪酬的期末数 180 000 元，应付在建工程人员的部分为 28 000 元。

⑭应付利息均为短期借款利息，其中本期计提利息 11 500 元，支付利息 12 500元。

⑮本期用现金购买固定资产 101 000 元，购买工程物资 300 000 元。

⑯本期用现金偿还短期借款 250 000 元，偿还一年内到期的长期借款 1 000 000元，借入长期借款 560 000 元。

⑰应收账款期末余额为 598 200 元，应收账款年初余额为 299 100 元。

⑱应收票据期末余额为 66 000 元，应收票据年初余额为 246 000 元。

⑲存货期末余额为 2 484 700 元，存货年初余额为 2 580 000 元。

⑳应付账款期末余额为 953 800 元，应付账款年初余额为 953 800 元。

㉑应付票据期末余额为 100 000 元，应付票据年初余额为 200 000 元。

㉒预付账款期末余额为 100 000 元，预付账款年初余额为 100 000 元。

㉓货币资金年初余额 1 406 300 元，货币资金期末余额 515 131 元。

根据以上资料，采用分析填列的方法，编制该企业 2020 年度的现金流量表。

1. 该公司 2020 年 1 月现金流量表各项目金额，分析确定如下

（1）销售商品、提供劳务收到的现金＝主营业务收入＋应交税费（应交增值税——销项税额）＋（应收账款年初余额－应收账款期末余额）＋（应收票据年初余额－应收票据期末余额）－当期计提的坏账准备－票据贴现的利息

＝⑨1 250 000＋⑫212 500＋⑰（299 100－598 200）＋⑱（246 000－66 000）－③900－②30 000＝1 312 500（元）

（2）购买商品、接受劳务支付的现金＝主营业务成本＋应交税费（应交增值税——进项税额）＋（存货期末余额－存货年初余额）＋（应付账款年初余额－应付账款期末余额）＋（应付票据年初余额－应付票据期末余额）＋（预付账款期末余额－预付账款年初余额）－当期列入生产成本、制造费用的职工薪酬－当期列入生产成本、制造费用的折旧费和固定资产修理费

＝⑨750 000＋⑫42 466＋⑲（2 484 700－2 580 000）＋⑳（953 800－953 800）＋㉑（200 000－100 000）＋㉒（100 000－100 000）－⑪324 900－⑪80 000＝392 266（元）

（3）支付给职工以及为职工支付的现金＝生产成本、制造费用、管理费用中职工薪酬＋（应付职工薪酬年初余额－应付职工薪酬期末余额）－［应付职工薪酬（在建工程）年初余额－应付职工薪酬（在建工程）期末余额］

＝⑪324 900＋①17 100＋⑬（110 000－180 000）－⑬（0－28 000）

＝300 000（元）

（4）支付的各项税费＝当期所得税费用＋税金及附加＋应交税费（应交增值税——已交税金）－（应交所得税期末余额－应交所得税年初余额）

＝⑦92 800＋⑦2 000＋⑫100 000－⑫（20 097－0）＝174 703（元）

（5）支付其他与经营活动有关的现金＝其他管理费用＋销售费用

＝①60 000＋⑨20 000＝80 000（元）

（6）收回投资收到的现金＝交易性金融资产贷方发生额＋与交易性金融资产一起收回的投资收益

＝⑩16 000（15 000＋1 000）＋⑩500＝16 500（元）

（7）取得投资收益收到的现金＝收到的股息收入

＝④30 000（元）

（8）处置固定资产收回的现金净额

＝⑤300 000＋⑥（800－500）＝300 300（元）

（9）购建固定资产支付的现金＝用现金购买的固定资产、工程物资＋支付给在建工程人员的薪酬

＝⑮101 000＋⑮300 000＋⑬200 000＝601 000（元）

（10）取得借款所收到的现金＝⑯560 000（元）

（11）偿还债务支付的现金＝⑯250 000＋⑯1 000 000＝1 250 000（元）

（12）偿还利息支付的现金＝⑭12 500（元）

2. 将净利润调节为经营活动现金流量各项目计算分析如下

（1）资产减值准备＝③900＋③30 000＝30 900（元）

（2）固定资产折旧＝①20 000＋⑪80 000＝100 000（元）

（3）无形资产摊销＝①60 000（元）

（4）处置固定资产、无形资产和其他长期资产的损失（减：收益）＝－50 000（元）

（5）固定资产报废损失＝⑥19 700（元）

（6）财务费用＝②11 500（元）

（7）投资损失（减：收益）＝④－31 500（元）

（8）递延所得税资产减少＝0－⑦2 500＝－2 500（元）

（9）存货的减少＝⑲2 580 000－⑲2 484 700＝95 300（元）

（10）经营性应收项目的减少＝应收账款（期初数－期末数）＋应收票据（期初数－期末数）＋预付账款（期初数－期末数）＋其他应收款（期初数－期末数）－坏账准备期末数＝（⑰(598 200－299 100)＋⑱(246 000－66 000)＋③900－⑰598 200－③(900＋900)＝－120 000（元）

（11）经营性应付项目的增加＝应付账款（期末数－期初数）＋预收账款（期末数－期初数）＋应付票据（期末数－期初数）＋应付职工薪酬（期末数－期初数）＋应交税费（期末数－期初数）＋其他应交款（期末数－期初数）＝⑳(953 800－953 800)＋㉑(100 000－200 000)＋㉒(100 000－100 000)＋［⑬(180 000－⑬28 000)－⑬110 000］＋［⑫(226 731－100 000)－⑫36 600］＝32 131（元）

根据上述资料，编制现金流量表及现金流量表补充资料，见表10-8、表10-9。

表 10-8 **现金流量表** 会企03表

编制单位：东兴外贸公司 2020年1月 单位：元

项　　目	本期金额	上期金额
一、经营活动产生的现金流量：		略
销售商品、提供劳务收到的现金	1 312 500	
收到的税费返还		
收到其他与经营活动有关的现金		
经营活动现金流入小计	1 312 500	
购买商品、接受劳务支付的现金	392 266	

续上表

项　　目	本期金额	上期金额
支付给职工以及为职工支付的现金	300 000	
支付的各项税费	174 703	
支付其他与经营活动有关的现金	80 000	
经营活动现金流出小计	946 969	
经营活动产生的现金流量净额	365 531	
二、投资活动产生的现金流量：		
收回投资所收到的现金	16 500	
取得投资收益收到的现金	30 000	
处置固定资产、无形资产和其他长期资产收回的现金净额	300 300	
处置子公司及其他营业单位收到的现金净额		
收到其他与投资活动有关的现金		
投资活动现金流入小计	346 800	
购建固定资产、无形资产和其他长期资产支付的现金	601 000	
投资支付的现金		
取得子公司及其他营业单位支付的现金净额		
支付其他与投资活动有关的现金		
投资活动现金流出小计	601 000	
投资活动产生的现金流量净额	−254 200	
三、筹资活动产生的现金流量：		
吸收投资所收到的现金		
取得借款收到的现金	560 000	
收到其他与筹资活动有关的现金		
筹资活动现金流入小计	560 000	
偿还债务支付的现金	1 250 000	
分配股利、利润或偿付利息支付的现金	12 500	
支付其他与筹资活动有关的现金		
筹资活动现金流出小计	1 262 500	
筹资活动产生的现金流量净额	−702 500	
四、汇率变动对现金及现金等价物的影响		
五、现金及现金等价物净增加额	−891 169	
加：期初现金及现金等价物余额	1 406 300	
六、期末现金及现金等价物余额	515 131	

表 10-9　　现金流量表补充资料

编制单位：东兴外贸公司　　××年××月　　单位：元

项　　目	本期金额	上期金额
1. 将净利润调节为经营活动现金流量：		略
净利润	220 000	
加：资产减值准备	30 900	
固定资产折旧、油气资产折耗、生产性生物资产折旧	100 000	
无形资产摊销	60 000	
长期待摊费用摊销		
处置固定资产、无形资产和其他长期资产的损失（收益以“—”号填列）	—50 000	
固定资产报废损失（收益以“—”号填列）	19 700	
公允价值变动损失（收益以“—”号填列）		
财务费用（收益以“—”号填列）	11 500	
投资损失（收益以“—”号填列）	—31 500	
递延所得税资产减少（增加以“—”号填列）	—2 500	
递延所得税负债增加（减少以“—”号填列）		
存货的减少（增加以“—”号填列）	95 300	
经营性应收项目的减少（增加以“—”号填列）	—120 000	
经营性应付项目的增加（减少以“—”号填列）	32 131	
其他		
经营活动产生的现金流量净额	365 531	
2. 不涉及现金收支的重大投资和筹资活动：		
债务转为资本		
一年内到期的可转换公司债券		
融资租入固定资产		
3. 现金及现金等价物净变动情况：		
现金的期末余额	515 131	
减：现金的年初余额	1 406 300	
加：现金等价物的期末余额		
减：现金等价物的年初余额		
现金及现金等价物净增加额	—891 169	

四大财务报表钩稽关系如图 10-7 所示。

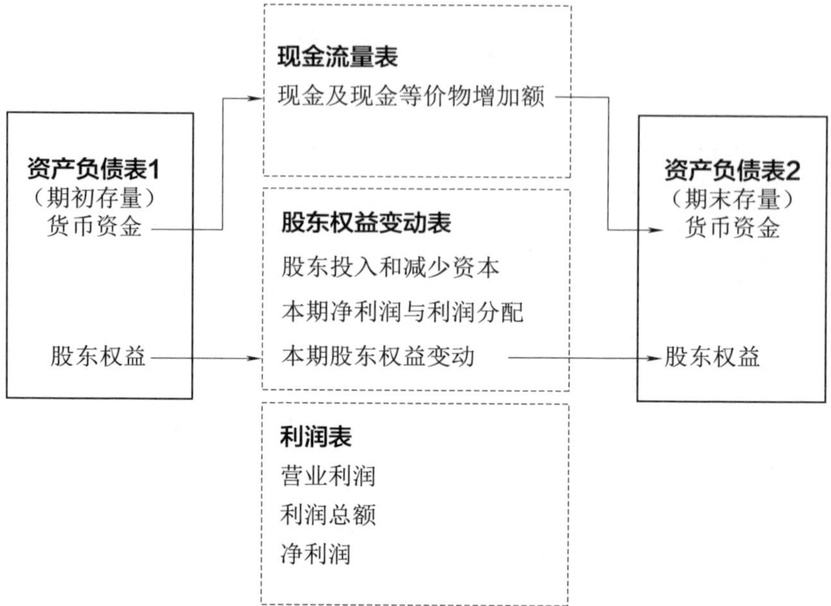

图 10-7　四大报表基本关系

从图 10-7 可以看出，资产负债表的货币资金期初与期末项目是编制现金流量表的基础；股东权益是编制股东权益变动表的基础。资产项目产生利润表的收入，负债项目产生利润表的费用。现金流量表经营活动包括销售商品和生产商品等现金流入与流出活动，这就是利润表中收入和费用的数据来源的一部分；现金流量表只涉及现金流入流出，未收到现金的应收账款、其他应收款等不在现金流量中。所以利润表中的收入与费用大于现金流量表。

现金流量表投资活动，比如购置固定资产、金融投资等，构成资产负债表固定资产、长期投资、其他资产等，筹资活动是指企业借款、融资等，构也资产负债表中负债项目；现金流量表期初与期末现金余额与资产负债表货币资金项目大体一致。

附　　录

一、清关

清关（Customs Clearance）即结关，是指进口货物、出口货物和转运货物进入或出口一国海关关境或国境必须向海关申报，办理海关规定的各项手续，履行各项法规规定的义务。

二、外贸合同样式

外贸合同 Contract

编号：No.

日期：Date

签约地点：Signed at

卖方：Sellers

地址：Address　　　　邮政编码：Postal Code

电话：Tel.　　　　传真：Fax

买方：Buyers

地址：Address　　　　邮政编码：Postal Code

电话：Tel.　　　　传真：Fax

买卖双方同意按下列条款由卖方出售，买方购进下列货物：

The seller agrees to sell and the buyer agrees to buy the undermentioned goods on the terms and conditions stated below.

1. 货号：Article No.
2. 品名及规格：Description&Specification
3. 数量：Quantity
4. 单价：Unit Price

5. 总值：Total Amount

数量及总值均有________%的增减，由卖方决定。

With ________% more or less both in amount and quantity allowed at the sellers option.

6. 生产国和制造厂家：Country of Origin and Manufacturer

7. 包装：Packing

8. 唛头：Shipping Marks

9. 装运期限：Time of Shipment

10. 装运口岸：Port of Loading

11. 目的口岸：Port of Destination

12. 保险：由卖方按发票全额110%投保至________为止的________险。

Insurance：To be effected by buyers for 110% of full invoice value covering ________ up to ________ only.

13. 付款条件：

买方须于________年________月________日将保兑的，不可撤销的，可转让可分割的即期信用证开到卖方。信用证议付有效期延至上列装运期后15天在中国到期，该信用证中必须注明允许分运及转运。

Payment：

By confirmed，irrevocable，transferable and divisible L/C to be available by sight draft to reach the sellers before ________/________/________ and to remain valid for negotiation in China until 15 days after the aforesaid Time of Shipment. The L/C must specify that partial shipments and transshipment are allowed.

14. 单据：Documents

15. 装运条件：Terms of Shipment

16. 品质与数量、重量的疑义与索赔：Quality/Quantity Discrepancy and Claim

17. 人力不可抗拒因素：

由于水灾、火灾、地震、干旱、战争或协议一方无法预见、控制、避免和克服的其他事件导致不能或暂时不能全部或部分履行本协议，该方不负责任。但是，受不可抗力事件影响的一方须尽快将发生的事件通知另一方，并在不可抗力事件发生 15 天内将有关机构出具的不可抗力事件的证明寄交对方。

Force Majeure：

Either party shall not be held responsible for failure or delay to perform all or any part of this agreement due to flood，fire，earthquake，draught，war or any other events which could not be predicted，controlled，avoided or overcome by the relative party. However，the party affected by the event of Force Majeure shall inform the other party of its occurrence in writing as soon as possible and thereafter send a certificate of the event issued by the relevant authorities to the other party within 15 days after its occurrence.

18. 仲裁：

在履行协议过程中，如产生争议，双方应友好协商解决。若通过友好协商未能达成协议，则提交中国国际贸易促进委员会对外贸易仲裁委员会，根据该会仲裁程序暂行规定进行仲裁。该委员会决定是终局的，对双方均有约束力。仲裁费用，除另有规定外，由败诉一方负担。

Arbitration：

All disputes arising from the execution of this agreement shall be settled through friendly consultations. In case no settlement can be reached，the case in dispute shall then be submitted to the Foreign Trade Arbitration Commission of the China Council for the Promotion of International Trade for Arbitration in accordance with its Provisional Rules of Procedure. The decision made by this commission shall be regarded as final and binding upon both parties. Arbitration fees shall be borne by the losing party，unless otherwise awarded.

19. 备注 Remark：

卖方 Sellers	买方 Buyers
签字 Signature	签字 Signature

参考文献

[1] 企业会计准则编审委员会. 企业会计准则及应用指南实务详解［M］. 北京：人民邮电出版社，2019.

[2] 财政部会计司. 企业会计准则第 14 号——收入应用指南 2018［M］. 北京：中国财政经济出版社，2018.

[3] 樊剑英，段文涛，王骏. 房地产开发企业税收与会计实务大全［M］. 北京：中国市场出版社，2018.

[4] 栾庆忠. 增值税纳税实务与节税技巧［M］. 5 版. 北京：中国市场出版社，2018.

[5] 林佳良. 土地增值税清算指南［M］. 5 版. 北京：中国市场出版社，2018.

[6] 计敏，王庆，王立新. 全行业增值税操作实务与案例分析［M］. 北京：中国市场出版社，2018.

[7] 栾庆忠. 增值税发票税务风险解析与应对（实战案例版）［M］. 北京：中国人民大学出版社，2019.

[8] 刘霞，庞思诚. 金税三期管控下增值税会计核算及纳税风险实务［M］. 上海：立信出版社，2018.

[9] 蔡昌. 房地产企业全程会计核算与税务处理［M］. 4 版. 北京：中国市场出版社，2018.

[10] 李曙亮. 房地产开发企业会计与纳税实务［M］. 2 版. 大连：大连出版社，2018.

[11] 曾勤，张程程. 会计科目设置与应用大全书［M］. 北京：人民邮电出版社，2018.

[12] 中华人民共和国财政部. 企业会计准则应用指南（2018 年版）［M］. 北京：立信出版社，2018.

[13] 邱银春. 新手学会计［M］. 北京：清华大学出版社，2018.

[14] 马泽方. 企业所得税实务与风险防控［M］. 2 版. 北京：中国市场出版社，2018.

[15] 吴健. 新个人所得税实务与案例［M］. 北京：中国市场出版社，2018.

[16] 王月明，吴健. 企业所得税优惠实务操作指南与案例解析［M］. 北京：中国税务出版社，2018.

[17] 本书编写组. 中华人民共和国现行税收法规及优惠政策解读［M］. 上海：立信出版社，2018.

[18] 中国注册会计师协会. 会计 CPA［M］. 北京：中国财政经济出版社，2018.

[19] 国家税务总局教材编写组. 企业所得税汇算清缴实务［M］. 北京：中国税务出版社，2016.

[20] 中华人民共和国财政部. 企业会计准则（2018 版）[M]. 北京：经济科学出版社，2017.
[21] 国家税务总局财产和行为税司. 契税、耕地占用税政策解读和征管指南 [M]. 北京：中国税务出版社，2014.
[22] 国家税务总局货物和劳务税司. 消费税业务操作手册 [M]. 北京：中国税务出版社，2014.
[23] 秦东生，于烨. 优秀税务会计从入门到精通 [M]. 北京：中国华侨出版社，2015.